정의의
적들

정의의 적들

정의는 때로 천천히, 하지만 반드시 온다

표창원

한겨레출판

오늘날 한국 사회에서
정의란 무엇인가

　미국 수도 워싱턴에 있는 연방 정부 법무부 청사 입구엔 'Justice alone sustains society' 오직 정의만이 사회를 지탱한다 라는 글귀가 새겨져 있다. '정의에 대한 신뢰' 가 무너지지 않는다면, 어떤 위기와 위험이 발생해도 사회는 지탱할 수 있다는 말이다.

　이 간단한 글귀 안에는 자본주의 기반 민주 사회의 원칙과 철학이 담겨 있다. 원래 무한히 자유로웠던 인간이 사회를 이루며 '서로를 해치거나 다른 이의 재산과 권리를 빼앗지 않고, 공공의 안녕과 질서를 유지한다는 약속' 을 했다고 보는 '사회계약론' 이 그것이다. 국가권력의 실체는 국민 각자가 '사회계약' 에 따라 '양보한 자유와 권리' 다. 마치 고객이 맡긴 돈을 은행이 관리·투자하고, 은행에서 빌려간 돈에 이자를 물리고 기한 내에 갚지 않으면 압류 등의 절차를 거쳐 원금과 이

자만큼 회수해가는 것과 같은 원리다. 예탁하지 않고 집 금고 안에 둔 돈은 은행이 가져갈 수 없고, 대출한 원금과 이자 이상의 돈을 은행이 빼앗아갈 수 없듯, 국가권력은 사회계약의 틀 안에서만 개인의 자유와 권리를 제약하고 개입할 수 있다. 같은 금융 상품에 가입한 모든 고객에게 같은 금리를 적용해야 하듯, 사회계약의 대등한 당사자인 모든 국민에게 법은 같은 기준과 잣대, 원칙을 적용해야 한다. 은행에 예탁한 돈이 필요하다며 밤에 은행 금고를 부수고 돈을 꺼내는 것이 허용되지 않듯, 자유를 행사한다며 다른 사람에게 가해를 하고 공공의 질서를 해치는 일은 처벌받아야 한다. 이 간단하고 명확한 '정의'만 지켜진다면 사회는 안전하고 평화로울 것이다.

정의가 무너지고 있는 대한민국

그런데 부당하게 생존권을 위협하는 불법행위가 중단되거나 처벌받지 않고 방치되는 반면에, 이에 항의하는 질서위반 행위만 단호하게 차단되고 처벌된다면 '정의에 대한 신뢰'가 유지될 수 있을까? 같은 성폭력이나 절도·횡령·살인 행위가 저질러져도 누구는 처벌을 피하거나 경미한 처벌만 받는데 다른 사람은 무거운 벌을 받는다면 '정의에 대한 믿음'이 그 사회에 유지될 수 있을까? 2012년, 세계적으로 알려진 《정의란 무엇인가》의 저자 마이클 샌델 하버드대 교수와 우리나라 아산정책연구원이 공동으로 실시한 설문조사에 따르면 우리 국민

의 73.8퍼센트가 '한국 사회는 공정하지 않다' 고 응답했다. 2013년 6월 흥사단이 실시한 조사에 따르면 우리나라 고등학생의 47퍼센트가 '10억 원이 생긴다면 감옥에 갈 죄를 저지를 수 있다' 고 생각하는 것으로 드러나 충격을 줬다. 대통령이라는 '5년 기한의 절대 권력' 을 차지하기 위해 경찰과 검찰, 국가정보원, 군 등 '국가 정의 시스템' 을 사유화하거나 무력화, 유린하는 일이 버젓이 자행되고 있고 이를 말리거나 꾸짖는 사람들은 인격 살인이나 불이익을 당하고 있다. 지금 대한민국은 '정의의 위기' 상태다. 사회를 지탱하는 유일한 힘인 '정의' 가 무너지고 있는 것이다. 세계 10위권의 경제 대국으로 성장한 대한민국의 행복지수가 경제협력개발기구^{OECD} 가입국 중 최하위권에 머무는 가장 주된 이유다. 이 '정의의 위기' 상태를 벗어나기 위한 외침이 필요하다는 판단에 〈한겨레〉 토요판에 '죄와 벌' 시리즈를 시작했고, 이렇게 책으로 묶어 선보인다.

'죄와 벌' 의 첫 대상은 '희대의 탈주범 신창원' 이었다. 1997년 1월 부산교도소에서 탈출한 뒤 2년 6개월간 경찰의 추적을 따돌리고 전국을 누빈 무기수 신창원이 검거된 뒤 받은 형량은 22년 6개월. 기존의 무기징역에 추가로 더해진 형량이다. 정권을 강탈한 12·12 군사 반란, 수많은 민간인을 학살한 5·18 폭력 진압, 수천억 원에 이르는 뇌물 수수와 국고 찬탈의 용서할 수 없는 범죄를 저지르고도 무기징역을 선고받은 뒤 특별사면되어 황제 같은 생활을 해온 전두환과 비교해볼 때, 과연 '죄에 걸맞은 타당한 벌' 일까?

신창원은 남의 돈을 훔치고, 피해 가정에 커다란 상처와 아픔을 남긴 '나쁜 범죄자'다. 어려서부터 상습 절도범이었고, 후배들과 함께 침입 강도를 저지르다가 공범인 후배가 피해자를 흉기로 찔러 살해하는 현장에 같이 있었다. 당연히 벌을 받아야 한다. 문제는 '적합한 벌'이어야 한다는 것이다. 잘 알려진 '이태원 살인 사건'에서 분명히 범인은 현장에 함께 있던 미군 군속^{군무원} 자녀 2명 중에 있는데, 우리 검찰과 법원은 둘 중 누군지 모른다며 결국 무죄를 선고하고야 말았다. 강도를 함께 모의해서 실행하고 살인이 벌어진 현장에 함께 있었다는 이유만으로, 살해의 의도나 행동이 전혀 없었음에도 강도치사죄의 공동정범_{범죄행위를 공동으로 실행한 사람}으로 무기징역을 선고한 신창원에게 보였던 '과도한 정의감'을 왜 보여주지 못한 것일까? 우리는 사법 식민지, 정의 식민지에 살고 있는가?

1988년 '유전무죄, 무전유죄'를 부르짖던 또 다른 탈주범 지강헌은 500만 원을 훔친 죄로 징역 7년에 보호감호 10년, 총 17년 형을 선고받은 데 반해 같은 시기 전두환 전 대통령의 동생 전경환은 100억 원대의 횡령과 뇌물 수수로 유죄를 선고받고도 징역 7년 형에 그쳤다. 그마저도 2년이 지난 1991년, 특별사면으로 풀려났다. 이런 '법 앞의 불평등'은 피해의 확산과 가중을 부른다. 전경환은 결국 2004년 건설업체 대상 사기, 2006년 소위 '구권 화폐 사기' 등 지속적으로 범죄를 저지르며 수많은 피해자들의 사업체와 가정을 파탄시키고 피눈물을 쏟게 만들었다. 그런데 2010년 징역 5년 형이 최종 확정된 전경환은 교도소에 수감된 지 채 두 달도 지나지 않아 병을 핑계로 '형 집행정지' 처분을 받고 초호화 병실에서 3년 넘게 휴양 생활을 해왔다. 〈한겨레〉에서 이 문제를 다루고, 마침 SBS 〈그것이 알고 싶다〉에서 소위 '여대생 청부살해 제분업체 회장 사모님 사건'이 폭로되어 형 집행정지에 대한 문제가 사회적 관심을 끈 이후에야 전경환은 교도소로 되돌아갔다.

잔인할 정도로 늦게 찾아온 정의

2012년 제18대 대선을 둘러싼 '친박무죄, 반박유죄' 문제는 더욱 심각하다. '가수 아무개 씨가 박근혜 후보의 아들'이라는 내용을 트위터에 올린 50대 아주머니를 구속하고, 도난된 안중근 의사의 유묵을 박근혜 후보가 소장하고 있다는 의혹을 역시 트위터에 올린 안도현 시인을 기소한 우리 검찰은 대선 기간을 포함해 수년간 조직적·반복적·상습적·체계적으로 야당 후보와 정치인, 비판적 지식인 등에 대해 입에 담지 못할 비방과 허위사실 유포를 한 자들은 '상관이 시키는 대로 했을 뿐'이라는 이유로 입건 유예 내지 기소 유예했다. 2012년 12월 14일, 민간인은 절대로 열람도 할 수 없는 국가 기밀, 남북정상회담 대화록의 일부 내용을 쪽지에 적은 채 부산 대중 유세장에서 줄줄 읽어 내려가며 그를 기반으로 한 허위사실로 야당 후보를 비방한 김무성 당시 새누리당 총괄선거대책본부장은 수사조차 받지 않다가, 여론의 비난으로 뒤늦게 형식적인 수사만 받고 무혐의 처분되었다. 대한민국 경찰과 검찰은 '법 앞의 평등'을 도대체 누구에게 팔아먹었는가? 이러고도 가난한 국민의 생계형 범죄와 분노에 찬 국민의 저항적 질서위반 행위를 강력하게 단속하고 처벌할 면목이 서겠는가?

대한민국은 정권의 위기 때마다 엉뚱한 사람을 간첩이나 영웅으로 둔갑시켜온 어두운 역사가 있다. 인혁당 사건 피해자들과 '수지 김 살인범' 윤태식이 대표적인 예다. 국민적 분노를 야기하는 엽기적인 범죄 사건이 발생하고, 사건해결 지연이 정권에 대한 불만으로 이어질까 두려울 때 범죄자를 만들어내기까지 한다. 이 책에서도 소개하고 있는 영화 〈7번방의 선물〉의 실제 주인공 정원섭 씨가 대표적인 예다. 1972년 강원도 춘천에서 파출소장의 아홉 살 딸이 성폭행당한 뒤 살해된 시신으로 발견되자 국민적 분노가 일어났다. 당시 박정희 대통령은 내무장관을 불러 조속한 검거를 지시했고, 내무장관은 치안본부장을 불러 '열흘 안에 범인을 못 잡으면 모가지'라며 호통을 쳤다. 줄줄이 아래로 불호령이 내려졌고, 기적처럼 10일 만에 범인이 검거된다. 피해 어린이가 평소 잘 가던 동네 만홧가게 주인 정원섭 씨. 범행 현장에서 경찰이 데려온 정씨의 아들이 자신의 연필을 발견하고, 이것이 결정적인 증거가 된다. 만홧가게에서 일했던 종업원들도 정씨에게 불리한 진술을 하고, 정씨도 경찰 수사 과정에서 자백을 한 뒤 현장검증까지 마쳐 재판이 열리기도 전에 정씨는 이미 파렴치한 범죄자로 낙인이 찍혀버렸다. 법정에서 진술을 번복하고 자백은 강압과 고문 때문이라고 항변

했지만 결국 유죄판결과 무기징역을 선고받은 정씨는 모범적인 수형 생활로 감형을 받고 15년 만인 1987년에 출소했다.

정씨는 누명을 벗기 위해 재심을 청구했지만 2001년 서울고등법원에 이어 2003년 대법원조차 이유 없다며 기각했다. 2005년, '진실·화해를 위한 과거사 정리위원회'가 정씨의 사건을 다시 조사했고, 국립과학수사연구소에서 당시 범인의 정액을 검출해 혈액형을 확인했는데 정씨의 혈액형과 달랐다는 결정적인 '은폐된 증거'를 찾아내게 된다. 2007년 7월 위원회는 사법부에 재심권고문을 보냈고, 2008년 11월 춘천지방법원은 치열한 법정 공방과 심리 끝에 무죄를 선고했다. 검찰은 이에 불복해 항소했고, 2009년 2월 서울고등법원 역시 무죄를 선고했지만 검찰은 이에 불복해 상고했다. 2011년 10월 27일, 대법원에서 최종 무죄판결이 내려져 누명을 쓴 지 39년 만에, 77세가 된 정원섭 씨의 명예가 회복되었다. 잔인할 정도로 아주 늦었지만 결국 '정의'가 찾아온 것이다. 경찰과 검찰로 대표되는 국가는, 자신과 권력자의 과오를 감추겠다는 이유 하나로 약하고 힘없는 국민 한 사람의 삶을 마지막까지 처절하게 짓밟았다. 조작수사, 고문, 허위자백, 증거은닉에 가담한 경찰과 검찰 그 누구도 처벌받지 않았다. 정원섭 씨는 언론과의 인터뷰에서 《명심보감》을 인용해 "하늘은 옳지 못한 사람을 반드시 죽인다"는 말을 남겼다. 범인과 혈액형이 다른 정씨가 범인이 아니라는 것을 분명히 알면서도 범인으로 '만든' 가해자들뿐 아니라 명백한 부정선거 범죄를 감추기 위해 성실하고 양심적인 공직자들을 파멸시키고 있는 현재의 권력 범죄자들과 그들의 하수인들이 새겨들어야 할 말이다.

권력형 범죄가 사회인륜 붕괴를 낳는다

범죄자를 처벌하는 데 있어 장소와 시간에 관계없이 변치 않는 몇 가지 원칙이 있다. 그중 가장 중요한 것이 바로 '법 앞의 평등'이다. 지위나 신분, 빈부 격차 등 어떤 차이에도 상관없이 '같은 범죄를 저지르면 같은 처벌'을 받아야 하는 원칙이다. 물론 정상참작 등 '감형의 사유'나 계획성, 잔인성 등 '가중처벌' 요소도 있겠지만, 이 역시 법 앞에 평등해야 한다. 둘째 원칙은 '비례의 원칙'이다. 저지른 범죄의 크기에 적합한 처벌이 내려져야 한다는 말이다. 현대 문명국가에서 도둑질했다고 손목을 자르는 처벌은 지나치게 가혹하다. 또한 성폭행을 하고도 집행유예로 풀려나는 일은 없어야 하는 것이다. 하지만 한 개인이 이런 원칙을 잘 지켜나가는 것만으로 사회의 정의가 확보되는 것은 아니다.

범죄 중에는 생계형, 원한이나 치정 등 처벌받아 마땅긴 하지만 이해할 만하고 동정의 여지가 있는 사건들이 있는가 하면 도저히 이해나 동정의 여지가 없는 반인륜적 유형도 있다. 친족 성폭행, 가족 살인, 아동 성폭행 등이 대표적인 예다. 이 책에서도 다루고 있는 의사의 '만삭 아내 살해 사건'과 배 아무개 교수의 부인과 아들 살인 사건은 그 범행의 치밀성과 계획성, 비인간성뿐 아니라 전문가라는 특성과 지위를 이용한 증거인멸 과정의 철저함이라는 측면에서 공포스러울 정도다. 도박 빚을 갚기 위해 부모를 살해하고 유산을 미리 받으려 했던 미국 유학생 박한상과 최근 발생한 인천 모자 살인범은 인간의 본성에 대한 회의마저 불러일으켰다. 아동 성폭행 살인범 김길태, 손녀를 지속적으로 성폭행한 할아버지와 큰아버지들의 사례 역시 마찬가지다.

하지만 이들에 대한 처벌과 비난만으로는 문제가 해결되지 않는다. 반인륜적 범죄의 특성은 피해자가 가해자를 절대적으로 신뢰하거나 가해자의 지배와 통제하에 있어 전혀 방어 능력이 없다는 점이다. 스스로 주의하거나 조심한다고 막을 수 있는 범죄가 아니다. 그 발생 원인을 찾아 근본적인 방지책을 마련해야 한다. 가정의 제 기능, 가족 간 대화, 교육 과정의 정상화, 성격이상 혹은 일탈 청소년에 대한 치료 및 보호, 선도 시스템의 구축 등 사회적 대응이 필요하다. 이를 위해서는 정책부서인 법무부와 집행부서인 검찰의 분리 및 전문화가 필요하고, 보호관찰 기능의 독립이 시급하다. 국가 교육목표와 체계의 변화, 위기 가정에 대한 복지적 개입 대책도 마련되어야 한다. 무엇보다 근본적인 대책은 사람을 존중하고 차이를 인정하며 타인을 배려하는 사회 문화와 윤리의 정착일 것이다. 경제적 양극화가 심화되고 사회계층에 따른 차별과 무시, 냉대가 만연하면 계층 상승이나 유지를 위한 지나친 경쟁이 촉발되고 이로 인해 사회적 스트레스와 분노 및 불만이 팽배하게 된다. 이는 다시 법과 도덕, 윤리 등 사회의 규범 체계를 약화

시키고 '감정'과 '이익'이 강하게 연관된 극단적 범죄행위로 이어지게 된다. 사회정의 체계를 무너뜨리고, '법 앞의 평등' 원칙을 포함한 헌법 정신을 무력화시키며, 교육과 복지 등 사회정책의 국민적 선택 과정을 왜곡시키는 '국정원 사건' 같은 권력형 범죄가 사회인륜의 붕괴와 무관하지 않은 이유다.

잘못을 저지르지 않는 '완벽한 사람'은 없으며, 범죄가 발생하지 않는 '완전한 사회'도 없다. 오히려 그런 사람이 되겠다거나 그런 사회를 만들겠다고 외치는 사람은 경계해야 한다. 그들은 잘못을 저지르거나 범죄가 발생했을 때 이를 감추고 숨기느라 급급할 것이고, 이는 더 큰 문제와 위기 상황을 초래할 것이기 때문이다. 잘못을 인정하고 범죄의 실상과 발생 원인 및 배경을 분석해 차분하고 체계적인 대응책을 제시해나가는 사람이 법과 정책의 입안과 집행을 담당해야 한다. 결국은 정치와 권력의 문제로 귀결되는 것이다. 범죄자를 강한 어조로 비난하는 사람이 정의로운 것이 아니다. 우리 사회에서 발생하는 불법과 불의를 방관하거나 외면하지 않고 양심에 따라 말하고 행동하는 사람이 정의로운 사람이고, 그들이 이 사회의 범죄를 줄여나간다.

이 책을 통해 그동안 한국 사회에서 논란이나 화제를 불러 모았던 범죄 사건과 이에 연루된 사람들에 대한 수사와 처벌 과정을 '정의'라는 관점에서 분석하고 평가했다. 과연 엄정하고 철저하게 진실이 규명됐는지, 그리고 처벌은 '법 앞의 평등' 원칙에 부합하고 '비례의 원칙'에 따라 이루어졌는지를 냉철하게 조명해봄으로써 우리 사회에서 '범

죄에 대한 정의'가 더 바람직하게 자리 잡을 수 있는 토대를 마련하고
자 했다. 이러한 시도가 이 사회를 조금이라도 더 정의롭게 만드는 데
기여하길 바란다.

차 례

제2부 정의는 천천히 온다

제1부

권력과
돈 앞에서
무력했던 정의

001

그에게 '무기징역＋22년 6개월'은 마땅했을까

희대의 탈주범
신창원

1997년 1월 20일, 부산교도소에는 비상이 걸렸다. 무기징역을 선고받고 복역 중인 재소자 한 명이 사라졌기 때문이다. 그의 이름은 신창원. 몸이 날렵하고 체력이 좋긴 했지만, 높고 두꺼운 교도소의 담벼락을 뚫고 탈주하리라고는 상상도 못 했다. 물론, 당시 부산교도소는 외벽 보수공사가 진행 중이어서, 사동 건물만 벗어나면 바깥세상으로 나갈 수 있는 '절호의 기회'가 마련되어 있기는 했다. 신창원은 마치 미국 드라마 〈프리즌 브레이크〉에 나오는 것처럼, 오랫동안 치밀하게 탈옥을 준비했다. 최소한의 단백질과 탄수화물만을 섭취하고, 이기지 못할 고통의 순간에 이를 때까지 운동을 해 필수 근육 이외의 살을 모두 뺐다. 그리고 모범적인 수감 생활을 하며 작업장을 드나드는 사이 천재일우의 기회를 틈타 작고 얇은 쇠톱 하나를 훔쳤다. 드디어 모든 조건이 갖춰졌다고 판단한 그는 평소 눈여겨봐 뒀던 화장실 쇠창살 하나를 쇠톱으로 끊어내고 뛰어올라 공중에 매달리고 나서, 보통 사람은 몸의 반도 들어가지 못할 좁은 공간 안에 머리를 집어넣은 뒤 얇아진 상체를 밀어 넣고 반대편으로 빠져나왔다. 그 뒤 바닥으로 가볍게 뛰어내린 다음에는 뒤도 안 돌아보고 쏜살같이 공사 중인 외벽을 향해 달렸다.

그로부터 2년 6개월, 전 경찰이 전력을 다해 쫓는 비상경계령을 농락하며 유유히 전국을 활보한, 대한민국 사상 최장기간에 걸친 탈주극이 시작됐다. 외환위기 직전의 경제적 어려움과 답답한 사회 현실에 분노하던 사회 일각에서는 신창원을 '홍길동'이나 '일지매' 같은 '의적'으로 칭송하며 검거되지 않길 바라는 모습을 보이기도 했다. 특히,

인터넷에서는 범죄자를 추앙하는 '팬카페'가 신창원을 대상으로 해서 최초로 개설되고, 신창원을 주인공으로 한 만화까지 등장해 가히 '신창원 신드롬'이라 불릴 만했다. 그가 검거될 당시 입은 외국 유명 브랜드 셔츠는 없어서 못 팔 정도로 인기를

1999년 7월 16일 전남 순천의 한 아파트에서, 탈옥 2년 6개월 만에 검거된 신창원이 경찰에 이송되고 있다. 당시 그가 입고 있던 옷은 '블레임 룩' 논란을 일으키기도 했다.

끌었다. 범죄자 등 비난의 대상이 되는 사람의 패션을 따라 하는 '블레임 룩' blame look 현상 논란마저 일으켰다.

우리나라 범죄 역사에서 신창원만큼 극적인 인물은 찾기 어렵다. 교도소를 맨몸으로 탈출해 2년이 넘게 15만 경찰을 농락하며 전국을 활보하면서 절도 행각을 계속해, 사회에 불만을 느낀 젊은이와 청소년층에게 연예인 같은 인기를 누렸던 범죄자. 특히, 신창원이 거쳐간 곳마다 경찰서장이나 파출소장이 문책을 당해 '신창원이 경찰 인사를 좌지우지한다'는 말이 나오기도 했다.

표창원과 신창원

범죄학 강의 중 간혹 '표창원과 신창원'을 비교해 설명하기도 한다. 이름이 같아 생긴 에피소드를 소개하면 청중들의 관심이 높아진다. 신창원이 검거돼 한창 사람들 입에 오르내리던 때 한 라디오 생방송 토론 프로그램에 참가했다가 진행자가 '경찰대학 신창원 교수'라고 부르는 해프닝이 벌어지기도 했고, 지하철에서 우연히 마주친 40대 남성이 '신창원 교수 맞죠?' 하며 악수를 청한 일도 있었다. 실제로 신창원은 표창원과 딱 1년 차이인 1967년 5월 출생이고, 싸움과 서리 등 말썽꾸러기 어린 시절을 보낸 점에서 비슷하다. 다만 부친의 베트남 참전으로 수년간 '아버지 없는 유년 시절'을 보낸 표창원과 달리 신창원은 일찍이 모친이 사망해 '모성이 결핍된 유년 시절'을 보냈고, 전쟁

후 복귀한 표창원의 부친과 달리 신창원의 잃어버린 모성은 끝내 회복되지 않았다. 특히, 잘못과 말썽을 저지를 때마다 강한 체벌과 엄한 질책을 받았던 것은 유사하지만, 그럴 때마다 표창원에겐 따뜻한 가슴을 열어 위로와 격려를 해준 이웃 아주머니와 선생님들이 계셨던 반면 신창원에겐 이웃의 싸늘한 시선과 불만, 욕설과 무시가 뒤따랐다는 큰 차이점이 있다.

신창원은 자신의 회고록에서 "국민학교 5학년 때 선생님이 학교에 낼 돈도 가져오지 못하는 놈이 뭐하러 오느냐며 심한 욕설을 한 뒤 내 마음에 악마가 생겼다"고 기술하기도 했다. 범죄학에선 이러한 '표창원과 신창원의 차이'를 설명할 때 '사회적 유대'라는 개념과 '낙인효과'라는 이론을 자주 사용한다. 한 사람이 주위 사람들 및 사회와 긍정적인 연결 고리가 강하게 형성될수록 범죄를 저지르지 않는 통제력이 강해지지만, 그렇지 못할 경우 유혹이나 스트레스 등 범죄 유발 요인 앞에 쉽게 무너진다는 것이 사회적 유대 개념이다. 사회적 유대를 구성하는 네 개의 요소가 가까운 지인과 애정과 관심으로 연결되는 '애착', 실현 가능한 목표를 향해 정진하는 '전념', 공동체에 소속되어 활동하는 '참여', 그리고 도덕과 윤리, 법 등을 준수해야 한다고 믿는 '신념'인데, 신창원에게는 이 네 가지 요소가 모두 결핍되어 있었다.

게다가 1982년, 16세 중학생 때 거듭된 밭과 과수원 서리에 대해 이웃이 항의하자 신창원의 아버지는 어린 신창원의 손목을 잡고 경찰서를 찾아가 소년원에 보내달라고 요구하게 된다. 경찰은 아버지의 뜻대로 신창원을 소년원에 보내고, 그 결과는 '범죄자'라는 낙인으로 돌아왔다. 다시는 학교에 돌아갈 수도 없었고, 이웃에서는 자녀들에게 '창원이랑은 어울리지 말라'며 외면했다. 신창원이 찾아갈 곳은 소년원에서 만난 비슷한 처지의 청소년들 곁뿐이었다. 그들과 어울려 다니다 무작정 서울로 올라간 신창원은 1년 뒤인 1983년, 다시 절도죄로 검거돼 징역 8개월에 집행유예 1년을 선고받았다. 그러다 결국 1989년, 23세 때 공범 3명과 함께 서울시 성북구 돈암동 한 주택에 들어가 강도질을 하다가 공범 중 1명이 피해자를 살해하는 바람에 강도치사죄의 공범으로 무기징역을 선고받았다.

범죄자 신창원에게는 하나의 '신조'가 있었다. '결코 사람은 해치지 않는다'는 것이었다. 남의 돈을 훔치는 도둑일지언정 사람을 상하게 하는 치졸한 파렴치범은 되지 않겠다는 나름의 원칙이었다. 하지만 공범이 살인을 저지르는 바람에 자신마저 살인범으로 몰려 무기징역을 선고받자 그는 절망하고 좌절했다. 더구나, 실제로 사람을 죽인 살인범들도 변호사를 사서 적극 변론하면 징역 5년, 7년 정도를 선고받고, 세상을 어지럽힌 대형 권력형 비리 범죄자들도 몇 년 복역하지 않고 세상에 나가는 현실 앞에서 분노감마저 들었다. 결국, 수감된 지 7년 만인 1997년, 탈옥을 감행하게 된 것이다. 탈옥 후에도 신창원은 여러 차례의 절도 범죄를 저질러 총 9억 8,000만 원에 이르는 금품을 훔쳤고, 그중 일부는 고아원이나 양로원 등에 기부하면서 메모를 남기기도 하는 등 도주 중임에도 자신이 '나쁜 사람'이 아니라는 것을 인정받기 위해 애썼다. 탈옥 2년 6개월 만에 검거된 신창원은 기존의 무기징역에 더해 22년 6개월을 추가로 선고받았다. 수감 중에 중졸·고졸 검정고시에 합격한 신창원은 언론사 등에 보내는 자신의 편지를 발송해주지 않는다는 이유로 교도소장을 대상으로 한 소송을 제기하는 등 자신의 권리 찾기에도 열심이었다. 특히, 스스로 법전과 법학 서적을 탐독한 뒤 모든 소송 과정을 변호사 도움 없이 수행하고 승소해 100만 원의 배상 판결을 받아내 화제가 되기도 했다. 2011년 7월에 부친이 사망하고 장례식에 참석하게 해달라는 요청이 거부당하자, 신창원은 그로부터 한 달 뒤인 8월에 자살을 시도해 한때 중태에 빠졌으나 지금은 건강을 회복한 상태다.

평생 감옥에서 썩어야 할 범죄였는가

형법에는 범죄행위마다 형량이 정해져 있다. 하지만 그 상한선과 하한선을 둘 뿐이지 단일한 형벌을 정해놓지는 않았다. 특히, 작량감경^{정상참작 사유가 있을 때 법관 재량으로 형을 줄여주는 것} 등 감형 사유나 가중처벌 요소 등이 있어 결국 '판사 마음대로' 정하는 것이 범죄의 형량이라고 할 수 있다. 이러한 우리 법의 원칙을 '자유 심증주의'라고 한다. 물론, 항소나 상고 등 불복 가능성이 있기에 판결은 신중하게 이뤄지며, 판사 개인의 자유재량이 아닌 과거 판례와 대법원이 마련한 양형기준, 그리고 당시 국민의 법감정 등을 고려해 형량이 정해진다.

범죄학에서는, 여기에서 더 나아가 '국가 책임론', '사회 체계 책임론', '회복적 정의' 등의 요소를 추가해야 한다고 주장한다. 즉, 해당 범죄자가 태어나서 성장하는 과정에 국가의 법과 제도의 미비나 문제로 인한 책임의 정도와 이웃 공동체와 문화, 윤리, 교육 체계 등 사회화 시스템의 문제가 기여한 정도를 감안해야 하고, 가해자에게 어떤 조처를 내려야 피해자의 피해 회복에 가장 바람직할지를 고려해야 한다는 것이다. 우리 사회에서 중요 범죄 사건이 발생할 때마다 형벌의 적절성에 대한 논란이 야기되는 것도 이처럼 복잡한 '범죄와 정의'의 본질적 문제와 무관하지 않다. 하지만 각 범죄가 끼친 객관적 해악과 범죄자의 '악의'라는 주관적 요소가 같은 잣대로 평가되어야 한다는 '법 앞의 평등' 원칙은 결코 무너져서는 안 된다. 특히, 범죄자의 지위나 신분, 경제력과 권력의 차이가 범죄 형량에 절대로 반영되어서는 안 된다. 더 나아가 범죄자의 말이나 행동, 생김새 혹은 인종이나 지역 등의 요소가 형량에 영향을 주게 된다면 그 자체가 '차별'이라는 '인권 침해'로서, 그러한 편파적인 판결 자체가 '범죄행위'라고 할 수 있다.

과연 이런 요소를 모두 고려할 때, 1989년 저지른 강도치사죄의 공범으로, 실제로 살인을 하지 않고 그 현장에 함께 있기만 했던, 신창원이 받았던 무기징역형은 공정했을까? '정의'에 부합하는 형량이었을까? 다른 범죄와의 형평성에 문제는 없었을까? 그가 비록 16세부터 절도죄로 소년원을 들락거렸고, 그 뒤에도 절도를 저질러 유죄판결을 받은 전과자라고 해도, 그가 저지르지 않은 강도치사죄에 대해 책임을 저야 하는 것은 아니다. 강도 범죄를 모의하고 실행했으며, 범행 이후 자수하지 않고 도주했다가 검거된 죄책만 물으면 된다. 비교 사례로 1997년에 발생한 '이태원 살인 사건'을 들 수 있다. 2명의 미군 군속 자녀가 함께 한 햄버거 가게 화장실로 피해자를 따라 들어가 그중 1명이 잔혹하게 살해한 사건에서, 검찰은 그 2명 중 1명만을 살인죄로 기소했고, 법원은 "2명 중 1명이 범인인 것은 확실하나 피고인이 범인이라는 점은 확신할 수 없다"며 무죄를 선고했다.

신창원 사건의 경우, 오히려 피해자를 살해한 자는 명확히 밝혀졌고, 신창원은 그 살인 행위에 아무런 책임이 없다는 사실도 명확하게 확인되었다. 과연 그에게 공동정범으로서의 책임을 물어 무기징역을 선고한 것이 정의로운 판결이었을까? 또한 신창원의 성장 과정에서 교육과 복지, 소년사법 등의 국가·사회적 기제가 잘못 작동된 책임은 전혀 없을까? 22년 6개월이라는 추가 형량 역시 경찰과 국가 제도를 우롱하고 장기간 도주 성공한 데 대한 '괘씸죄'라는, '감정'이 작용한 측면은 없을까?

누구나 그저 평생 감옥에 있어 마땅한 사람으로 매도한 신창원. '진정한 정의'는 그에게 아직 구현되지 않은 것 같다. 사회에서 가장 낮은 곳에 있는 자, 가장 비난받아 마땅한 자에게 보장되는 권리와 정의가 그 사회의 수준을 보여준다는 말이 있다. 신창원에게 주어지는 '정의'의 수준과 크기는 곧 언제든지 나에게 내려지고 주어지는 '정의'의 수준과 크기가 될 수 있다는 사실을 깨달아야 할 것이다.

002

지강헌이 '유전무죄, 무전유죄'를 외친 이유

전두환 동생
전경환

2010년 5월 13일 대법원, 한 70세 노인에게 징역 5년 형이 확정됐다. 범죄 혐의는 '특정경제범죄 가중처벌법' 상 사기죄, 그의 이름은 전경환. 1980년대 대한민국을 쥐락펴락했던 독재자 전두환의 친동생이다. 사람을 해치지 않고 금전을 편취하기만 하는 사기죄에 징역 5년이라면 죄질이 매우 나쁜 경우다. 실제 이 사건은 '전 대통령의 동생'이라는 지위와 세간의 신뢰를 이용해 자금난에 시달리는 기업체로부터 거액을 뜯어낸 악질 범죄다.

전경환은 2004년 4월, 한 용역회사 대표와 함께 아파트 신축을 위한 자금난에 시달리는 경기도 광주의 건설업체를 찾아가 "외국의 자금 1,000억 원을 유치할 예정인데, 좋은 조건으로 거액을 융자해줄 테니 업무 추진비로 6억 원을 달라"고 제안했다. 지푸라기라도 잡는 심정이었던 건설회사 대표는 "전경환 회장님만 철석같이 믿고 드린다"고 간절하게 말했다.

전경환은 같은 수법으로 모두 여섯 차례에 걸쳐 총 15억 원과 미화 7만 달러를 뜯어내곤 '외국 자금이 곧 들어온다. 기다려라' 하며 차일피일 미루기만 했다. 결국 피해 기업들은 아파트 공사를 시작하지도 못한 채 부도를 내고 망할 수밖에 없었다. 여전히 철통같은 경찰의 경호와 경비를 받고, 전직 대통령으로서의 온갖 위세를 누리는 '살아 있는 권력' 전두환의 힘이 두려워 끙끙 앓던 피해자들은 더 이상 참지 못하고 검찰에 고소장을 제출했다. 그러자 전경환은 몸을 감추고 숨어 검찰은 전경환에 대해 기소중지 결정을 내리고 전국에 '지명수배'를 한다.

결국 스스로 모습을 드러낸 전경환은 2009년 5월 14일, 1심 재판부로부터 사기죄로 징역 5년 형을 선고받았다. 전경환은 판결에 불복해 항소를 제기하면서 '뇌경색으로 인해 몸이 불편하니 법정 구속을 하지 말아 달라'고 간청했고 법원은 이를 수용했다. 2심 고등법원 판결도 원심을 확정했고, 전경환이 이에 불복해 상고를 제기한 3심 대법원에서 최종 확정판결이 내려지면서 성동구치소에 수감된 것이다. 그러나 '5공 황태자' 전경환은 두 달이 지나자 더는 감옥 생활을 못 하겠던지 몸이 아프다며 검찰에 형 집행정지 신청을 했고, 검찰은 이를 받아들이면서 3개월간의 형 집행정지 결정을 내렸다. 그런데 3개월이 아니라 3년이 되어가도록 전경환은 교도소로 돌아가지 않았다. 검찰이 '친절하게도' 기간이 만료될 때마다 새롭게 형 집행정지를 갱신해주었기 때문이다. 2013년 9월에 이르러서야 검찰은 전경환의 아홉 번째 형 집행정지를 불허했다.

귀빈 입원실에서 발각된 지명수배자

사기 사건의 재판이 열리기 전인 2007년, 검찰에 지명수배 중이던 전경환은 서울시가 발표한 '고액 체납자 명단'에 이름을 올렸다. 총 6억 2,219만 원의 세금을 납부하지 않은 것이다. 선량한 기업인을 속여 15억 원이 넘는 돈을 뜯어내 호화 사치를 만끽하면서, 국민의 기본 의무인 세금 납부는 전혀 하지 않는 철면피한 모습을 보인 것이다.

당시 전경환으로부터 밀린 세금을 받기 위해 갖은 애를 쓰던 서울시는 기록상에 전경환을 '납세의식이 결여된 자'로 분류했다. 재산과 생활수준으로 보아 충분히 세금을 납부할 능력이 있으면서도, 고의로 세금을 내지 않고 있는 '악질 체납자'라는 얘기다. 사기죄로 지명수배 중이면서도 여유 있는 호화 생활을 만끽하고, '돈이 없다'며 세금을 내지 않고 버티던 전경환은, 2008년 2월 몸이 아프자 역대 대통령과 재벌 총수들만 이용한다는 서울 신촌 세브란스 병원 20층 귀빈실에 여봐란듯이 입원했다. 이곳은 하루 입원비만 170만 원에 이른다는 초호화 병실로, 경력 4년 이상의 전공의들과 전담 간호사들이 교대로 24시간 상주하면서 환자에게 추호의 불편함이 없도록 '왕처럼' 모시는 곳이다. 비밀리에 입원해 있던 전경환의 존재를 파악한 언론에 이 사실이 보도되면서 검찰은 '어쩔 수 없이' 전경환의 신병을 확보해 수사하고 기소할 수밖에 없었고, 결국 징역 5년 형 선고로 이어지게 된 것이다.

전경환이 건설업자들에게 15억여 원을 편취한 사기 혐의로 고소당한 뒤 달아나 수배돼 있던 2006년 6월, 또 다른 사기 사건이 발생했다. 사기 범죄 전과자인 이 아무개와 조 아무개 두 사람이 전경환과 함께 사업가들에게 접근해 "전두환 전 대통령이 한국은행에서 찍어낸 뒤 보관하고 있는 '구권 화폐' 50억 원을 '세탁' 하기 위해 30퍼센트 할인해서 새 돈과 바꾸려 한다"는 비밀 정보를 흘리는 척한 것이다. 그러면서 이들은 "우리가 45억 원을 준비했는데, 부족한 5억 원만 채워주면 바로 구권 화폐로 바꾼 뒤 6억 원을 돌려주겠다"고 속여 이들한테서 총 2억 1,000만 원을 받아 가로챘다. 그 후 도주했던 이씨와 조씨 두 사람은 또 다른 사기 사건을 저질렀다가 검거돼 교도소에 수감돼 있을 때, 이 '구권 화폐 사기 사건'에 대한 수사를 받고 기소되었다. 하지만 전경환은 이미 건설업체 대상 15억 원 사기 사건으로 수배 중이라는 이유로 조사도 하지 못한 채 기소 대상에서 제외됐다.

그로부터 1년 5개월 뒤인 2007년 11월 1일에는 전경환 동거녀의 딸 김 아무개 씨가 피해자들에게 "필리핀에서 국빈 대접을 받는 전경환이 9,000억 원 상당의 외자 유치와 50만 톤 규모의 납 채굴권을 따냈다"고 속여 '업무 추진비' 명목 등으로 모두 46억 원을 뜯어낸 사기 사건이 발생했다. 고소를 접수한 방배경찰서에서는 김씨를 구속했지만, 수배 중이던 전경환은 조사를 하지 못해 관련성 여부를 확인하지 못했다. 결혼해서 자녀들도 있던 전경환은 아내를 두고도 동거녀와 20년 넘게 불륜 관계를 맺고 있었던 것이다. 피해자들은 전경환의 개입 없이는 이루어질 수 없는 범죄라고 주장하며 분노를 표출했다.

형제 범죄단, 그들을 모시는 대한민국

사실 전경환의 파렴치한 범죄 행각과 그에 대한 국가 사법 체계의 비호는 그의 형이 대통령 자리에 앉아 마치 제왕처럼 무소불위의 철권 통치를 하던 제5공화국 시절에 이미 시작됐다. '새마을운동 중앙본부' 회장에 취임한 전경환은 형 전두환에 이어 '제2인자' 노릇을 톡톡히 했다. 모든 이권과 인사, 특혜는 전경환의 손을 거쳐 이루어진다고 할 정도였다. 전두환의 독재와 권력형 비리 부패에 넌더리가 난 시민들이 거리로 나와 민주화 운동을 벌여, '체육관 선거'를 통한 영구 집권을 획책하던 전두환을 끌어내리고 대통령 직선제를 이루게 된 뒤 전두환과 전경환, 전기환 등 전씨 일족의 범죄행위들이 하나둘 드러나게 된다. '정치적 변화', '정권 교체'가 일어나지 않았다면 결코 밝혀지지 않았을 권력형 범죄와 비리가 일부나마 드러나게 된 것이다.

전두환에 이어 권력을 잡은 것은 그의 친구요, 동료였던 노태우였다. 하지만 국민이 직접 투표해 선출하는 대통령 선거를 치르면서 '국민의 무서움'을 체감한 노태우는 5공 비리 청산 작업을 하지 않을 수 없었다. 가장 먼저 이루어진 청산 작업의 대상이 전경환이었다. 노태우 대통령 취임 한 달 뒤인 1988년 3월 22일, 전경환은 검찰에 구속되었다. 그가 회장으로 있던 새마을운동 본부와 새마을신문사의 공금과 기부금 76억 원 횡령 및 10억 원의 탈세, 숱한 불법 청탁 및 뇌물 수수, 불법 토지형질변경 등 헤아릴 수 없을 정도로 많은 죄목이 전경환에게 부과됐다. 항간에서는 그가 횡령하거나 탈세, 편취한 돈이 줄잡아 600억 원에 이른다는 추정이 나올 정도였다.

그런데 같은 시기 500만 원을 훔친 죄로 붙잡힌 절도범이 있었다. 그의 이름은 지강헌. 확인된 것만 100억 원대의 횡령과 세금 포탈을 저지르고, 액수 확인조차 어려운 수백억 원대의 뇌물을 수수한 전경환과 500만 원을 훔친 절도범 지강헌 중 누가 더 무거운 형벌을 받아야 할까?

노태우 대통령 집권하의 제6공화국에서의 사법 정의는 500만 원 훔친 지강헌에게 징역 7년에 보호감호_{사회 보호법상 상습 범죄자에 대한 추가 보호처분} 10년, 총 17년의 격리 감금형이었고, 수백억 원대의 초대형 권력형 횡령·탈세·뇌물 사범 전경환에게는 징역 7년 형을 부과하는 것이었다. 그것만이 아니었다. 전경환은 수감된 지 2년여가 지난 1991년 2월 대통령 특별사면으로 형기가 반으로 준 뒤 같은 해 6월 가석방되어 풀려났다. 1992년 2월에는 다시 대통령 특사 대상이 되어 '복권'이 이루어져 범죄 전과도 말소되고 선량한 보통 사람처럼 정상적인 경제생활, 사회생활을 할 수 있게 되었다. 지강헌이 다른 죄수들과 함께 호송 차량에서 탈주해 인질극을 벌이다 '유전무죄, 무전유죄'를 외치게 된 결정적인 계기가 바로 전경환이었던 것이다. 아울러 희대의 권력형 사기범 전경환에게 엄청난 특혜를 베풀어준 대한민국 사법부와 정부가 이후 수많은 다른 피해자들에게 피눈물을 흘리게 한 대규모 파렴치 권력형 사기 사건이 연속적으로 발생하게 한 원인 제공자였다.

전경환뿐만 아니었다. 한국전쟁 중 육군 중사로 복무했던 전두환의 형 전기환은 제대 후 순경으로 경찰관이 된 뒤 용산경찰서에서 교통경찰로 근무하다 퇴직했다. 그러다 동생이 대통령이 되자 과거 자신과 함께 용산경찰서에 근무했던 동료나 선후배를 고속 승진시켜 경찰의 고위직을 점령하게 해 속칭 '용산 마피아'라는 말이 항간에 떠돌게 된다. 그리고 그 권세를 이용해 노량진 수산시장 운영권을 강탈했다가 동생 전경환처럼 정권이 바뀐 뒤 구속됐다. 전기환이 승진시켜 요직에 앉혔던 경찰 간부들은 연세대생 이한열 씨 최루탄 피격 사망, 김근태 씨 고문 사건, 명노열 씨 고문치사 사건 등의 책임자로 징계를 당했다가도 곧 복직 및 승진하는 등 정권 교체 뒤에도 여전히 위세를 떨쳤다.

이들 형제 외에 전두환 자신도 내란 및 반란 수괴죄, 살인, 뇌물 수수 등으로 1심 사형, 2심에서 무기징역 및 추징금 2,205억 원을 선고받고 1997년 4월 대법원에서 확정판결을 받았다. 전두환은 1997년 12월, 지역감정 해소와 국민 대화합이라는 명분 아래 대통령의 특별사면을 받았다. 하지만 나라에서 훔쳐간 돈을 반납하라는 명령인 추징금 2,205억 원은 사면 대상에서 제외되었다. 전두환은 이 중 532억 원만 납부한 뒤 '통장에 29만 원밖에 없다'고 주장해 국민적 분노를 샀다. 그가 반납하지 않은 1,000억 원이 넘는 돈은 은닉되거나 자녀 등 친인척한테 증여되고, 자신 및 동생 전경환 등 가족과 5공 잔당의 정치적 보호막을 위해 사용되고 있는 것으로 추정된다. 실제로 대법원에서 무기징역 확정판결까지 받았고, 아직까지 1,000억 원이 넘는 나랏돈을 내지 않는 '범죄자' 전두환에게 경찰의 철통같은 경호·경비 서비스가 제공되고 있다. 그는 초호화 생활을 하며, 대통령 취임식에 귀빈으로 초대되는 등 그 위력을 과시하고 있다.

이런 실정인데, 그 친동생 전경환이 계속해서 파렴치한 대규모 권력형 사기 범죄를 저지르고 검거되어 실형을 선고받는다 한들, '보통 사람'처럼 교도소에 가서 제대로 죗값을 치를 수 있었을까? 경찰이나 검찰은 여전히 전두환, 전경환 등을 대통령과 대통령 친인척으로 '모시고' 있는 모양새다. 인터넷에서는 십알단이나 일베, 지만원 등을 중심으로 전두환이 주장했던 '5·18 북한 간첩 선동설'과 야권 인사들에 대한 '좌익몰이'가 계속되고 있고, 경남 합천에서는 '전두환 동상' 제작 사업이 진행되는 등 사회 일각에서 전두환 찬양 언행이 지속되고 있다.

003

여전히 전두환을 찬양하는 사람들

살인과 부정축재
전두환

1931년 경남 합천에서 가난한 농부의 10남매 중 넷째로 태어난 전두환은 어린 나이에 두 명의 형과 동생 한 명이 사고와 질병으로 숨지는 비극을 겪으며 자랐다. 대구공고를 졸업하고 육군사관학교에 입학한 그는 1955년 육사 11기로 졸업해 소위로 임관한다.

전두환은 육사 재학 시절 성적이 좋지 못해 한직과 교육기관 등을 전전했다. 대위 때에는 서울대학교 문리대 학사장교ROTC 교관으로 근무하다가 박정희 육군 소장이 5 · 16 군사 쿠데타를 일으키자 쫓아가 합류한다. 특히 차지철 등 육군사관학교 장악 임무를 맡은 쿠데타 세력을 따라 육사에 간 5월 17일, '강영훈 육사 교장이 생도들의 5 · 16 지지 시위를 막고 있다'고 밀고해 강 교장이 쿠데타 세력에 의해 직위를 박탈당하고 구금당하게 한 뒤 박정희와 김종필의 신임을 얻게 된

다. 이 사건을 계기로 전두환이 속해 있던 파벌 모임인 '오성회' 나중에 하
나회가됨가 쿠데타에 반대하거나 동참을 거부했던 우수한 장교들을 제치
고 서서히 육군 내 주류로 부상한다.

다음 날인 5월 18일, 박정희 소장의 신임을 얻어 육사를 장악한 전
두환이 육사 생도들을 이끌고 서울 시내 한복판에서 쿠데타 지지 시가
행진을 벌여 관심을 끈다. 영문을 모르던 시민들은 깃털 달린 멋진 제
복을 입은 생도들이 열을 맞춰 행진하자 구경 삼아 늘어서 박수를 보
냈고, 이 광경을 지켜본 외신들과 주한 외국 공관들이 '다수 시민이
쿠데타를 지지한다'는 소식을 타전하기 시작했다. 쿠데타 초기, 군 내
부에서도 반대 기류가 심상치 않았고 여론과 국제사회의 시선도 비판
적이었기에 실패 가능성이 높았던 상황을 극적으로 반전시킨 사건이
었다.

전두환은 그 공로로 '이름 없는 대위'에서 졸지에 최고 권력기관인
국가재건최고회의 의장실 비서관을 거쳐 중앙정보부 인사과장으로 임
명되는 등 벼락출세를 거듭한다. 이 과정에서 자신의 친위 세력인 '하
나회' 소속 군인들을 요직에 임명하는 수완을 부리기도 했다.

스스로 대통령이 되는 과정에서 측근 정치인이 필요했던 박정희가
전두환에게 국회의원이 될 것을 권유하자 "각하, 군대에도 충성스러운
부하가 남아 있어야 하지 않겠습니까?"라고 대답해 더욱 큰 신임을 받
게 됐다는 일화는 유명하다. 그 뒤 군 내 요직을 두루 거치며 승승장구
한 전두환은 육사 동창회장에도 선출되면서 공식·비공식적으로 군을

장악하게 된다. 성적이 낮아 동기들에 비해 승진이 늦고 한직만 전전하던 전두환이 5·16 군사 쿠데타라는 기회를 포착해 가장 강한 권력자에게 충성하기 시작하면서 서서히 권력을 틀어쥐게 된 것이다.

전두환 본인과 가족, 그리고 측근들에게는 엄청난 부와 권력을 가져다주는 '인생 역전의 드라마'가 만들어지고 있었지만, 대한민국과 국민에게는 더할 수 없는 아픔과 고통과 오욕이 가해지는 '권력에 의한 범죄'의 불행한 역사가 시작되는 순간이었다.

전두환의 인생 역전, 국민 비극의 시작

전두환이 육군 소장으로 보안사령관에 재직 중이던 1979년 10월 26일, 박정희 대통령이 저격당해 숨지는 초유의 사건이 발생했다. 이미 권력과 정치에 대한 남다른 감각을 체득한 전두환 보안사령관은 졸지에 대통령직을 승계한 최규하 총리의 유약함을 간파했다. 계엄법상 설치된 합동수사본부에서 그는 본부장을 맡았고 하나둘 권력을 접수해 나갔다. 자신의 예상대로 대통령 피살 사건 수사와 처리가 합동수사본부의 소관 사항이 되자 그는 발 빠르게 중앙정보부 차장들과 검찰총장, 경찰청장을 불러 자기 휘하에 위치시켰다.

모두가 허둥대던 때 전두환 합수부장은 박 대통령 사망 현장에 있던 김재규 중앙정보부장과 김계원 비서실장을 체포하고, 12월 12일 자신의 상관인 정승화 육군참모총장마저 체포하면서 본격적인 야욕을 드러낸다. 이 과정에서 전두환의 하극상에 저항하던 김오랑 소령 등 의로운 군인들은 신군부 세력의 총격을 받고 사망하게 되고, 장태완 수도경비사령관과 정병주 특전사령관도 체포된다.

　군을 장악한 전두환은 최규하 대통령을 위협하고 국방장관까지 체포하면서 국가권력을 실질적으로 찬탈하게 된다. 전두환은 이후 주한 미국대사를 찾아가 "부패를 일소한 뒤 다시 군으로 복귀할 테니 승인해달라"고 요구한 것으로 알려졌다. 그 말은 5·16 쿠데타 당시 주한 미국대사를 찾은 김종필이 했던 말과 똑같았다. 이미 전두환이 오래전부터 5·16 쿠데타의 성공 과정을 연구하며 '박정희 이후' 권력을 잡기 위한 쿠데타 준비를 해왔다는 정황 중 하나로 볼 수 있다. 권력을 장악한 이후 계엄령 선포와 국가보위비상대책위원회 설치 등을 거치고 자기 스스로를 대장으로 승진시킨 뒤 예편하고 대통령으로 취임하기까지의 과정도 박정희와 똑같았다. 너무도 닮은 '5·16 쿠데타의 모방'이다 보니 시민과 학생들은 전두환의 다음 수순을 예측하고 강하게 반발했다.

　서울역 광장에선 1980년 5월 1일부터 전국의 대학생 10만여 명이 모여 전두환과 계엄을 반대하는 대규모 시위를 하기 시작했다. 전두환 신군부는 '북괴 남침 계획설'을 퍼뜨리며 학생 시위도 북한의 조종에 의해 선동되고 있다고 발표하고는 강경 진압을 시도했다. 학생들의 시위는 굴하지 않고 5월 15일까지 계속됐다. 전두환은 5월 17일, '비상계엄령 전국 확대'를 선포하고는 국회를 군대로 포위하고 김영삼·김

대중·김종필 등 유력 정치인들과 야당 국회의원들을 체포·구금했다.

전두환의 5·17 비상계엄 전국 확대 조치 이후, 5·16 쿠데타 때와는 전혀 다른 일이 일어났다. 17년에 걸친 기나긴 박정희 군사독재에 지칠 대로 지친 시민들이 '또다시 군사독재에 시달릴 수 없다'며 강한 저항에 나선 것이다. 전두환이 5·16 쿠데타 과정에 참여하며 신분 상 승의 꿈을 이루고 권력을 찬탈하는 방법은 배웠지만, 대화하고 타협하고 설득하는 능력은 전혀 갖추지 못한 것이 문제였다. 박정희 대통령의 '하면 된다'식 철권통치를 보면서 학습한 것도 '힘과 폭력으로 반발을 짓누르면 된다'는 것이었다.

5월 18일 광주에서 발생한 '군사 쿠데타 반대', '김대중 체포 반대' 시민시위는 무력 앞에서 수그러들지 않았다. 전두환이 투입한 계엄군이 총칼과 탱크, 장갑차를 앞세우며 위협했지만 시민의 저항은 더욱 거세지기만 했다. 5월 21일, 계엄군이 시민들을 향해 발포하면서 비극적인 유혈 충돌이 시작됐다. 시민들은 파출소와 예비군 무기고 등을 습격해 무기를 손에 넣고 '시민군'을 조직했다. 전남도청을 장악한 시민군은 계엄군과 협상을 시도했지만, 계엄군은 이를 거부하고 5월 27일 총공세를 감행했다. 그 결과 모두 165명의 시민과 23명의 군인, 4명의 경찰관이 숨지고 23명이 실종됐으며 3,000명 이상이 부상당한 것으로 파악됐다. 실제로 누가 직접적인 발포 명령을 내렸는지 밝혀지지 않았지만, 시위 진압을 위해 무장군대를 투입하고 실탄을 지급하고 전투 상황으로 내몬 것은 궁극적으로 전두환의 책임이라는 데에 이의를 제기하는 사람은 많지 않다.

사법부의 판단 역시 같았다. 12·12와 5·17 사건을 '군사 반란, 내란 범죄'로 판결한 1997년 대법원 재판부는 5·18 광주항쟁에 대한 학살 책임이 전두환에게 있다고 확인하고 '내란 목적 살인죄'를 선고했다. 전두환은 재판 과정에서 5·18 광주항쟁을 '폭동'이라고 부르며 자신이 군대를 동원해 유혈 진압한 것을 '정당했다'고 강변해 사회적 분노를 불러일으키기도 했다. 이런 전두환의 주장은 지금도 지만원 등 일부 극우론자들에 의해 반복 주장되어 1980년대 역사를 제대로 알지 못하는 일부 청소년과 우익 성향 국민들이 사실로 믿는 폐해가 계속되고 있다. 이는 마치 연쇄살인범 지존파나 유영철이 "부자와 여성들이 잘못해서 살해했다"고 주장하며 자신의 범행을 정당화하고 피해자들을 모욕하는 것과 다를 바 없는 망발이다.

왜 아직도 그의 '편의'를 봐주는가

총과 군대를 내세워 권력을 찬탈하고 저항하는 시민들을 학살하는, 냉혹한 공포를 내세운 철권독재 통치 기간에 전두환은 왕을 넘어 '신'이었다. 하고 싶은 것은 무엇이든 했고, 갖고 싶은 것은 무엇이든 가졌다. 대기업 회장들을 불러 돈 내놓으라고 하면 회장들이 수십억, 수백억 원의 현금을 척척 내놓을 정도였다. 12·12 군사 쿠데타를 일으킬 때는 '부정부패를 일소'하겠다는 명분을 내세웠던 그가 뒤에서는 갈

1996년 3월 11일, 전두환이 첫 공판이 열리는 서울지방법원에 출두하고 있다. 전두환은 1997년 대법원에서 '반란 및 내란죄', '내란 목적 살인죄' 등의 혐의가 인정돼 무기징역을 선고받았지만, 1997년 특별사면돼 지금도 전직 대통령의 예우를 받으며 살고 있다. ⓒ〈한겨레〉 강재훈

쥐로 긁듯 대한민국에서 뺏을 수 있는 돈은 다 뺏어 자기 주머니 속에 채워 넣은 것이다. 이러한 사상 초유의 권력형 부정축재 범죄는 1995년 서석재 당시 총무처 장관과 박계동 당시 민주당 의원의 폭로에 의해 세상에 알려지게 됐다. 두 사람의 폭로에 의해 국회 진상조사단이 여야 합의로 구성되었고, 검찰·경찰 합동수사팀이 만들어졌다. 수사 결과 전두환이 3,000억 원 이상의 비자금을 대기업 등으로부터 갈취해 착복한 것으로 확인됐다. 전두환은 1997년 대법원에서 군사 반란 내란죄 및 내란 목적 살인죄 등으로 무기징역형을 확정받을 때, 수사를 통해 확인된 비자금 및 은닉재산 2,205억 원을 국가에 환수하라는 추징금 납부 명령을 받았다. 하지만 500여억 원만 납부하고는 "통장에 29만 1,000원밖에 없다", "집 마당을 파서 돈이 나오면 가져가라"는 등의 조

롱 섞인 대답만 내놓으며 검찰과 국가 법 집행 기능을 비웃어왔다. 한편, 전두환의 세 아들과 한 명의 딸은 변변한 직업 없이도 각각 수백억 원대의 재산을 보유하고 있다. 외가에서 받았느니, 재테크의 결과니하는 궁색한 변명들을 늘어놓지만, 그 엄청난 재산이 전두환이 집권 때 받은 뇌물과 국고에서 찬탈한 더러운 돈에서 비롯됐음을 짐작하지 못하는 이는 많지 않다.

전두환과 부인 이순자 역시 수시로 호화 해외여행이나 골프를 즐겨왔다. 대한민국이 법치국가라면 도저히 있을 수 없는 일이 벌어진 것이다. 특히 최근에는 초대형 출판 그룹인 시공사 대표인 전두환의 큰아들 재국 씨가 '조세회피처'인 영국령 버진아일랜드에 '유령회사'를 차려놓고 거액의 비자금을 싱가포르 소재 아랍은행에 예치해둔 사실이 보도되면서 큰 파장이 일었고, 조세포탈 혐의로 기소된 차남 재용씨와 처남 이창석 씨는 2014년 2월 12일 유죄 판결과 함께 각각 징역 3년 및 징역 2년 6개월에 집행유예 4년, 벌금 40억원씩 선고받았다. 2013년 10월 전두환 추징금 납부 시효를 앞두고 결국 전두환 일가가 미납 추징금을 납부하기로 했지만, 전두환 자녀들의 재산 형성 과정이 밝혀지고 부정축재 재산을 국고로 환수할 수 있을지 주목된다.

1997년 12월 22일, 김영삼 대통령은 퇴임 직전 '지역감정 해소, 국민통합'이라는 명분을 내세워 '무기수 전두환'을 특별사면했다. 김대중·노무현·이명박 전 대통령은 국가에 내야 할 추징금 1,673억 원을 납부하지 않은 채 호화 생활을 영위하는 전두환에게 매년 수억 원의 예산을 들어 철통 경호를 제공했다. 경찰은 경비부대를 상시 배치하며 '상전'으로 모신다. 검찰은 전두환 아들의 재산 중 전두환 비자금이 확실한 수십억 원의 존재를 확인하고도 환수하지 않고 눈감아줬으며, 징역 5년 형을 선고받은 사기 범죄자 전경환^{전두환의 동생}에게 3년째 형 집행정지를 허용하면서 '편의'를 봐줬다. 박근혜 대통령은 10·26 직후 전두환에게서 현금 6억 원을 받았고 평소 '오빠'처럼 대했다고 알려졌다.

이런 풍경은 아직 전두환이 권력자임을 말해준다. 그래서일까? 얼마 전 전두환의 모교인 대구공고 홈페이지에는 전두환이 "대한민국 민주주의에 불멸의 초석을 마련한" 위대한 대통령이라며 찬양한 글이 게재돼 사회문제로 부각됐다. 2012년 6월 8일 육군사관학교에서는 전두환 부부를 상석에 '모시고' 생도들의 사열을 하게 하는 등 극진히 모셨다. 전두환의 고향 합천에서는 지방정부 예산으로 그의 아호를 딴 '일해공원'을 조성하고 그의 생가를 보수해준다. 인터넷 등에서는 전두환을 영웅시하고 추종하는 모임이나 글들이 심심찮게 등장한다. 심지어 채널A와 TV조선 등 일부 매체에서는 정체를 알기 어려운 탈북자들을 내세우면서 법정에서 피고인 전두환이 자기 합리화로 내뱉은 '5·18 폭동설' 및 '5·18 북한 게릴라 주도설' 등을 마치 사실인 양 보도하는 작태까지 일삼는다.

나치를 찬양하는 행위를 금지하고 처벌하는 독일과 유럽연합의 기준에서 본다면 모두 범죄행위다. 백번 양보해도 지존파나 유영철, 강

호순 등 연쇄살인범을 추종하고 칭송하는 것과 다름없는 반사회적 행동이다. 그가 한때 국가권력을 틀어쥐고 국민 위에 군림했다고 해서 다른 범죄자와 달리 취급할 이유는 없다. 대한민국은 '법 앞의 평등'을 헌법에 규정한 법치국가이기 때문이다.

004

우리는 그의 죄를 사면해주지 않았다

대통령 특별사면
최시중

범죄 혐의로 기소된 피고인이 법정에서 억울함을 호소하며 '무죄'를 주장한다. 고위 공직자가 건설 인허가 청탁을 받고 8억 원을 뇌물로 받은 파렴치한 범죄 혐의다. 유죄판결을 받으면 형량뿐 아니라 '더러운 비리 부패 탐관오리'의 낙인이 찍혀 역사에 남게 된다.

1심 법정은 그에게 유죄를 선고하고 2년 6개월 징역형을 내린다. 즉각 항소를 제기한 피고인은 거듭 억울함과 무고함을 호소한다. 하지만 항소심 법정도 유죄와 실형을 선고한다. 만약 당신이라면, 마지막 남은 대법원에 '상고'할 권리와 기회를 포기하겠는가? 도저히 상식을 가진 사람이 이해할 수 없는 일이 일어난다. 피고인이 상고를 포기한 것이다. 뇌물 수수 유죄와 2년 6개월 형이 확정된다. 피고인이 갑자기 태도를 바꿔 반성과 참회를 하고 죄를 인정한 것일까? 그런데 구치소에 수감된 그의 얼굴은 무척 편안하다. 세상을 희롱하는 듯한 미소까지 엿보인다. 곧 그에게는 '대통령 특별사면'이라는 생애 최고의 선물이 주어진다. 상고를 제기해 재판이 계속 중인 상태에서는 제아무리 대통령이라도 '특별사면'을 통해 범죄자를 빼내올 수 없다. 하지만 상고를 포기해 형이 확정될 경우엔 사법절차와 정의를 무시하고 대통령의 권력으로 '합법적인 탈옥'을 시킬 수 있는 것이다.

실직, 취직 실패, 박봉, 영업 부진, 치솟는 물가와 교육비로 인해 허리띠를 졸라매고 고통 속에 생계를 이어나가도 남의 돈 훔치거나 뺏지 않으며 정직하게 살아온 서민들은 분노했다. 사소한 실수나 잘못, 순간적인 감정을 참지 못해 전과자가 되어야 했던 사람들은 경악했다. 이런 분위기를 감지했는지 이 파렴치범은 대통령 특별사면으로 풀려나는 구치소 문 앞에서 대기하던 취재진에게 "인간적인 성찰과 고민을 많이 했습니다. 사죄하는 마음으로 국민께 사과드립니다"라는 준비된, 모범적인 멘트를 날린다. 하지만 이어지는 취재진의 질문 공세를 외면하고 '아프다'며 미리 대기하고 있던 응급환자 이송 차량에 숨어들어 내빼듯 병원으로 떠나버렸다.

그날 밤, 병원의 철통같은 보호망을 뚫고 KBS 카메라가 이 사람의 병실 잠입에 성공했다. 카메라 앞에서 그는 "나는 무죄야. 나는 무죄야. 나는 돈을 사적으로 받은 바도 없고, 그 사람들이 내 정책 활동을 도와주기 위해서 한 것이야"라며 그날 낮 구치소 앞에서 보인 반성과 참회의 모습과는 전혀 다른 얼굴을 드러냈다. 그의 이름은 최시중. 이명박 당시 대통령의 친형 이상득의 고향 친구, 대학 동기로 대통령의 최측근인 '6인회'의 멤버다. 또 다른 6인회 멤버인 박희태 전 국회의장은 전당대회에서 돈 봉투를 뿌린 혐의로 징역 8개월에 집행유예 2년 선고를 받았다가 함께 사면되었다. 그의 부하였던 김효재 전 청와대 정무수석비서관 역시 또 다른 대통령 최측근인 천신일 세중나모여행 회장과 함께 특별사면 대상자 명단에 포함돼 있었다.

끊임없는 정치개입과 방송장악 논란

1937년 경상북도 영일 태생인 최시중은 포항과 대구에서 중·고등학교를 거쳐 1963년 서울대학교 정치학과를 졸업한다. 1964년 동양통신 기자로 입사한 뒤 이듬해 동아일보사로 자리를 옮겨 1993년 편집국 부국장에 오를 때까지 그는 30년간 〈동아일보〉 기자로 일했다. 동아일보사에 재직하던 1992년, 당시 여당인 민주자유당 비례대표 국회의원 후보로 정치권을 기웃거렸으나 입문하지는 못한다. 부국장 이상 오르지 못하고 동아일보사를 퇴사한 최시중은 1994년 여론조사 회사인 '한국갤럽 조사연구소' 회장으로 취임했다.

최시중은 여론조사 결과를 손에 쥔 한국갤럽 회장이라는 직위를 이용해 본격적인 정치 편향성과 불법을 마다하지 않는 행태를 드러내기 시작한다. 대통령 선거 기간인 1997년 12월 15일, 선거법에 명시적으로 규정된 '여론조사 결과 공표 금지 기간'임을 분명히 알고 있으면서도, 주한 미국대사 보스워스에게 여론조사 결과를 유출했다가 KBS 취재에 포착되어 공개되면서 논란을 일으킨 것이다. 노무현 정부 출범 직후인 2003년 10월 7일에는 공개 강의에서 정부에 대한 40퍼센트대 지지율을 보인 여론조사 결과를 인용하면서 "갤럽 방식으로 재해석하면 30퍼센트 선에 그치는 지지율"이라고 강변하며 "(사람들이) 이 정도로 상황이 어려울 땐 아르헨티나나 필리핀을 타산지석으로 삼자고 얘기하지만 나는 캄보디아를 거론하고 싶다"고 주장하는 등 중립을 유지해야 할 여론조사 기관 대표로서 지켜야 할 선을 넘어서는 모습을 자주 보였다. 결국, 2007년 대통령 선거 준비 과정에서 당시 한나라당 선거대책위원회 상임고문으로 그토록 오랫동안 기웃거리던 '정치'에 발을 들이게 된 최시중은 이명박, 이상득, 박희태, 김덕룡, 이재오와 함께 6인회에서 본격적인 정치 활동을 시작한다. 그리고 2007년 대통령 선거에서 이명박 후보가 당선되자 최시중은 대통령취임준비위원회 자문위원을 거쳐 2008년 제1대 방송통신위원장 후보로 내정된다.

방송통신위원회는 기존의 방송위원회를 확대 개편한 '국가 최고의 방송통신 정책, 규제, 감독 기관'으로 미국의 연방통신위원회 FCC를 모델로 해 설립됐다. 5명으로 구성된 방송통신위원 가운데 위원장은 장관급이고, 부위원장 및 상임위원 3명은 차관급이다. 경찰청장이 차관급인 것을 고려하면 얼마나 크고 강한 조직인지 알 수 있다. 위원장을 포함한 2명은 대통령이 지명하고, 나머지 3명 중 1명은 국회 여당 또는 여당이었던 교섭단체에서 추천하고 2명은 야당인 교섭단체에서 추

천하여 대통령이 임명한다. 즉, 5인 위원 중 3명은 대통령과 여당의
몫, 2명은 야당의 몫이다. 방송 및 통신과 관련한 모든 법안과 정책을
입안하거나 심의, 의결하고 사업 인허가, 분쟁 조정, 제재 및 징계 등
광범위하고 막강한 권한을 행사하는 기관이다 보니 위원장과 위원의
전문성 및 자질은 매우 중요한 국가적 사안이다. 그런데 이명박 대통
령은 이런 방송통신위원회 초대 위원장 후보로 자신과 친분이 두터운,
하지만 방송이나 통신에 대해서는 어떠한 전문성이나 관련성도 없는,
일간지 기자와 여론조사 회사 대표 출신의 6인회 멤버 최시중을 지명
한 것이다. 야당과 시민단체 등에서는 즉각 '방송통신위원회의 정치도
구화', '방송장악' 등의 문제를 제기하며 반대했다. 국회 인사청문회에
서도 직업윤리와 도덕성, 정치적 중립성에 있어 심각한 흠결이 있다는
문제가 해소되지 못해 '인사청문 보고서'가 채택되지 못했다. 하지만
이명박 대통령은 아랑곳하지 않고 최시중을 초대 방송통신위원장으로
임명했다.

2011년 제2대 방송통신위원장으로 재임명되는 과정에서도 최시중
은 인사청문회에서 각종 의혹에 대해 국회 문화체육관광방송통신위원
회 위원들의 추궁을 받았다. 대표적으로 부동산 투기, 증여세 탈루, 아
들 병역 특혜 의혹 등이 있다. 종합편성채널 선정 과정에서 특혜와 편
파 심사 의혹도 일었다. 하지만 역시 최시중은 제2대 방송통신위원장
으로 임명된다. 위원장으로 재직하는 동안 그의 '정치 편향성'과 '이
명박 대통령 측근'으로서의 특성은 지속적으로 드러나 논란이 끊이지

않았다. 2008년 5월에는 방송통신위원장의 국무회의 참석은 '반드시 필요한 경우에 한해', '국회에 보고한 뒤' 해야 한다는 방송통신위원회법을 위반해가며 무단으로 국무회의에 참석해 "수입 쇠고기 안전성과 관련한 정부의 홍보 활동을 강화해야 한다"는 주장을 펴는 이해하지 못할 행동을 해 정치적 중립성 위반 비판이 빗발쳤다. 같은 시기, 한미 자유무역협정FTA과 수입 쇠고기 문제 등으로 이명박 대통령의 지지율이 하락하자 "대통령에 대한 지지율 하락은 KBS 정연주 사장 때문"이라고 공개적으로 주장해 큰 파란을 불러일으켰고, 결국 정연주 사장은 석 달 뒤 이명박 대통령에 의해 해임되고 만다. 또한, 최시중 위원장이 종합편성채널 인가 과정에서 특정 언론사 선정에 편법적으로 영향력을 행사했다는 의혹에 대해 야당과 언론 관련 시민단체에서는 국정조사 실시를 지속적으로 요구했다.

특별사면의 특별한 목적

2005년부터 서울시 서초구 양재동에 대규모 복합유통센터를 세우려는 계획을 추진하던 (주)파이시티 대표 이 아무개 씨는 건설 허가 과정에서 애로를 겪자 '정권 실세'의 도움을 받아 이 문제를 해결하기로 한다. 이씨는 옛 직장 동료 이 아무개 씨가 정·관계 인사를 잘 안다고 하자, 그를 통해 유력 인사를 찾아 나서기 시작했다. 그리고 동료 이씨를 통해 한나라당 유력 정치인인 이명박, 이상득 의원의 최측근인 최시중 한국갤럽 회장과 박영준 당시 서울시 정무국장이후 국무총리실 국무차장 을 소개받는다.

이때부터 시작된 로비와 유착은 2008년까지 지속되고, 정·관계 로 비에 의존해 무리하게 진행되던 파이시티 건설 사업은 결국 검찰 수사 대상이 된다. 이 과정에서 브로커 역할을 했던 동료 이씨의 운전기사 가 로비 사실을 폭로하겠다며 협박하자 이들은 입막음 대가로 운전기 사에게 1억여 원을 건네준다. 검찰 수사 과정에서 권력을 믿고 뇌물 수수 사실을 부인하던 최시중은 운전기사에게 입막음용 돈을 준 사실 이 드러나면서 결국 파이시티 대표로부터 돈을 받은 사실을 인정한다. 하지만 그 돈에 대가성은 없다며, "순수한 지원금"이었다는 황당한 주 장을 해 사회적 분노를 샀다. 돈을 준 파이시티 대표는 최시중에게 건 넨 돈이 수십억 원에 이른다고 진술했지만 검찰 수사 과정에서 '입증 된' 액수는 8억 원이다. 그 외에도 최시중의 '양아들'로 불리던 측근 정용욱 전 방송통신위원회 정책보좌관이 김학인 한국방송예술교육진 흥원 이사장에게서 수억 원을 받은 혐의로 수사를 받던 중 해외로 도

■
단지 대통령과 가깝다는 이유로 특별사면이 남 용되면 사회정의는 심각하게 훼손되고 만다. 2013년 1월 31일 이명박 대통령의 임기 말 특 사로 풀려난 최시중 전 방송통신위원장이 몰려 드는 기자들을 향해 물러서라고 손짓하며 서울 구치소를 나서고 있다. ⓒ〈한겨레〉이정아

피하는 등 최시중과 그 주변 사람들을 둘러싼 여러 비리 의혹이 제기되고 있다. 특히 최시중은 검찰 수사를 받던 중, 뇌물로 받은 돈을 이명박 대통령 후보 선거 캠프에서 '여론조사용'으로 썼기 때문에 개인적으로 착복한 것이 아니라고 주장했는데, 이는 이명박 대통령의 선거운동에 불법자금이 사용되었다는 것을 시사해 파장을 일으키기도 했다. 만약 여론을 무시한 이명박 대통령의 무리한 특별사면이 '최시중의 입을 막기 위해서'였다면, 다음 정권에서라도 반드시 밝혀져 5공화국 비리 못지않은 역사적 단죄가 이루어져야 할 것이다.

2013년 1월 29일, 이명박 대통령의 마지막 권력 사용인 특별사면 대상자는 전 국회의장 2명박희태, 박관용, 공직자 5명최시중, 김효재, 김연광, 박정규, 정상문, 정치인 12명김한겸, 김무열, 신정훈, 김종률, 현경병, 서갑원, 이덕천, 서청원, 김민호, 우제항, 임현조, 장광근, 경제인 14명천신일, 박주탁, 이준욱, 권혁홍, 김길출, 김영치, 김유진, 남중수, 정종승, 신종전, 한형석, 조현준, 김용문, 오공균, 교육·문화·언론·노동계와 시민단체 9명손태희, 강기성, 윤양소, 최완규, 정태원, 김종래, 이해수, 서정갑, 이갑산 및 용산참사 수감자 5명과 외국인 수형자 8명 등 총 55명이었다. 우리나라는 입법, 사법, 행정의 3권 분립을 국가 운영의 기본으로 삼는 민주국가다. 행정부 수반인 대통령이 사법부의 고유 영역인 재판 결과를 뒤집어 형을 취소하거나 면제하는 조치인 특별사면은 그야말로 '특별한' 경우에 한해 제한적으로 사용돼야 한다. 예를 들어, 실정법 위반자이긴 하지만 정치적·사회적 분쟁과 논란의 여지가 많고 사회통합 차원에서의 석방 조치가 요구되던 용산참사 농성 관련 철거민들이 이에 해당될 것이다. 아울러 삼성으로부터 거액의 떡값을 받아온 사실이 안기부 불법도청을 통해 밝혀진 검사들의 명단을 인터넷에 공개해 통신비밀보호법 위반 혐의로 유죄판결을 받고 의원직을 상실한 노회찬 전 의원 같은 이가 가장 적절한 특별사면 대상에 해당할 것이다. 노회찬 의원 사례는 여야나 이념 진영을 막론하고 안타까워하고 있으며 통신비밀보호법의 개정 필요성까지 제기되는 사안이기에 더욱 그렇다. 하지만 최시중처럼 권력을 이용해 거액의 뇌물을 수수하고 시장 질서를 교란하고 국정을 농단한 파렴치 범죄자를, 단지 대통령과 가깝고 정치적인 이익을 안겨줬다는 이유만으로 사면해주는 것은 사사로운 정과 관계에 이끌려 국가권력을 남용하고 오용한, 그 자체가 권력적 범죄로 해석될 수 있다.

005

원세훈은 구속된 장세동을 기억하라

18대 대선
국정원 게이트

도대체 그 실체는 무엇이며, 진실은 과연 드러날 것인가? 정치적 입장에 따라 "댓글 몇 개로 대통령이 바뀌느냐, 왜 호들갑이냐?" 혹은 "국가기관이 총체적으로 개입한 불법행위로 권력을 찬탈한 21세기형 사이버 쿠데타"로 극명하게 해석이 갈리는 사건, '국정원 게이트'. 그 시작은 강남 한 오피스텔에서 '국정원 직원이 불법 선거운동을 하고 있다'는 신고였다. 결국 경찰과 검찰의 수사를 거쳐 그 신고가 '사실'이라는 것이 밝혀진 것은 물론, 국정원의 '심리전단'이 조직적으로 인터넷 포털과 커뮤니티 사이트, 트위터 등에 정부와 이명박 대통령, 새누리당 및 박근혜 당시 대선 후보를 지지하고 야당이나 문재인, 안철수, 이정희 당시 대선 후보를 비하하고 음해하는 내용이나 허위사실 등을 퍼뜨린 것으로 확인되었다. 국회 국정감사에서 군 사이버 사령부에서도 국정원과 유사하게 '심리전단'을 조직, 유사한 내용과 방식으로 정치와 선거에 개입한 사실이 확인되었다. 더구나, 대통령 선거 3일 전인 2012년 12월 16일 밤 11시에 경찰이 김용판 전 서울경찰청장의 주도로 '국정원 직원의 하드디스크에서 댓글 흔적이 발견되지 않았다'는 허위 중간수사결과를 발표해 대통령 선거에 개입하고 심각한 영향을 끼친 사실도 확인되었다. 그 과정에서 김용판 전 청장은 서울 수서경찰서 권은희 수사과장에게 수사축소 압력을 넣고 서울경찰청 사이버 수사팀에 지시해 증거 인멸 등의 방법으로 수사를 방해한 의혹이 제기되었고, 청와대와 법무부 등의 검찰 수사 압력 의혹 끝에 채동욱 검찰총장이 논란이 된 '혼외자 의혹'으로 사퇴했다. 국정원과 법무부 및 검찰 상층부의 수사외압 의혹을 제기한 윤석열 서울중앙지검 국정원 사건 특별수사팀장 역시 업무에서 배제된 뒤 중징계를 받았다. 이 사건으로 김용판과 원세훈, 그리고 군 사이버 사령부 심리전단장 및 11명의 요원이 기소되어 재판을 받고 있다. 재발 방지를 위한 개혁 방안도 국회에서 논의 중이다. 하지만 이들의 배후에서 지시하고 조정하며 '뒤를 봐준' 거물 실세들이 있다는 의혹과 함께, 아직 드러나지 않은 모든 진실과 정확한 실체를 밝히기 위해 '특별검사제'를 도입하라는 요구가 정치권과 종교계, 시민 사회단체들에 의해 제기되고 있다. 일부에서는 박근혜 대통령이 책임지고 사퇴하라고 요구하며 촛불집회 및 시위를 하고 있는 상황이다. 박근혜 대통령과 정부, 여당은 '재판 결과를 지켜보자'는 말만 하면서 사과 등 입장 표명을 거부하고 있다.

어쩌면, 이 사건의 전체적인 진실과 정의의 구현은 권력이 교체된 뒤에나 가능할지도 모른다. 사건이 시작된 때로 돌아가 보자.

왜 오빠와 부모를 불렀을까

2012년 12월 11일 서울시 강남구 역삼동에 소재한 오피스텔 607호 작은 문 앞에서 시작된 대치 상황이 대선정국 최대의 뇌관으로 떠올랐다. 공직선거법은 선거범죄의 '혐의가 있다고 인정할 때', '후보자 및 그 선거사무원이 제기한 혐의에 대한 소명이 있다고 판단할 때' 혹은 '현행범에 대한 신고가 있을 때' 영장 없이 현장에 진입해 증거가 될 수 있는 물품을 수거하고 조사를 실시하도록 규정하고 있다. 또한 누구도 이러한 선거관리위원회의 조사 활동에 불응하거나 방해해선 안 된다.

문제는 당시 상황에서 선관위와 경찰의 '강제 진입'을 정당화할 수 있는 '충분한 소명, 혹은 급박한 위험'이 존재했느냐의 논란이다. 그 답은 결국 '적극성' 및 다른 유사 사례와의 비교를 통한 '형평성'에서 찾을 수 있을 것이다. 유사한 시기에 접수된 또 하나의 신고, 여의도 한복판에 불법 선거운동 사무실을 차리고 인터넷 여론조작을 하고 있다는 신고 사건에서는 선관위가 전격적인 현장 진입 및 촬영, 컴퓨터 등 증거물품 압수를 실시해 '새누리당 SNS 단장 윤정훈'이 주도한 범죄조직의 실체를 밝혀내고 검찰에 고발했다. 또 다른 문제는 국정원의 비밀 특수 임무가 노출되고 그로 인해 국익 침해의 부작용이 발생할 가능성이었다. 그런데 국정원이나 국정원 직원 김 아무개 씨는 이 제3의 가능성에 대해서는 전혀 대비나 대응 조치를 취하지 않았다. 평소 공조협력 관계에 있는 경찰 보안 라인과 협조하거나, 정말 긴급한 보안 업무라면 특공대라도 투입해 비밀 유출을 막았어야 한다. 하지만 오히려 국정원은 직원 김씨의 오빠와 부모를 불러 언론과 대중 앞에 그 신원을 노출시켰다. '국정원 직원'이 아닌, 부모와 오빠의 보호가 필요한 '가녀린 20대 여성'의 이미지를 부각시키려는 의도가 역력했다. 결국 여론의 압박에 못 이긴 (혹은 충분한 증거인멸이 이루어졌다고 판단한) 김씨가 대치 40시간 만인 12월 13일 오후 2시에 노트북과 데스크톱 컴퓨터 한 대씩을 경찰에 '임의제출'하면서 희대의 대치 상황은 종료되었다. 하지만 그가 사용한 것으로 추정되는 스마트폰과 이동식 저장장치USB 등 다른 핵심 증거물품은 제출되지 않았다. 김씨는 컴퓨터를 경찰에 제출한 뒤 국정원 직원들의 호위를 받으며 사라졌다.

경찰은 김씨가 컴퓨터를 제출하자마자 "복잡하고 기술적인 사안의 특성상 분석 결과가 나오기까지 1주일 이상 걸릴 것"이라고 발표한다. "12월 19일 대통령 선거 전에는 어떤 결과도 나올 수 없다"고 못을 박은 것이다. 그런데 대통령 후보 제3차 텔레비전 토론회가 끝난 직후인 12월 16일 밤 11시, 경찰은 각 언론 및 방송사 기자들을 불러 모아 '긴급 기자회견'을 하면서 "국정원 직원 김씨의 하드디스크 분석 결과 댓글 흔적이 전혀 나오지 않았다"고 발표했다. 대선 초미의 관심사이다

2012년 12월 11일 서울 강남구 역삼동에 있는 국가정보원 직원의 오피스텔 앞에서 민주당 관계자와 취재진 등에 둘러싸인 권은희 수서경찰서 수사과장(가운데) 등이 문을 열어줄 것을 요청하고 있다. ⓒ〈한겨레〉이종근

보니 각 방송사는 즉시 속보로 이 사실을 전했고, 갑자기 모든 텔레비전 화면 하단에 "국정원 여직원 하드디스크에서 댓글 흔적 안 나와"라는 내용이 대형 자막으로 떴다. 다음 날 조간신문 상당수가 1면에 이 사실을 보도했다. 대선 막판 최고의 관심사였던 박근혜, 문재인 두 후보의 맞장 토론이 '국정원 여직원 사건 속보'로 묻힌 것이다. 더구나 그동안 문재인 후보와 민주당 쪽의 '국정원 여직원 인권침해', '허위 의혹 제기, 비열한 흑색선전'이라고 주장했던 박근혜 후보와 새누리당이 옳았다고 경찰과 언론, 방송이 온 국민에게 확인해준 격이 되었다.

많은 기자들이 경찰에 의혹을 제기했다. '댓글은 하드디스크가 아닌 포털이나 해당 웹사이트 서버에 남는 것이 아닌가', '하드디스크에서 아무것도 나오지 않았다면 디가우징 등 증거인멸이 이루어진 것 아닌가' 등의 질문에 경찰은 '40여 개의 아이디를 사용한 인터넷 접속 기록, 대선 관련 글 열람 흔적, 데이터 삭제 및 덮어쓰기 등 증거인멸 흔적 등을 발견했다'는 추가 발표를 한다. 하지만 이미 속보로 나간 "댓글 흔적 없다"는 간결하고 명확한 발표의 효과에 전혀 영향을 미칠 수 없는 상황이었다. 이어지는 질문에 경찰은 "김씨가 사용한 아이디나 아이피IP가 주로 접속해 활동한 웹사이트에 대한 조사는 고려하지 않고 있고, 김씨가 어머니 명의 스마트폰을 사용한 사실이 있지만 개인 용도였고, 압수수색영장 신청 등 강제수사는 고려하지 않고 있다"고 발표했다. 의문의 여지만 남긴 '이상한' 중간수사결과 발표였다. 논란이 이어지고 기자들의 문의가 이어지자 김용판 당시 서울경찰청장이 "중간수사결과 발표 지시는 내가 내린 것"이라며 그에 따른 공과 과는 모두 자신의 것이라는 확답을 주었다. 최초 대치 과정에서 증거인멸을 조장 혹은 방치하고, 컴퓨터 임의제출과 동시에 '분석에 일주일 이상 소요'된다는 발표를 주도했으며, 사흘 만에 그 말을 뒤집고 '댓글 흔적 없다'는 거짓 중간 발표를 하게 하는 등 시간이 지날수록 명백한 정치적 편향성이 확인되는 자가 사건 수사 지휘의 정점, 서울경찰청장으로 계속 앉아 있다는 사실 자체가 경찰의 정치적 중립성 훼손이라고 볼 수 있는 상황이었다.

사례를 찾기 힘든 명백한 국기문란 사건

대통령 선거가 끝난 뒤 경찰은 전혀 상반된 수사 결과들을 연이어 내놓게 된다. 국정원 직원 김씨가 '오늘의 유머'라는 진보성향 사이트에서 박근혜, 문재인 양 후보 관련 글에 여러 개의 아이디를 사용해 '찬성' 혹은 '반대' 버튼을 눌러 베스트 글로 올리거나 보이지 않는 곳으로 내리는 행동, 전혀 성격에 어울리지 않는 요리나 연예 관련 글을 집중 추천해 선거 관련 글이 보이지 않게 하는 행동을 한 것뿐만 아니라 직접 이명박 대통령이나 정부정책 홍보와 지지, 야당이나 진보성향 유력 인사 비판 글을 무수하게 게시했다는 사실을 밝힌 것이다. 여기에서 그친 것이 아니라 김씨의 하드디스크에서 발견된 아이디 중 5개는 김씨가 아닌 민간인 이 아무개 씨가 사용했고, 그가 추가로 30여 개의 다른 아이디를 사용해 수백 개의 정치·선거 관련 글을 올리고 수천 건의 글에 추천 혹은 반대 표시를 한 흔적 역시 발견되었다. 이씨가 새누리당 국회의원의 전 선거운동원이었던 사실 역시 밝혀졌다. 추가로 김씨와 이씨가 접속한 같은 시간대에 다른 아이디들이 사용됐던 흔적이 발견되면서 "도저히 한 사람의 행동으로 볼 수 없다"는 의혹이 제기되었다. '조직적인 범죄'라는 의혹이 더욱 짙어진 것이다. 국정원 내·외부에서는 이명박 대통령의 심복 원세훈 씨가 국정원장으로 부임해 새로 만든 '대북 심리전단' 직원 70여 명 전체가 대통령 치적 홍보와 정부비판 인사 공격 활동을 하다가 선거개입 여론조작 활동에 동원되었다는 의혹을 강하게 제기했다. 여기에 각 직원이 복수의 민간인 정보원을 고용·동원했다면 '국민을 상대로 한 여론조작 심리전'을 벌인 엄청난 '국기문란 사건'이라고 볼 수 있다. 이러한 의혹들은 모두 검찰의 수사를 통해 사실로 확인되어 결국 원세훈 전 국정원장과 김용판 전 서울경찰청장의 기소로 이어졌다. 심지어 군 사이버 사령부에서도 국정원과 유사한 '심리전단'을 설치하고 정치 및 선거 개입 사이버 여론조작을 해왔다는 사실이 드러나 '국정원 게이트' 의혹은 갈수록 커져가기만 하고 있다. 제18대 대선 막바지에 불거진 소위 '국정원녀 댓글 의혹'은 그야말로 '빙산의 일각'이었음이 확인된 것이다. 도대체 이와 유사한 사례를 역사나 외국에서 찾아볼 수 있기나 한 걸까?

사건 초기부터 국정원의 대응은 이상했다. 앞서 언급한 국정원 직원의 가족이 나타나는 풍경이나 경찰에 출두하는 김씨를 호위하기 위해 선글라스를 쓴 다수의 직원이 공개 동원된 모습, 경찰 수사 결과 범죄 혐의가 드러나기 시작하자 경찰에 대해 '국정원 업무도 모르면서'라는 위협적 공개 발언, 오피스텔에 틀어박혀 댓글이나 다는 일을 '국정원의 통상 업무, 대북 심리전'이라고 성급하게 억지 주장하는 패착, 그리고 국정원을 비판하는 민간 전문가나 기자들에 대해 고소를 남발하는 저급한 행태들은 도저히 국가기관의 모습이라고 볼 수 없었다. 그중 가장 정점은, 〈한겨레〉와 익명 인터뷰를 통해 국정원 내부에서 제기된 의혹을 공개한 전직 국정원 직원 및 그와 가까운 것으로 알려진 직원 3명에 대해 수사 및 징계, 고발 방침 등을 공식 발표하면서 대변인이 공개적으로 이들에 대해 '인간쓰레기' 등 입에 담지 못할 욕설을 사용하며 비난한 것이다. '국정원이 무능하다'는 주장에 대해 명예훼손 고소를 하고 경찰의 수사 결과 발표에 대해 '피의사실 공표죄' 운운하던 태도에 비춰보면 국정원의 반응이 얼마나 황당하고 적반하장 격이었는지를 알 수 있다.

국정원 게이트의 1차적 책임은 원세훈 국정원장이 져야 한다. 정보에 대해서는 경력이나 학력, 경험이 전무한 지방 행정관료 출신으로, 오직 서울시장 이명박에게 충성한 대가로 그가 대통령이 되자 행정안전부 장관에 이어 국정원장으로 기용됐다는 평가를 받는 자. 결국 그가 했던 일은 자신의 권한과 권력을 최대한 이용해 이명박 1인에게 절대 충성하는 것이었다고 의심받고 있다. 미국이 해외 정보기관인 중앙정보국CIA과 국내 정보기관인 연방수사국FBI 수장의 임기를 대통령과 엇갈리게 하고, 국가정보위원회를 통해 정치적 중립을 지키게 만든 사례는 우리 '원세훈 국정원'의 코미디 앞에서 '사치'에 불과해 보인다는 조소가 수긍이 가는 이유다.

워터게이트와 용팔이 사건이 증명하는 것

1972년 미국 대통령 선거 당시, 야당인 민주당 선거운동본부가 있는 워터게이트 건물에 침입해 도청장치를 설치한 민간인 5명이 경찰에 체포되고, 그중 1명이 전직 중앙정보국 요원으로 공화당 선거운동본부 경비주임을 맡은 적이 있다는 사실이 밝혀졌다. 하지만 재선을 노리던 닉슨 대통령과 백악관 및 공화당 선거운동본부는 관련성을 강력하게 부인했다. 결국 닉슨 대통령이 당선됐지만 〈워싱턴 포스트〉 등 언론의 집요한 취재 및 보도는 연방수사국의 수사와 의회 조사로 이어

졌고, 미국 역사상 최초로 대통령 탄핵이 추진되기에 이른다. 1974년, 탄핵 결정 직전에 닉슨 대통령은 스스로 대통령직을 사임했다.

한편, 1987년 대한민국에서는 여당의 꼭두각시 노릇을 하던 야당 신민당에 반발하며 김영삼 의원 주도로 새로운 정당인 통일민주당이 발족하려는 창당 기념식장에 조직폭력배들이 난입하는 괴사건이 발생했다. 이 사건은 사건을 주도한 폭력조직 '전주파'의 두목 김용남의 별칭인 '용팔이'의 이름을 따 '용팔이 사건'으로 불린다. 당시 전두환 대통령 휘하의 경찰은 아예 수사 자체를 거부했고, 노태우 정권 시기에 수사를 진행해 옛 야당인 신민당 국회의원 2명이 '용팔이'를 사주한 사건으로 결론 내리게 된다. 하지만 1993년 김영삼 대통령이 취임하면서 재수사를 지시해 결국 당시 국가안전기획부장 장세동이 신민당 의원에게 현금 5억 원을 주고 청부폭행을 사주한 사실이 밝혀졌다.

2012년 대선 '국정원 불법 여론조작 사건'의 경우, 일단 원세훈 국정원장에 의해 기획·실행된 사건으로 보인다. 그렇다면 '용팔이 사건'과 유사하지만 국정원이라는 공조직이 직접 동원됐다는 측면에서 그 죄책은 훨씬 더 심각하다.

국가와 체제를 수호하며 법을 집행하고 수사를 행하는 국가기관인 국정원은 그 누구보다 국가의 법 집행에 순응하고 협조해야 한다. 하지만 최초 신고 때부터 지금까지 국정원은 정당한 법 집행을 거부하고, 수사에 순응하지 않으며, 오히려 수사진을 위축시키는 위협적 발언과 행동을 계속하고 있다.

굴욕적인 태도를 보인 경찰 역시 질타받아야 한다. 이 사건 피의자가 지방자치단체 공무원이었어도 이런 식으로 소극적으로 수사에 임했을까? 이미 범죄 혐의를 두고 수사 중인 사안에 대해 국정원이 '통상 업무'라고 시인·자백한 상황에서 실무자인 김씨의 상관과 소속 조직 및 사무실 등에 대한 수사는 왜 하지 않았는가? 공범 내지 교사범으로 의심되는 상관들이 계속 김씨를 보호하고 대동하고 영향을 끼치도록 놔둔 이 상황을 어떻게 이해해야 하나? 무리하고 부당한 중간수사결과 발표 지시에서 이미 '정치적 편향성'과 이번 사건과 관련한 '이익 충돌'이 의심되는 김용판 청장에게 이 사건의 지휘책임을 계속 내맡겼던 의도는 무엇인가?

이 모든 질문과 의혹에 대한 대답을 현 정권이 제공하지 않는다면, 다음 정권 혹은 그다음 정권에서라도 찾고 밝히게 될 것이다. 이는 '워터게이트'와 '용팔이 사건'의 역사가 증명하고 있다. 정의는 때론 늦기도 하지만, 반드시 온다. 일찍 진실을 밝히고 용서를 구하면 죄책이 줄어들 수 있지만, 은폐와 호도로 정의 구현을 방해하면 그만큼 죄는 커진다는 것을 명심해야 할 것이다.

006

군사 반란에 준하는 '남재준의 누설'

정상회담 대화록
공개

2013년 3월 '강직한 참군인'으로 군과 자신의 명예를 걸고, 국가와 민족을 위해, 정치적 중립을 지키며 국가정보원 개혁을 이끌어내 주리라는 기대감 속에 남재준 신임 국정원장이 취임했다. 그 뒤 언론 보도와 검찰 수사로 국정원의 불법 정치·선거 개입 증거들이 속속 드러나는 동안 그는 침묵했다. 원세훈 국정원장 시기 불법 정치개입에 깊숙이 관여한 것으로 의심받는 국정원 관계자가 청와대에서 근무하고 있다는 지적이 제기돼도, 경찰에서 범죄 혐의를 입증해 입건한 국정원 직원 김 아무개 씨와 이 아무개 씨 등에 대해서도, 아무런 언급도 조치도 없었다. 국내 정보기능 폐지 등 개혁 방안도 내놓지 않았다.

그리고 그는 '배반의 핵폭탄'을 터뜨렸다. 엄중한 적법절차 없이 공개해선 안 될 '남북 정상회담 대화록 발췌본'을 공개한 것이다. 검찰의 판단이나 재판을 통해 처벌 여부가 가려지긴 하겠지만, 그는 대통령기록물관리법 위반 혐의로 고발당하고 수사를 받게 됐다. 그는 '국정원의 명예를 지키기 위해서'라는 명분을 내걸었다. 임명된 지 석 달밖에 안 된 사람이, 전임자의 잘못을 바로잡고 대대적인 개혁을 하겠다고 공언한 상태에서 할 수 있는 말은 아니다. 결국 남재준은 국민의 신망과 군의 자존심, 명예보다 그가 모시는 '주군'과 그를 비호하는 '정당 패거리'를 위해 헌법과 법률, 국가기관의 기본 사명을 팔아먹은 '원세훈의 길'을 그대로 답습하기로 한 것으로 봐야 한다.

원세훈-김용판-남재준의 연결 고리

미국의 대표적인 보수 경제지 〈월스트리트 저널〉은 남재준의 정상회담 대화록 공개에 대해 '한국에서는 정보기관이 기밀 누설자^{Leaker}'라는 내용의 기사를 게재했다. 그가 벌인 행위의 파장은 실로 상상을 초월한다. 북한이 기다렸다는 듯이 북방한계선^{NLL}의 합법성 문제와 정상회담 대화 내용을 공개하는 대한민국 정부의 정통성 문제를 제기하며 맹공격했다. 다른 나라 정상들과의 회담은 제대로 진행될 수 있을까? 한중 정상회담에 임하는 중국 쪽에서도 심금을 털어놓는 대화는 꺼릴 것이다. 2002년 민간인 신분으로 방북한 박근혜 대통령이 김정일 당시 국방위원장과 했던 대화 내용을 북한이 공개하겠다고 위협하면 우리 정부는 무슨 말을 할 것인가? '국익을 수호'해야 할 국가정보원이 스스로의 명예와 이익을 위해 '국익을 참담하게 훼손' 한 국가적 범죄 사건이라고 하지 않을 수 없다. 그렇다면 그는 왜 갑자기 이런 돌발 행동을 했을까?

이전에 벌어진 일련의 사건이 '단서' 다. 지난 대선 과정에서 불거진 국정원의 불법 선거개입 의혹이 사실로 드러나고 경찰의 증거인멸과 허위발표, 무마압력 등이 속속 밝혀지면서, 박근혜 대통령을 뽑은 선거의 정통성은 균열이 가기 시작했기 때문이다. 이런 상황에서 일방적으로 밀리고 싶지 않았던지 정문헌, 서상기 새누리당 의원 등을 필두로 '노무현 전 대통령의 NLL 포기 발언' 문제를 제기하며 국정원에서 보관 중이던 2007년 남북 정상회담 대화록 발췌본을 새누리당 의원들이 단독으로 열람하게 된다. 그러고는 '노무현 전 대통령이 NLL 포기 발언을 한 것이 맞다. 김정일에게 보고드린다는 등 굴욕적인 표현을 일삼았다' 는 등의 폭로를 감행했다. 6월 20일, 6·25 한국전쟁 발발 63주년을 닷새 앞둔 시점이었다. 보수적 국민들의 애국과 반공, 보훈 심리가 강해지는 시기적 특성을 노리는 한편, 국정원 불법 선거개입 의혹의 국면을 전환하고자 하는 의도가 깔려 있었다고 볼 여지가 충분하다.

하지만 이들 새누리당 의원들의 '공개' 가 불법행위라는 지적이 제기됐다. 이런 '위기 상황' 에서 아직 '때가 묻지 않은' 남재준 원장이 총대를 메고 남북 정상회담 대화록 발췌본을 공개한다. 새누리당 의원들이 대선 전후에 제기한 모든 주장과 발언들을 '사후적으로 정당화'

시키는 한편, 노무현 전 대통령과 그의 비서실장이었던 문재인 전 대선 후보가 실제로 'NLL을 포기하고 북한 정권에 굴종하는 종북 세력'이라는 여론을 불러일으키겠다는 의도로 풀이된다.

곧 이어질 국정원 사건 국정조사와 재판에도 영향을 미칠 의도가 다분해 보였다. 원세훈과 남재준 그리고 김용판, 전혀 다른 배경과 특성을 가진 '세 명의 국가기관장' 사이의 연결 고리 역할을 하는 것이 김무성, 권영세 등 새누리당 핵심 실세들이다. 원세훈 전 원장의 조직적이고 파렴치한 여론조작 범죄행위와 김용판 전 서울경찰청장의 허위조작 공직범죄, 그리고 남재준 원장의 대통령기록물관리법 위반 혐의 행위의 배경에 이러한 정황들이 작용한 증거가 뒷받침된다면, 새누리당의 핵심 실세들은 '정치전략이라는 이름으로 헌법을 유린하고 국가기관을 사병화하는 한편, 색깔론으로 국민을 분열시키고 국격을 추락시키고 국익을 저해한 역적'으로 역사에 기록되기에 충분할 것이다.

이런 정황과 원세훈, 김용판, 남재준의 불법행위 사이에 인과관계가 없다고 말할 수 있을까? 단순한 우연의 일치라면 이 세 사람은 지위와 역할에 걸맞지 않은 공개적이고 확신에 찬 범죄적 일탈 행동을 행한 '이상심리'에 대해 전문가의 정신감정과 치료를 받아야 할 것이다.

국정원 게이트는 인터넷에서 조직적으로 여론을 조작해 야당 후보 등을 '종북'으로 몰고 그 혐의에 대한 수사 과정마저 압력과 허위로 왜곡한 사건, 그리고 이를 덮기 위해 국가 기밀인 정상회담 대화 내용까지 불법적으로 유출한 의혹에 관한 사건이다. 국정조사와 재판 등 앞으로 이어질 진상 규명 과정에서 모든 의혹들이 입증되고 확인되어야 할 것이다.

한편, 2014년 2월 6일 서울중앙지법 형사합의21부^{재판장 이범균 부장판사}는 김용판 전 서울경찰청장의 공직선거법과 경찰공무원법 및 형법상 직권남용죄 위반 혐의에 대해 증거불충분을 이유로 무죄를 선고했고, 이에 대한 법조계와 학계, 시민사회 및 정치권에서 검찰의 소극적인 태도와 법원의 판결내용에 강한 의혹을 제기하고 있다. 검찰은 1주일 뒤인 12일, 항소를 결정했다.

기밀을 유출하는 정보기관

국정원 게이트는 이미 드러난 정황과 증거만 가지고도 종전에 발생했던 어떤 사건과도 비교할 수 없는 '엄청난 국가적 범죄행위'로 총칭할 수 있다. 그 하나하나만으로도 역사를 바꾼 매카시즘 사태와 워터게이트 사건, 3·15 부정선거가 국정원 게이트 안에 다 들어 있기 때문이다.

1950년부터 4년 동안 미국에서 "내 손안에 공산주의자의 명단이 있다"며 정치인과 공무원, 지식인과 예술인, 교사, 군인 등을 무차별적으로 빨갱이로 낙인찍고 고발한 조지프 매카시 공화당 상원의원. 그의 위세에 눌려 누구도 감히 정권과 정부시책에 대해 반대 목소리를 내지 못했다. 결국 그의 주장은 거짓임이 드러났고 공화당 소속 의원들이

"자유는 결코 독재의 방법으로 지킬 수 없다"며 매카시를 규탄하는 양심선언을 하기에 이르면서 매카시즘은 종말을 맞았다. 미국의 사상가와 철학자들은 "미국의 지성사에 절대로 회복하지 못할 상처를 남겼다"고 매카시즘을 진단한다. 지금도 누군가를 공산주의자로 규정하고 공격하는 '이념적 마녀사냥'에 대해 세계 각국에서 매카시즘이라고 규정할 정도다.

국정원 게이트도 마찬가지다. 원세훈 원장 재직 4년 내내 수십 명의 국정원 직원들과 민간인 협력자들은 인터넷상에 야당 정치인과 정부 비판 지식인, 시민 사회단체 등을 '종북', '빨갱이'로 매도해 척결과 타도의 대상으로 삼는 글을 지속적으로 게시했다. 우익 성향의 논객이나 네티즌 등이 이를 반복 전파해 여론을 조작하고 국론을 분열시켰다. 국정원 게이트는 매카시즘 못지않은 폐해와 파급 효과가 큰 사건이다.

1972년에 발생한 워터게이트 사건은 민간인 5명이 야당 사무실이 차려진 워터게이트 호텔 방에 도청장치를 설치하려다가 적발돼 경찰에 체포된 것이 발단이었다. 실제로 선거에 아무런 영향이나 효과를 미치지 못한 '미수에 그친' 범죄다. 하지만 공화당 닉슨 대통령 당선 뒤 경찰의 수사 과정에서 중앙정보국과 백악관, 선거운동본부 등이 관련된 사실이 드러나고, 연방수사국 수사를 무마하려는 닉슨 대통령의 압력과 모의 사실이 알려지면서 닉슨 대통령은 탄핵 직전에 사임했다. 이 과정에서 특위 소속 공화당 의원 17명 중 6명이 탄핵안에 동의하는 '양심적 행동'이 중요한 역할을 했다. 국정원 게이트는 '도청미수'에 그친 워터게이트 사건에 비해 훨씬 파급력이 큰 '여론조작'이라는 조직적 범죄행위가 실제로 이뤄졌고, 그 수사 과정에서 권력에 의한 축소와 왜곡 압력이 작용했다는 점에서 워터게이트를 능가하는 불법성과 폭발력을 가졌다.

대한민국 헌법 전문에 기록된 역사적인 시민 저항운동인 4·19 혁명의 도화선이 된 3·15 부정선거는 이승만 정권이 내무부와 경찰, 폭력조직을 총동원해 불법·관권 선거를 치르고, 항거하는 시민들을 유혈폭력으로 진압한 사건이었다. 국정원 게이트 역시 제18대 대선 과정에서 국정원이 보유 중인 '정상회담 대화록'이라는 기밀이 여당 쪽에 선거 전략용으로 제공되고, 조직적 여론조작 행위가 이뤄졌으며, 윤정훈 새누리당 SNS 단장 등이 운용한 것으로 추정되는 소위 '십알단' 등 '사이버 깡패'들이 동원되었음은 물론 경찰의 증거인멸과 허위 중간수사결과 발표 등 조직적인 불법개입이 광범위하게 이루어진 '총체적 불법선거'라는 의혹이 제기되고 있다. 2013년 미국에서 국가안보국 NSA의 불법사찰 및 도·감청 행위를 공개한 전 중앙정보국 직원 에드워드 스노든의 폭로 역시 같은 맥락이다. 국정원 게이트의 경우에는 초기에 국정원 직원이 전前 직원을 통해 여론조작 범죄 정황을 제보하는 '폭로'로 시작된 측면도 있지만, 의혹이 사실로 드러나고 야당의 공격과 시민사회의 비난 여론이 거세지자 이를 희석시키기 위해 직원 개인이 아닌 국정원장이 공개적으로 국가 기밀을 유출해 정치적 목적을 달성하고자 했다는 측면에서 더욱 충격적이다. 스스로 기밀을 유출하는 정보기관이 앞으로 국제 첩보세계에서 제구실을 할 수 있을까?

관료주의 문화와 광신적 확신범

정보화 사회, 사이버 시대로 접어든 21세기라는 특성을 고려하면 이 사건은 20세기에 군대를 동원해 권력을 찬탈하고 다수 국민을 적으로 돌린 반란과 내전에 비교할 수 있을 정도의 엄중한 의미를 내포하고 있다. 대통령 개인의 진퇴나 특정 정당이나 정파의 이해·승패라는 소아적 망상과 집착은 던져버려야 한다. 이 사건 가담자 중에는 자신이 실제로 '애국'을 한다는 확실한 신념하에 적극적으로 범행을 저지른 사람들과 정치적 줄서기를 통해 이익을 보려는 사람들, 그리고 옳지 않은 줄 알면서도 상급자가 시키는 대로 지시를 수행한 사람들이 섞여 있다.

첫째, '야당 등 종북 세력으로부터 나라를 지킨다'는 비뚤어진 애국주의적 신념을 가진 자들은 마치 광신도나 테러리스트와 같은 확신범을 연상케 한다. 이들은 대통령이나 정부, 정당 등이 곧 '국가'라고 여기고 이에 반대하는 사람이나 세력을 '적'으로 간주해 '전쟁'을 벌인다는 심리가 있다. 전쟁 중에 법이나 원칙이 무슨 소용이 있느냐는 인식, '지면 죽는다'는 절박함이 평시의 민주주의 사회에서 정상적일까? 민주주의를 제대로 교육받지 못하고 헌법의 정신과 내용을 제대로 깨치지 못한 채 편협한 주장에 반복 노출된 탓에 그릇된 신념으로 '세뇌'가 이뤄진 것은 아닐까?

둘째, 자신의 이익을 위해 반국가적 범죄를 주도하거나 가담한 자들의 심리는 일반적인 범죄자와 다를 바가 없다. 다만 그 폐해가 국가 전체에 미친다는 차이가 있을 뿐이다.

셋째, 상관의 부당한 지시를 거역하지 못하고 범죄를 저지르게 된 경우다. 1961년 실시된 '밀그램의 실험'에서, 권위를 가진 자가 독촉할 경우, 틀린 답을 제시한 학생에게 지속적으로 높은 전기 충격을 주는 버튼을 눌러 결국 사망에 이르게 하는 비율이 90퍼센트에 이른다는 것이 확인된 것처럼 의외로 많은 사람들이 '권위적인 불법적 지시'에 항거하지 못한다. 밀그램의 실험 이후 우리나라를 포함한 각국은 이런 유형의 조직적 국가 범죄를 방지하기 위해 법과 제도를 마련해왔다. 국가공무원법과 공무원 행동강령 등에 불법·부당한 지시에 항거하고 따르지 말 것을 정하고 있으며, 공무원 채용 및 직무 교육과정에서도 끊임없이 '부당한 지시 이행 거부' 의무를 가르친다. 여전히 법과 원칙보다는 권위와 명령이 우선시되는 전근대적 조직 문화가 남아 있는 대한민국에서는 무엇보다 이들에 대한 엄한 처벌이 이루어져야 '상관의 지시를 따르기 때문에 괜찮을 거야'라는 인식을 뿌리 뽑을 수 있다.

잘못된 정치 풍토와 관료주의 문화가 소수의 광신적 확신범과 만나 이루어진 이런 망국적 범죄행위가 다시 자행될 가능성은 여전히 남아 있다. 이 문제를 해결하지 못하면 선열들이 피와 생명을 바쳐 지킨 대한민국의 존립과 민주주의의 정착을 위태롭게 할 수 있다. 이미 국가 기밀까지 전 세계에 공개된 마당에 더 숨길 게 무엇이 있겠는가? 이 사건에 관련된 모든 사실과 책임 있는 모든 사람을 숨김없이 밝혀야 한다. 또한 법에 정한 응당한 처벌과 재발 방지를 위한 강도 높은 개혁이 이루어져야 한다. 무엇보다 국민이 납득하고 받아들일 수 있는 박근혜 대통령의 '말과 행동'이 뒤따라야 한다. 대한민국 민주주의, 이렇게 훼손되고 오염되고 짓밟히기엔 너무 많은 이들의 피와 땀과 생명이 서려 있다.

007

"내 아들 때린 놈이 누구야?"

김승연 회장의
무차별 폭행

2007년 3월 8일 늦은 오후, 서울시 강남구 청담동 한 술집 앞에 검은색 차량 6대가 갑자기 줄지어 들이닥쳤다. 곧이어 검은 양복 차림의 남자 10여 명이 술집 안으로 난입한 뒤 종업원들을 위협해 한곳에 모았다. 살벌한 분위기 속에서 남자들은 종업원들에게 "오늘 새벽 이곳에서 발생한 폭행 사건 가해자들이 누구냐?"고 다그쳤다.

곧 가해자 신원이 밝혀졌다. 서울 북창동에 있는 유흥주점 임원과 종업원들이었다. 남자들은 보스인 듯한 중년 남자의 지시에 따라 몇 군데 연락을 취한 뒤 북창동 유흥주점 종업원 5명을 청담동 술집 '현장'으로 불러냈다. 저녁 8시였다. 일행은 다시 이들을 차량에 태운 뒤 청계산 자락에 있는 한 공사장 창고 건물로 끌고 갔다.

칠흑 같은 어둠 속에서 누군가 라이터 불을 켰다. 불은 건장한 남자들에게 양팔을 붙잡힌 종업원 5명의 얼굴을 차례로 비췄다. 곧이어 어둠 속에서 '지지직' 하는 소리와 함께 작은 번갯불 같은 섬광이 일었다. 전기 충격기였다. 라이터 불빛 너머로 양복 입은 남자들 손에 쇠파이프와 몽둥이 등 흉기가 들려 있는 것이 보였다. 종업원들의 공포심은 극에 달했다. 라이터 불빛 속으로 한 중년 남자가 불쑥 나섰다. 모자와 짙은 선글라스를 쓰고 있긴 했지만 어디선가 본 듯한 모습이었다. 한국화약^{한화} 그룹 김승연 회장이었다.

최문기 전 경찰청장은 왜 전화를 했나

"내 아들 때린 놈이 누구야?"

액션활극 영화에서나 들을 법한, 나지막하고 소름 끼치는 목소리였다. 선뜻 답을 내놓지 못하는 종업원들에게 김 회장은 "내 아들이 눈을 다쳤으니 네놈들도 눈을 좀 맞아야겠다"며 가죽 장갑을 낀 손으로 두 팔이 붙들린 종업원들의 눈을 집중 가격했다. 낮은 신음이 연신 터져 나왔다. 한 종업원이 울기 시작했다.

"전 그냥 종업원인데, 우리 전무님이 가서 사과하고 대충 몇 대 맞고 오라고 해서 온 것뿐이에요. 살려주세요."

자초지종을 캐물어 대강의 상황과 아들을 폭행한 가해자들이 누구인지 파악한 김 회장 일행은 곧바로 북창동 유흥주점으로 달려갔다.

밤 10시 북창동 유흥주점 앞. 다시 번쩍거리는 검은색 최고급 세단의 행렬이 들이닥쳤다. 김 회장과 눈에 붕대를 댄 아들, 그리고 그들을 호위하는 10여 명의 건장한 검은색 정장 차림의 남자들이 전기 충격기와 쇠파이프 등 흉기를 들고 줄줄이 차에서 내려 술집으로 들어갔다. 나머지 '검은 정장 청년들'은 술집 주변에 병풍처럼 늘어서 외부인의 출입을 차단하고 공포 분위기를 조성했다.

술집은 저항 없이 순식간에 장악됐다. 선두에 선 선글라스 차림의 김 회장이 소리 질렀다.

"다 나와, 이 자식들. 북창동을 다 없애버릴 거야. 내가 누군지 알아? 다 여기서 무릎을 꿇을래, 아니면 가게 문 닫을래?"

멈칫하던 종업원들이 복도에 줄줄이 무릎을 꿇었다. 김 회장 아들 폭행 사건의 주모자로 지목된 '조 전무'가 김 회장 앞으로 불려 왔다. 김 회장은 조 전무를 룸 안으로 데려갔다. 곧이어 고성과 함께 뺨을 때리는 듯한 소리가 세 차례 들려 왔다. 김 회장은 새벽에 폭행을 당했던 아들을 불러 "네가 맞은 만큼 때려라"라고 일렀다. 곧 룸 밖에서도 분명히 들을 수 있는 '퍽, 퍽, 퍽' 하는 폭행 소리가 새어 나왔다.

두 시간여 공포의 폭행이 계속되던 밤 12시, 경찰관 몇 명이 술집으로 들어와 "112로 폭행 신고가 들어왔는데, 신고한 사람이 누구예요?"라고 물었지만 아무도 나서지 않았다. 업소 사장이라는 남자가 나서 "우리 종업원끼리 잠깐 다퉜는데, 누가 오해하고 신고를 한 것 같다"고 둘러댔다. 경찰관들은 '조심하라'는 경고를 남기고 자리를 떴다. 곧이어 김 회장은 종업원들에게 '술을 가져오라'고 시킨 뒤, 스스로

'폭탄주'를 만들어 조 전무와 폭행당한 종업원들, 그리고 자신의 아들과 함께 건배를 했다. 그러곤 '서로 때리고 맞았으니 이제 남자답게 화해하고 없던 일로 하자'고 제안한 뒤 '술값'이라며 100만 원을 건네고 자리를 떴다.

다음 날 서울경찰청 광역수사대는 '김 회장이 조폭을 동원해 보복폭행을 저질렀다'는 첩보를 입수하고 수사를 시작했다. 남대문경찰서 역시 현장조사와 주변 목격자 대상 탐문수사를 실시하고 있었다.

3월 12일, 한화 그룹의 고문으로 재직 중인 최기문 전 경찰청장이 남대문경찰서장 장희곤 총경에게 전화를 해 "한화 그룹 폭행 사건을 수사 중이냐"고 물었다. 그 뒤 현장에 나가 있던 남대문경찰서 수사 인력은 모두 철수됐다. 그즈음 홍영기 당시 서울경찰청장도 최기문 전 청장의 전화를 받았고, 이택순 당시 경찰청장은 한화증권 유기완 고문과 함께 골프를 쳤다. 한화리조트 감사 김 아무개 씨는 '폭행 피해자 관리 및 경찰 로비자금'으로 김 회장으로부터 5억 8,000만 원을 받아서 그중 2억 7,000만 원을 거대 폭력조직 '맘보파' 두목 오 아무개 씨에게 건넸다. 폭력조직을 동원해 '입막음'을 시도한 정황이 확인된 것이다.

그렇게 깊은 수면 아래로 가라앉을 것 같던 사건은 4월 24일, 언론에 '의혹'이 보도되기 시작하면서 다시 떠올랐다. '사건 무마 의혹'을 벗으려는 경찰은 4월 26일 김 회장에 대한 출국금지 조치를 요청했지만, 검찰은 혐의사실 소명이 부족하다며 기각했다. 5월 10일, 검찰은 경찰이 신청한 김 회장에 대한 구속영장을 법원에 청구했고, 다음 날

법원은 영장을 발부했다. 그사이 '조폭 동원'의 연결 고리였던 맘보파 두목 오씨는 캐나다로 출국, 도피했다. 6월 5일, 검찰은 김 회장과 한화 그룹 경호과장 진 아무개 씨를 '폭력행위 등 처벌에 관한 법률' 위반 및 '형법상 업무방해' 혐의를 적용해 구속 기소했다.

재벌 회장을 향한 '동정론'

피고인 김 회장은 거물급 '전관 변호사'들로 변호인단을 구성했다. 재판을 맡은 판사의 사법연수원 시절 교수, 직속상관인 부장판사였던 변호사, 법원장 출신 변호사 및 부장검사 출신 변호사 등 법조계 드림팀이었다. 변호인단 구성만 보면 복잡한 미스터리였던 미국의 'O. J. 심슨' 사건을 연상케 하지만, 이 사건은 전혀 사실관계나 법률관계를 복잡하게 다툴 여지가 없는 '단순한 보복폭행' 및 '수사 무마를 위한 청탁과 압력' 사건이었다.

물론, 쟁점은 있었다. 조폭을 동원한 혐의가 추가된다면 '폭력행위 등 처벌에 관한 법률 제5조' 범죄단체 등 이용·지원가 적용돼 징역 3년 이상의 형이 추가되고, 다른 폭행 혐의에도 '가중처벌' 요인이 발생한다. 이 부분은 '역량 있는 변호사의 변론 능력'이 아닌, 판사에게 영향을 미칠 수 있는 '전관 변호인의 위력'이 필요한 부분이다.

김 회장은 이 부분에 분명한 확신을 가졌던 듯하다. 이미 피해자들과는 '합의'를 마친 상태였다. 일부 언론은 주요 대기업 회장에게 실형이 선고되면 기업 활동에 막대한 지장이 초래되고 국가 경제에 악영향을 끼칠 것이라는 논조의 사설과 기사를 실었다. 이에 힘입은 김 회장은 '집행유예가 내려질 것'이라고 '스스로 재판'을 마친 것으로 보인다. 그렇지 않았다면 공개 법정에서 여유 만만한 태도로 "권투 하듯이, 아구를 몇 번 돌렸지", "귀싸대기를 올려붙였지", "내가 때리다 때리다 지쳐서 애들 시켜서 대신 때리게 했거든", "검사 양반은 술집 한번 안 가봤어요?" 등의 상식적으로 이해하기 힘든 발언을 내뱉었을 리가 없다. 그는 재판 도중 방청석을 향해 미소를 지으며 손을 흔들기도 했다. 폭력행위 등 처벌에 관한 법률 제3조에는, 야간에 흉기 등을 사용하여 집단적으로 폭행을 한 자는 '5년 이상의 유기징역'에 처하도록 규정되어 있다. 아무리 초범 등 작량감경을 통해 감형을 한다 해도 그 절반인 '2년 6개월 형'이 최하 형량이다.

그런데 검찰은 제3조가 아닌 상대적으로 가벼운 제2조 2명 이상의 공동폭행 혐의를 적용했다. 그리고 징역 2년 형을 구형했다. 피고인의 감형 주장에 판사가 귀 기울일 것을 고려해 가능한 한 높은 형량을 구형하는 검찰의 관행에서 벗어난 '솜방망이 구형'이었다. 법조계 일각에서는 이러한 낮은 구형량은 사실상 검찰이 '집행유예로 풀어주세요'라고 요청하는 것이라고 비판했다. 그럼에도 불구하고, 7월 2일 1심 법원은 세간의 이목을 의식해 김 회장에게 집행유예 없이 '1년 6개월 징역형'의 실형을 선고했다. 집행유예를 예상하고 갈아입을 평상복을 준비한 채 법정에서 대기하던 한화 그룹 직원들의 표정이 머쓱해진 순간이었다.

김 회장에 대한 1심 판결이 끝난 7월 7일, 캐나다로 도주했던 폭력 조직 맘보파 두목 오씨가 자진 귀국해 검찰에 구속됐다. 그의 진술에 따라 김 회장에 대한 추가 혐의_{범죄단체 등 이용·지원}가 확인되면 김 회장은 형량이 추가될 수도 있는 상황이었다. 오씨는 폭행 사건 발생 이후 '개인적으로, 지인의 부탁에 따라' 피해자들과의 합의 유도 등 '사건 무마'를 도와준 사실만 인정했다. 김 회장은 '조폭 동원' 혐의로는 기소되지 않았다.

법원의 실형 선고 직후 김문수 경기도지사는 "기업에 대해 일벌백계 원칙을 적용하는 것은 옳지 않다. (중략) 털어서 먼지 안 나는 사람이 없고 더구나 큰 기업인데 약점은 분명히 있다. (중략) 너무 그러지 말자"며 김 회장에 대한 실형 선고가 잘못되었다고 비판하고 나섰다. 동료 경제인들과 일부 언론에서도 유사한 논조를 펴며 '동정론'을 불러

2007년 5월 12일, 김승연 한화 회장이 '술집 종업원 보복 폭행 사건'으로 구속영장이 발부돼 서울중앙지검에서 남대문경찰서로 이송되고 있다. 그는 재판에서 패색이 짙어지자 의인으로 묘사된다. '강한 남자'와 '좋은 사람'으로 보이기 위한 욕망 때문이었다는 것이다. ©〈한겨레〉 김진수

일으켰다. 김 회장이 그동안 행했던 숨은 선행들도 속속 '드러나기'
시작했다. 1981년 창업주인 부친의 사망으로 젊은 나이에 갑작스럽게
회장 자리에 오른 김씨는 탁월한 능력을 발휘해 그룹을 수십 배 이상
성장시켰다. 외환위기 이후 경영난에 빠졌던 '예술의 전당'을 전폭적
으로 지원해 살아나게 해주었고, 아마추어 야구와 복싱 등 스포츠 분
야 발전에도 큰 공헌을 했다. 특히 미국 해군정보부서 소속으로 북한
군에 관한 첩보를 대한민국에 제공해 '국가 기밀 유출' 혐의로 미국
연방교도소에 수감되었던 로버트 김에게 남몰래 거액을 지속적으로
후원해왔다는 사실이 알려지면서 '의인'이라는 평가가 부상하기 시작
했다.

　7월 12일, 김 회장은 건강 악화를 이유로 형 집행정지 결정을 받고
아주대학교 병원에 입원했다. 결국 9월 11일, 항소심에서 김 회장은
'징역 1년 6개월 형, 하지만 그 집행을 3년 유예한다'는 집행유예 선고
와 '200시간의 사회봉사명령'을 추가로 받고 풀려나게 된다. 실형 선
고를 받고 교도소에 수감된 지 딱 두 달째 되던 날이었다. 병원 입원
기간을 제외하면 실제 교도소 수감 기간은 며칠 되지 않는다. 우리 사
회에 오랫동안 떠돌며 '사법 불신', '사회 불신'을 낳은 '유전무죄, 무
전유죄'의 망령이 되살아난 것이다. 검찰은 상고를 포기했다. 김 회장
은 재수감될 걱정을 완전히 벗어던지고 홀가분하게 화려한 부자들의
향연장으로 복귀할 수 있었다.

더 큰 피해를 본 회사·주주·투자자

김 회장의 '법정 탈출'은 오래가지 못했다. 2013년 4월 1일, 검찰은 차명으로 소유한 개인 회사의 빚을 그룹 계열사 돈으로 메워 계열사에 3,000억 원대의 손해를 끼친 혐의로 기소돼 1심에서 징역 4년을 선고받은 뒤 아프다며 병원에 입원한 채 항소심 재판을 받아온 김 회장에게 징역 9년과 벌금 1,500억 원을 구형했다. 어린 시절 공격적 기업가인 부친으로부터 혹독한 훈련을 받고 군사독재 시절 공군 장교 생활을 한 김 회장은 '무력과 폭력이 상징하는 남자다움'을 동경하게 된 것으로 보인다. 그 뒤 젊은 나이에 대그룹 경영권을 승계받으며 주변의 도전과 공격, 비판에 시달리면서 더욱 공격욕구와 '남자다움을 과시하고 싶은 욕구'가 커져갔다. 복싱과 사격 등 관련 스포츠 단체 회장직 등을 역임하고, 주변에 조폭과 연계된 사람들이 모이면서 스스로 '강한 남자'라는 것을 확인받고 싶어 했던 것으로 추정된다. 다른 한편에선 문화와 예술, 스포츠, 애국자 등을 통 크게 지원하며 '좋은 사람'이라는 평가를 받으려는 보상심리도 컸다.

인간적으로는 충분히 동정의 여지가 있다. 하지만 범죄자치고 그 정도 '안타까운 사연' 없는 이는 드물다. 더욱이 자신의 재산과 사회적 영향력을 과신한 김 회장에게 사법 당국의 선처는 '역시 난 아무도 못 건드려'라는 잘못된 자신감으로 연결됐고, 결국 그를 더 큰 범죄 혐의로 법정에 서게 만들었다. 그로 인해 큰 피해를 보게 된 회사와 주주,

투자자, 그리고 우리 사회는 경찰, 검찰, 법원의 부패와 전관예우라는 망국적 폐습에 눈 뜨고 당한 것이나 다름없다.

김승연 회장의 수천억 원대 배임 혐의에 대한 항소심은 원심보다 1년을 감형한 징역 3년을 선고했고, 대법원은 이마저 무겁다며 파기환송했다. 2014년 2월 11일, 서울고등법원 형사5부^{재판장 김기정 부장판사}는 환자복에 마스크를 착용한 채 휠체어를 타고 법정에 들어선 김승연 회장에게 결국 집행유예를 선고했다. 언론과 여론은 다시 '무전유죄 유전무죄'를 언급하기 시작했다. 다른 어떤 사람보다 사법부의 선처를 많이 받아온 김승연 회장의 범죄 인생, 이것으로 종언을 고하고 새 사람으로 태어날 수 있을지 관심을 가지고 지켜볼 일이다.

008

수조 원 해먹고 장례식마저 사기 친 그대

사기꾼 조희팔과
그 일당

대통령 선거, 국가정보원 정치개입, 북한의 핵 장난과 전쟁 위협, 일본의 우경화와 독도 도발 등 굵직한 사건이 연달아 터지며 세상이 시끄러워질 때마다 회심의 미소를 짓는 이가 있다. 총 3만 명에 이르는 피해자들로부터 4조 원^{피해자 모임 추정 피해자 10만 명, 피해액 8조 원}에 달하는 거액을 편취한 뒤 중국으로 밀항해 떵떵거리고 살고 있는 '조희팔'이 바로 그 주인공이다.

그나마 세상이 조금 안정적일 때 그의 이름은 인터넷 검색어에도 오르고, 네티즌 수사대가 중국 내 거주 위치를 추적하고, 방송 탐사 프로그램이 취재하기도 했다. 그럴수록 수사 당국도 손 놓고 있을 수 없어 수사대를 현지에 파견하고 중국 공안에 협조를 의뢰하는 등 뒤쫓는 '시늉'이라도 해야 했다.

하지만 그의 이름은 허공으로 산산이 부서져 사라져버린 듯하다. 적어도 수사기관과 정부 관계 당국자들에겐 그렇다. 어쩌면 이 나라 정계와 관계, 사법계에서 힘깨나 쓰고 자리 차지하고 있는 사람치고 조희팔이 검거돼 그의 입을 통해 열릴 '판도라의 상자'를 두려워하지 않는 이가 많지 않은 듯하다. 그렇지 않고서야 몸이 날렵하지도 않고 현지 언어에 능통하지도 않으며 한국과의 연결·연락 없이 장기간 버텨내기 어려운 그가 이토록 머리카락 하나 보이지 않은 채 꼭꼭 숨어 있을 수 있을까? 전 재산을 조희팔에게 털린 피해자들의 모임만 빚내서 끌어 모은 돈을 밑 빠진 독에 물 붓듯 공신력 없는 사설탐정들에게 퍼붓고 있는 상황인 듯하다.

의심스러운 장례 동영상

2012년 5월, 국내 언론에 조금씩 '조희팔 사망설'이 보도되기 시작한다. 조희팔에 대한 수사를 진행하던 경찰청 지능범죄수사대에서 조심스럽게 그가 숨졌음을 인정했기 때문이다. 경찰청에 따르면, 조희팔의 비자금 및 공범자들에 대한 추적수사를 강도 높게 하던 2011년 12월 19일, 갑자기 조희팔 가족과 지인들이 대거 중국으로 출국했다는 것이다. 이를 이상하게 여긴 경찰이 조희팔의 근거지 다섯 곳을 압수수색한 결과, 조희팔의 중국 내 가명인 '조영복' 명의의 중국 주민증호구부, 운전면허증, 여권 등을 확보했고 '조영복'이 중국 120^{한국의 119} 응급구조대에 의해 병원으로 호송된 뒤 응급진료를 받다가 숨진 기록 및 화장 증명서도 발견했다면서 '조희팔의 사망'을 기정사실화했다. 곧이어 경찰은 조희팔 유족으로부터 '장례식 장면'이라는 짤막한 동영상을 제출받아 화장 직전 관 속에 누워 있는 남자의 모습이 조희팔과 흡사하다는 결론을 내렸다.

곧 의문이 제기됐다. 중국에선 돈만 주면 신분이나 사람, 주검을 얼마든지 구해 '위장 사망'을 시킬 수 있다는 추정이 가장 먼저 나왔다. 조희팔이 '조영복'이란 신분을 사용한 것이 근거가 됐다. 조희팔은 수만 명의 피해자가 자신 때문에 전 재산을 날리고 삶이 붕괴되는 와중에도 철저하게 건강관리를 해온 인간이었다. 한 번도 심장이나 혈관, 기타 장기에 문제가 없었을 정도로 건강했다. 또한 그의 사망 사실 여부에 따라 거액의 은닉재산과 비자금 등의 향방이 결정되는 터였다. 그런데 그 죽음의 확인부터 화장까지 단 이틀밖에 걸리지 않았다는 것이다.

더 큰 의혹은 그가 사망했다는 '유일한 증거'인 동영상에 있다. 가족이 촬영했다고 하는데, 일기장에 슬픔과 추모의 글을 남겼다는 가족이 장례식과 화장 직전에 '증거 영상'을 찍어둘 마음의 여유가 있다는 게 말이 되는가? 그것도 장례식 장면 전체가 촬영된 것이 아닌, 그곳이 장례식장이라는 것과 관 속 인물이 조희팔이라는 것만 '증빙'하려는 의도가 명백해 보이는 그 동영상의 존재 자체가 순수성에 대한 의문을 불러일으키고 '자작극'의 냄새를 강하게 풍겼다. 경찰이 확보한 그의 유골은 수천 도의 화염 속에 산화해 DNA 감식을 할 수 없었다. 화장한 유골에서 DNA가 검출되지 않는다는 사실은 과학수사계의 정설이다.

만에 하나 조희팔의 사망이 사실이라 하더라도, 그의 죽음은 유족 주장이나 경찰 발표처럼 '급성질환'으로 인한 '병사'는 아닐 것이라는 주장 역시 제기되고 있다. 피해자 모임과 일부 전문가들은 조희팔이 숨진 게 맞는다면, 그가 더 이상 도피 생활을 계속하기 어려운 상황과 여건이 조성되면서 꼬리를 잡힐 가능성이 높아지자 그로부터 뇌물을 받거나 그와 관계를 맺은 측에서 그의 '입을 막기 위해' 청부 살해했을 것이라는 의혹을 제기하고 있다. 2012년 9월에는 중국에서 조희팔을 목격했다는 제보가 들어와 검찰이 중국 공안 당국에 '조희팔 생사 여부 확인'을 요청하는 공문을 발송하기도 했다.

그의 갑작스럽고 의심스러운 '사망' 사건이 발생한 시점 역시 의혹을 부추긴다. 2010년 1월 31일 서울 수서경찰서에서 조희팔이 회장으로 있던 다단계 업체 '리브'의 경영고문이었던 A씨를 검거했다. 수서경찰서는 조희팔 사건과 직접적인 관련이 없는 곳이기에 조희팔과의 '유착' 의혹에서 자유로운 곳이다. A씨는 2008년 12월 9일 조희팔이 어선을 타고 중국으로 밀항할 때, 신고를 받더라도 출동이나 검거를 하지 말라며 경찰 간부들에게 5억여 원의 뇌물을 전달한 혐의를 받고 있던 자다. 조희팔은 충남 태안군 마검포항에서 보트를 타고 서해 공해상을 거쳐 중국 밀항선을 타고 도주했다. A씨는 조희팔을 먼저 보내고 다른 보트로 뒤따라 밀항하려다 높은 파도 탓에 실패한 뒤 1년 3개월간 국내에서 도피 생활을 하던 끝에 검거된 것이다. 도피 기간 조희팔과 연락을 지속했을 가능성이 높은 A씨로부터 조희팔의 위치나 도피 생활의 특징, 그와 연계돼 협력을 주고받는 이들의 정체 등에 대한 사실이 조금씩 드러나면서 위기감을 느낀 조희팔 혹은 그 관련 세력이 조희팔에 대한 수사기관과 언론, 사회의 관심과 추적을 중단시키기 위해 '사망 위장 자작극' 혹은 '청부 살해'를 저질렀을 가능성이 높다는 지적이다.

조희팔 수사는 왜 친척이 없나

2004년 대구에서 '새로운 대박 사업'에 대한 소문이 돌기 시작했다. 웰빙과 건강 바람이 불고 언론에서 앞다퉈 관련 기사와 프로그램을 내보내던 터였다. '씨엔'이라는 건강보조기구 업체에서 '최신형 안마기 임대사업'에 투자하면 원금보장에 매일 3만 5,000원, 8개월에 35퍼센트의 수익금을 준다고 하자 너도나도 참여한 것이다. 실제로 이 업체에선 1계좌당 440만 원씩 투자한 사람들에게 꼬박꼬박 수익금을 지급했다. 그러자 초기 투자자들이 가족과 이웃, 친척, 친구, 동창, 동호회 멤버, 회사 동료들을 끌어들이기 시작했다. 현금이 부족한 사람들은 집이나 전세금 등을 담보로 대출까지 해서 동원 가능한 모든 돈을 쏟아부었다. 이 업체는 안마기 임대라는 단순한 사업 아이템이 한계에 부딪치자 재건축, 부동산 임대, 관광·레저 산업 등으로 사업 영역을 확장한다며 대대적인 홍보를 하기도 했다.

고향인 대구에서 성공을 거둔 업주 조희팔^{당시 51세}은 부산에서는 '첼린', 인천에서는 '리브' 등 지역과 시기에 따라 다른 이름으로 회사명을 바꿔가며 사업을 확장해 전국에 걸쳐 15개 법인과 50곳의 센터를 운영했다. 그런데 전국의 모텔이나 찜질방 등에 건강보조기구를 설치해 임대수입을 올린다는 사업구상은 허상에 불과했고, 수익은 거의 발생하지 않았다. 신규 가입자가 낸 돈 중에서 일부를 초기 가입자에게 떼어주는 속칭 '다단계(혹은 피라미드)' 방식으로 헛된 기대만 부풀려온 것이다. 그러다 수익배당금이 지연 입금됐고, 언젠가부터는 아예 입금이 이뤄지지 않기 시작했다.

초기에 매달 꼬박꼬박 수익금이 입금되던 맛에 길들어 있던 피해자들은 '곧 다시 입금이 재개되겠지'라는 헛된 희망에 기댄 나머지 신고를 미루다가 피해를 키우고 말았다. 대구와 부산에서만 1조 원, 인천

등 수도권과 충청 지역에서 총 1조 2,000억 원 등 5년여에 걸쳐 총 3만여 명이 약 4~5조에 이르는 액수를 빼앗겼다. 피해자의 대부분은 서민이었고

■
최소 4조 원에 이르는 다단계 사기를 벌인 조희팔은 수사기관의 묵인과 비호 아래 중국까지 도주하는 데 성공했다. 그나마 재산을 탕진한 피해자들의 모임과 언론의 문제제기가 없더라면 총체적 국가비리의 일부조차 드러나지 않았을 것이다.

전 재산은 물론 가족, 친척과 지인들의 돈까지 끌어다 쓴 바람에 개인 파산은 물론 심각한 사회문제로 비화됐다. 피해자 중에서 최소 10명이 자살한 것으로 알려져 있다.

조희팔과 일당은 다단계식 수익금 지급이 중단되는 시점부터 피해 자들이 의문을 품고 문제를 제기할 시점까지 소요 기간을 예상하는 컴퓨터 시뮬레이션을 실시해 2008년 10월 말, 모든 회사 전산망을 파괴하고 자산을 현금화해 챙긴 뒤 도주했다. 이후 동해안, 서해안, 경기도 화성 지역 등 다양한 밀항 루트를 조사, 계획한 뒤 총 세 번에 걸친 시도 끝에 2008년 12월 9일 충남 태안 마검포항에서 밀항에 성공한 것이다.

조희팔은 어떻게 5년여에 걸쳐 전국을 무대로 이 엄청나고 황당한 사기 사건을 저지를 수 있었을까. 이 어설픈 사기 범죄에 이토록 엄청난 피해가 발생한 데에는 유명 인사들의 찬조연설과 지지, 경찰과 검찰 등 수사기관 간부와 직원들의 뇌물 수수 및 방조가 큰 원인으로 작용했다. 언론과 방송을 연일 장식한 떠들썩한 공개 수배에도 불구하고 여러 차례에 걸친 밀항 시도를 방해 없이 할 수 있었던 배경에는 경찰과 검찰, 수사 당국의 묵인과 비호가 있었던 것이다.

사건 초기 피해자들은 즉각적이고 철저하며 광범위한 수사를 촉구했지만, 검찰과 경찰은 각 지방검찰청이나 경찰서 단위로 일반 사건처럼 수사를 진행하도록 해 논란과 분노를 자아냈다. 가장 대표적인 비호 세력에는, 조희팔 측과 일부 기업으로부터 거액의 금품을 수수한 혐의로 경찰의 수사를 받다가 '특임검사'라는 이상한 방식으로 검찰이 사건 자체를 빼앗아가 검찰의 '제 식구 감싸기' 논란을 일으켰던 김광준 검사와 밀항을 묵인한 태안해양경찰서장 등 고위 경찰 간부들이 있다. 일부를 제외하곤 이들의 혐의는 조희팔 사망설이 보도된 2012년 5월 이후에 제기됐다. 이는 언론과 방송 등 사회여론의 관심이 집중돼야 조희팔을 둘러싼 총체적 국가비리의 '일부'라도 드러난다는 교훈을 준다. '어떤 결과라도 내놓아야' 피해자들을 중심으로 한 사회의 분노를 잠시나마 잠재울 수 있다는 권력층 내의 판단 때문일 것으로 추정된다.

2012년 9월에는 조희팔 수사 및 검거 책임을 지고 중국 출장까지 갔던 대구경찰청 소속 정 아무개 경사가 오히려 중국에서 조희팔을 만나 골프 접대와 술 접대를 받고 돌아온 사실이 발각돼 구속되었다. 2012년 11월 15일에는 김광준 당시 서울고등검찰청 검사가 조희팔로부터 2억 4,000만 원의 뇌물을 받은 혐의로 구속되었다. 피해자 모임과 언론 등에서는 경찰과 검찰뿐 아니라 여야 유력 정치인 중에도 조희팔의 뇌물을 받고 그를 비호한 인사들이 여럿 있다는 주장을 제기하고 있다. 그렇지 않고선 수조 원대의 피해를 남긴 사상 최대의 사기 범죄자가 유유히 법망을 피해 활보하다가 해외로 도피할 수 없다는 것이다. 또한 중국 정부와 공안에 대한 강하고 지속적인 협조 요청 등을 통해 조희팔을 조기에 검거하지 못했을 리도 없다. 피해자 모임에서는 "콜롬비아에서는 1조 원대 피라미드형 사기 사건이 터졌을 때 '국가비상사태'

를 선포해 전면적인 조사와 피해구제 등의 조치가 이루어졌다"며 정부
와 정치권의 무대응을 질타했다.

대통령·국회 나서 '특별수사본부' 설치하라

조희팔 다단계 사건 피해자와 가족들의 모임인 '바른가정경제 실천
을 위한 시민연대'는 지금 "조희팔이 성형을 하고 여러 곳의 근거지에
서 호화롭게 살고 있다는 정보원의 제보를 들었다"고 주장하며 조희팔
생존설을 강력하게 제기하고 있다. 초기의 미진한 수사와 대처, 밀항
방치, 뇌물 및 유착으로 인한 중국과의 국제공조 미약, 경찰과 검찰의
지나친 경쟁과 힘겨루기 등의 문제에 비춰볼 때 기존의 일상적 수사
방식과 체계로는 '조희팔 사건'의 진실을 파헤치고 정의를 구현하기
어렵다.

조희팔 사건은 현재 진행형이다. 억울함과 절망감을 견디지 못하고
스스로 목숨을 끊은 10여 명의 자살 피해자와 자신과 가족, 친인척의
삶이 송두리째 파괴된 생존 피해자의 절규가 대한민국의 하늘을 찢고
땅을 울리고 있다. 이들은 오직 조희팔과 일당의 검거, 비호 유착 공직
자들에 대한 철저한 수사와 단죄 및 남아 있는 범죄 수익의 몰수를 통
한 피해구제, 그리고 정부 차원의 피해자 지원책 마련을 바란다. 가장
우선해야 할 것은 조희팔의 생사 확인과 조희팔과 함께 도주한 공범들
의 소재 확인 및 검거, 송환이다. 그들의 입을 통해 뇌물 수수 및 비호

공직자들 전체의 명단과 신원을 밝혀내야 한다. 현재의 '일상적인 수사 체제'로는 안 된다. 기존의 경찰과 검찰을 뛰어넘고 그 벽을 허문, 이탈리아의 '깨끗한 손'Mani pulite 혹은 홍콩의 '염정공서'ICAC, Independent Commission Against Corruption 같은 강하고 청렴하며 결코 타협하지 않는 동시에 최고의 전문성을 갖춘 수사관과 검사, 판사의 연합이 필요하다. 이를 위해선 대통령뿐 아니라 국회의 결의와 협조도 필요하다. 대한민국, 과연 그런 역량을 갖추고 있는가?

009

연예인 성 상납 사건과 진실들

고 장자연 소속사 대표
제이슨 김

1996년, 연예계는 술렁거렸다. 당대 최고의 인기 스타 심은하가 이름도 생소한 '스타즈 엔터테인먼트' 사와 전속계약을 맺었다는 소식 때문이었다. 이듬해에는 이미숙과 최진실, 2001년에는 김남주, 2003년에는 장서희, 2004년에는 아테네 올림픽 태권도 금메달리스트 문대성과의 전속계약 소식이 이어졌다. 당시 '스타즈 엔터테인먼트'의 대표 제이슨 김은 미국 버클리 캘리포니아 대학교를 졸업한 수재로, 할리우드에 넓은 인맥을 형성한 것으로 알려졌다. 그는 연예 매니지먼트 업계에 바람을 일으키고 있었다. 특히, 2001년 홍콩에 '서클이엔티'라는 연예기획사를 설립해 본격적으로 중화권 시장을 공략하는 등 '한류 열풍'에도 일조하고, 홍콩에서 활동하던 데니스 오를 한국 연예계에 데뷔시켰다. 2002년에는 대기업 CJ 홈쇼핑과 공동 출자해 '더모델 엔터테인먼트'를 세워, 광고 업계에서도 큰손으로 부상하기 시작한다. '더 모델'은 월드컵의 영웅 히딩크 감독을 필두로 세계적 스타 장쯔이와 리밍 여명을 국내 광고 모델로 출연시키기도 했다.

2006년부터는 '스타즈' 대신에 '더컨텐츠 엔터테인먼트'라는 이름을 사용한다. 그사이 연예계에서는 '버클리 대학 졸업 학력을 믿을 수 없다', '소속 연예인을 폭행하고 하기 싫은 일을 강요하는 등 성품이 좋지 않다', '조직폭력과 연계되어 있다', '유력 정치인이 뒤를 봐주고 있다'는 등 제이슨 김의 정체에 대해 이런저런 소문과 의혹이 떠돌기 시작했다. 벼락같은 성공을 질투하는 경쟁자들이 퍼뜨린 루머일까, 아니면 속사정을 아는 내부인이 몰래 전한 사실일까?

꼬리를 무는 의혹

2002년 서울지검 강력부 당시 부장검사 김규현에서는 '연예기획사 대표가 소속 연예인들로 하여금 정계, 재계, 관계 유력 인사들에게 성 상납을 하도록 강요하고 있다'는 첩보를 입수하고 내사에 착수했다. 곧 10여 명의 고위층 관계자 리스트가 확보되어 정식수사에 들어가려는 순간, 대상자인 K씨가 홍콩으로 출국한 뒤 연락을 끊고 잠적해버렸다. K씨가 잠적하자 리스트에 오른 고위층들도 하나같이 혐의를 부인했다. 검찰의 수사는 흐지부지 결말 없이 종결됐고, K씨는 다시 귀국해 버젓이 사업을 재개했다. 그해 9월 국정감사에서 당시 한나라당 원내대표였던 홍준표 의원이 "민주당 의원 3명이 연예인 성 상납을 받았고, 검찰 수사에 압력을 행사했다. (중략) 당시 강력부장은 지방으로 좌천됐다"고 주장해 파문이 일기도 했다. 홍준표 의원은 후에 그 K씨가 '고 장자연 사건'에 연루된 제이슨 김이었다고 언론사 인터뷰에서 밝혔다. 그 뒤에도 김씨와 관련된 연예인 성 상납 의혹은 거의 2년 주기로 떠올랐다가 가라앉길 반복했다. 소속 연예인에게 성 상납, 술 시중을 강요한다는 의혹이 끊임없이 제기되던 김씨의 기획사에 소속된 적이 있던 것으로 알려진 여배우들이 연이어 자살하는 사건이 발생하면서 이런저런 뒷말들이 나오기도 했다.

김씨는 소속 연예인들에 대한 성 상납 강요 의혹뿐 아니라 자신을 떠나려는 연예인들을 대상으로 소송을 벌이는 것으로도 악명이 높다. 1997년 최정윤 씨, 2004년 김민선 씨, 현재도 송선미 씨 및 이미숙 씨를 대상으로 고소를 제기해 법정 분쟁이 발생하기도 했다. 그러다 보니 일부에서 알려진 사실과 정황들만을 바탕으로 제이슨 김에 대해 "확인되지 않은 미국 명문대 졸업 학력과 할리우드 인맥 등을 내세워 당대의 톱스타들을 끌어들인 뒤, 이들의 이름을 보고 기대감에 부풀어 찾아온 신인 혹은 연예인 지망생 중 일부에게 고위층 성 상납을 강요하기도 했고, 불만을 품고 자신에게서 떠나려는 연예인들에 대해서는 고소·고발 등으로 괴롭혀온 악덕 업자"라는 비난이 제기됐던 것으로 보인다.

특히 이 과정에서 친분이 형성된 사회 유력 인사들의 든든한 영향력에 힘입어 자신의 범죄 혐의에 대한 검찰 수사도 무력화시켜온 것으로 추정할 여지도 있었다. 이런 배경과 맞물려 그와 관련 있는 연예인들이 잇따라 자살한 사건에 세간의 이목이 쏠린 것이다.

언론사 사장을 둘러싼 진실 게임

모두를 충격에 빠뜨린 장자연 사건의 핵심은 "기획사 대표에게 고위층에 대한 술 시중과 성 접대 강요 및 폭행에 시달리다 더 이상 견디지 못하고 자살"한다는 그녀의 친필 유서에 담긴 내용을 밝혀내고, 그녀가 쓴 편지에 적힌 10여 명의 유력 인사 등 그를 죽음으로 내몬 '악마'들을 처벌할 수 있느냐의 여부다.

이른바 '장자연 문건'으로 불린 이 기록에는 언론사 대표, 방송사 피디, 기업체 대표 등의 이름이 적혀 있었다. 이전 다른 연예인 사망 사건처럼 '우울증에 의한 자살'로 서둘러 사건을 종결하려던 경찰은 장자연 씨의 전 매니저 유장호 씨가 유서와 편지 내용을 공개해 언론에 보도되는 등 파문이 일자 '범죄 사건'으로 인지하고 수사를 시작하게 된다. 장자연 씨의 유족 역시 그녀를 죽음으로 내몬 것으로 의심되는 용의자 7명에 대해 '성매매 혐의' 등으로 고소장을 제출했다. 그런데 경찰 수사가 시작되자 '주범'으로 지목된 소속사 '더컨텐츠 엔터테인먼트' 대표 김씨가 일본으로 출국한 다음 연락을 끊고 잠적해버렸다. 2002년 '연예인 성 상납 비리 사건' 때와 똑같은 일이 벌어진 것이다. 경찰은 김씨에 대해 인터폴에 '적색수배' 요청을 했고, 일본 경찰에 '범죄인 인도 요청'을 했다. 외교부를 통해 김씨의 '여권 무효화' 조처도 단행됐다. 김씨는 '불법체류자' 신분이 된 것이다. 그럼에도 김씨의 행방은 오리무중이었다. 일본에 연고가 없는 김씨의 오랜 잠적은 '비호 세력'의 존재를 의심하게 했다. 주범 김씨가 사라진 상태에서 경찰 수사 역시 벽에 부닥쳐 중단됐다. 또다시 '실체 없는 소문'으로 묻혀버릴 뻔했지만, 2009년 6월 24일에 일본 경찰은 숨어 있던 김씨를 찾아내 검거했다. 그리고 7월 3일, 경기도 성남 분당경찰서 형사들은 일본 도쿄 나리타 공항의 항공기 안에서 김씨의 신병을 일본 경찰로부터 인도받았다. 김씨가 일본으로 도주한 지 118일 만이었다.

당시 최고의 인기 드라마였던 〈꽃보다 남자〉 출연 여배우의 자살과 성 상납 강요 의혹은 세상을 발칵 뒤집었다. 2009년 4월, 국회에서도 대정부 질문을 통해 뜨거운 공방이 전개됐다. 2002년 한나라당 홍준표 의원이 민주당 의원들을 지목해 공격하던 것과는 정반대의 현상이 나타났다. 민주당 이종걸 의원이 조선일보사 방상훈 사장이 '장자연 리스트'에 포함되어 있다며, 이 때문에 경찰이 늑장수사를 하는 것 아니냐고 질타한 것이다. 당시 민주노동당 이정희 의원도 방 사장의 이름을 언급했고, 국회 밖에서는 인터넷 언론 '서프라이즈' 대표 신상철 씨가 합세했다. 조선일보사는 이 세 사람을 '명예훼손' 혐의로 서울중앙지검에 고소했다. 한편 강희락 당시 경찰청장은 국회에서 신지호 한나라당 의원의 질문에 〈조선일보〉 고위 간부 이름이 장자연 문건

명단에 있다'고 밝혔다. 이후 세간의 관심은 대한민국 최다 발행부수를 자랑하는 〈조선일보〉 사장의 관련성 여부에 집중됐는데, 그사이 주범 김씨가 일본으로 출국하면서 수사가 중단되어 '실체 없는 공방'으로 4개월 가까운 세월이 흐른 것이었다.

김씨의 귀국으로 다시 수사에 활기를 띤 경찰은 '그동안 피의자 신문을 위해 모든 자료를 준비했다'며 진실규명에 대해 자신만만한 모습을 보였다. 조현오 당시 경기경찰청장은 "경찰의 자존심을 걸고 철저히 수사하겠다"고 공언했다. 경찰은 김씨를 공항에서 압송해오자마자 휴식 없이 조사를 강행하는 열의를 보였다. 7월 6일, 긴급체포 시한에 맞춰 신청한 김씨에 대한 구속영장이 발부되어 구속 상태에서 본격적인 조사가 벌어졌다. 그동안 41명으로 꾸려진 경찰 수사팀은 총 27곳을 압수 수색했고, 14만여 건의 통화 내역을 조사했으며, 118명의 참고인을 조사했고, 955건에 이르는 계좌 및 신용카드 사용 내역을 조회했다.

그 결과 김씨에게 적용된 혐의는 폭행, 협박, 횡령 및 도주 등 네 가지였다. 경찰은 김씨가 사무실에서 장자연 씨를 '페트병 등으로 폭행'한 혐의, 자살 1주일 전인 2월 25일 장씨에게 "함께 마약 한 사실을 폭로하겠다"는 협박 문자를 보낸 일, 2008년 11월 26일 다른 여성 연예인을 성폭행한 혐의로 조사받던 중 도주한 혐의 및 장씨의 영화 출연료 542만 원 중 242만 원을 '횡령'한 단서를 확보해 이 혐의들만 적용했다고 밝혔다. 언론사 대표를 포함한 사회 유력 인사에게 성 상납을 강요한 혐의는 포함되지 않은 것이다. 조선일보사 쪽은 고 장자연 씨가 〈스포츠조선〉 사장'을 〈조선일보〉 사장'으로 잘못 기재한 것이라고 주장했고, 〈스포츠조선〉 사장은 이를 부인했다.

김씨는 검찰에 송치된 뒤 구속적부심을 통해 보석으로 풀려났고, 불구속 기소된 다음 징역 1년에 집행유예 2년이라는 솜방망이 처벌을 받고 다시 거리를 활보하고 있다. 2013년 3월에는 연예인 지망생을 대상으로 한 성적 착취에 대해 다룬 한 방송 프로그램에서 김부선 씨가 "고 장자연 전 소속사 대표로부터 대기업 임원과의 만남을 제안받았지만 거절했다"고 말한 내용을 문제 삼아 명예훼손 혐의로 고소해 관련 재판이 진행 중이다.

못 밝히는가, 안 밝히는가

2011년 연말 대구에서 한 중학생이 자살하면서 학교폭력 피해를 호소한 유서를 남기자, 경찰은 유서에 언급된 가해 혐의 중학생 2명을 구속했고 검찰 역시 구속 기소했다. 아직 미성숙한 10대 중학생이지만 친구를 자살에 이르게 한 괴롭힘 행위의 죄질이 무겁다는 판단이었다. 비슷한 다른 자살 사건에서도 유서가 남겨진 경우에는 반드시 그 유서에 적힌 내용과 사람들에 대해 철저한 수사를 실시하고 혐의를 규명해 그에 따른 조처를 취한다. 과연 장자연 씨가 유서와 편지에 남긴 절규와 고발이, 지속적으로 자신의 지배하에 있는 여성 연예인을 착취하고 괴롭혀 끝내 죽음으로 내몬 것으로 의심된 소속사 대표의 혐의가, 이 중학생 가해자들의 잘못보다 가벼울까? 경찰과 검찰, 그리고 법원은 오직 '장자연 리스트'에 오른 고위직 인사들 보호에 급급한 나머지 김씨에 대한 단죄를 엄하게 할 수 없었던 것은 아닐까?

2013년 2월 8일 서울고등법원은 〈조선일보〉와 방상훈 사장이 KBS, MBC 등을 상대로 낸 명예훼손 손해배상 청구소송에서 "〈조선일보〉 방상훈 사장이 고 장자연 씨로부터 성 상납을 받았다는 보도 내용은 허위사실이지만, 공익성과 상당성 등 위법성 조각 요건을 갖춰 보도한 언론사 등에 책임을 물을 수는 없다"는 '솔로몬의 판결'을 내렸다. 그렇다면, 법정에서 친필로 확인된 장자연 씨 유서에 담긴 성 상납 강요 사건의 실체와 가해자들은 무엇이고 누구인가? 못 밝히는가, 아니면 안 밝히는가? 이와 관련해 한때 '모래시계 검사'로 이름 높았던 홍준표 경남도지사는 2002년 김씨의 연예인 성 상납 사건을 제대로 수사해 처벌했으면 이런 일이 없었을 것이라고 말했다. 당시 홍 도지사가 언급한 3명의 민주당 소속 국회의원은 누구인가? 진정 장자연 씨 죽음을 애통해한다면 지금이라도 밝혀야 한다. 한 연예인을 죽음으로 내몬 이 사건의 열쇠로, 모든 진실을 알고 있는 유일한 사람으로 지목되고 있는 당시 기획사 대표 김씨는 지금이라도 어떤 일이 벌어졌는지를 소상히 밝혀야 한다. 경찰과 검찰은 재수사를 통해 김씨로 하여금 진실을 밝히도록 해, 책임 있는 자에게 법의 엄정한 단죄가 내려지도록 해야 한다. 그래서 대한민국이 법치국가라는 사실을 입증하길 촉구한다.

0**10**

파출소장 딸 살인 사건과 만들어진 범인

7번방의 선물,
그리고 정원섭 씨

경찰청장의 초등학생 딸이 숨진 채 발견되자 세상은 발칵 뒤집힌다. 불같은 상부의 지시에 경찰은 현장에서 잡혀온 지적 장애 남자를 서둘러 범인으로 발표하고 그는 구속 기소된다. 폭력과 협박에 내몰린 남자는 자신의 딸을 보호하기 위해 법정에서 허위자백을 한 뒤 형장의 이슬로 사라진다. 2013년 초 개봉해 관객 1,200만 명을 돌파한 영화 〈7번방의 선물〉 줄거리다.

이 영화 내용과 거의 똑같은 사건이 실제 일어났다. 1970년대 서슬퍼런 박정희 군사정권 시절 얘기다. 1972년 9월 27일 강원도 춘천시우두동에서 춘천경찰서 역전파출소장의 초등학교 2학년 아홉 살 딸이실종됐다. 파출소장 가족과 경찰관들, 주민들은 수색에 나섰고, 이틀뒤인 29일 마을에 있는 춘천 측후소 뒤편 농로에서 싸늘하게 식은 나체 상태의 주검으로 발견됐다. 국립과학수사연구원의 부검 결과, 피해 어린이는 성폭행을 당한 뒤 살해됐다. 경찰 간부의 어린 딸이 성폭행 뒤 살해당해 나체 상태의 주검으로 발견된 충격적인 이 사건은 신문과 방송에서 연일 대대적으로 보도됐다.

사건 해결의 실마리는 도무지 나타나지 않았다. 9월 30일, 치안을 책임진 김현옥 내무장관에게 보고를 받은 박정희 대통령은 크게 화를 내곤 '조속히 해결하라'고 지시했다. 대통령의 불호령에 놀란 내무장관은 치안본부장지금의경찰청장을 불러 '열흘 안에 범인을 잡으라'고 명령했다. 10월 10일, 정확하게 열흘 만에 범인이 검거됐다. 피해 어린이가 자주 찾던 동네 만홧가게의 주인 정원섭당시38세 씨였다.

종업원들의 진술과 아들의 연필 한 자루

경찰의 수사 결과 발표에 따르면, 피해 어린이는 사건 당일 학교에서 귀가하던 길에 '만홧가게에 들러 텔레비전을 보고 가겠다'며 친구들과 헤어졌다. 이후 평소에 자주 가던 만홧가게에 들른 피해 어린이는 "오늘 우리 집 텔레비전이 잘 안 나오니 다른 가게에 가서 함께 보자"는 정씨의 손에 이끌려 측후소 뒤 농로까지 가게 됐다는 것이다. 정씨는 그곳에서 피해자를 강간한 뒤 처벌이 두려워 목 졸라 살해하고 옷을 다 벗긴 뒤 도주했다. 정씨의 만홧가게에서 일하던 종업원들도 정씨가 평소 만홧가게를 찾는 여자 어린이들에게 수시로 성추행을 했고, 사건 당일 피해 어린이를 데리고 나가는 것을 봤다고 진술했다. 게다가 경찰은 피의자 정씨의 아들을 범행 현장에 데려가 '연필' 하나를 찾아 제시한 뒤 "이게 네 연필이 아니냐?"고 물었다. 정씨의 아들은 "맞아요"라고 답했고, 이 '연필'은 유일하고 결정적인 '물증'이 되었다.

영화 〈7번방의 선물〉의 예승이는 무고한 아빠가 억울한 사법 피해자가 되는 걸 막지 못한 미안함이 커서 나중에 변호사가 되어 누명을 풀어주며 관객의 애잔한 슬픔과 연민의 대상이 되었다. 하지만 정원섭 씨의 아들은 자기 연필을 내미는 경찰 앞에서 거짓말하지 않았다는 이유로 자신의 아버지를 살인범으로 만들었다는 씻기 힘든 죄책감을 평생 안고 살아야 했다. 결국 여러 명의 목격자와 움직일 수 없는 물증 앞에서 정씨는 범행을 '자백'했고, 경찰에게서 사건을 넘겨받은 검찰 역시 경찰 수사 결과를 그대로 받아들여 기소했다.

법정에서도 마찬가지였다. 서슬 퍼런 유신독재 시대, 경찰 간부의 딸이 참혹하게 강간 살해된 사건, 제왕 같은 대통령의 불호령이 내려진 사건이었다. 당시 법정에서는 몇몇 핵심 목격자들이 진술을 번복했다가 검사가 윽박지르자 다시 원래 진술로 돌아가는 해프닝도 벌어졌다. 피고인 정씨가 경찰과 검찰의 고문에 의한 거짓자백임을 주장하기도 했다. 결국 법원은 유죄판결과 함께 무기징역을 선고했다. 이 사건이 영화와 다른 점이라면 피고인 정씨에게 지적 장애가 없고, 사형이 아닌 무기징역형을 선고받았으며, 피해자가 경찰청장의 딸이 아닌 파출소장의 딸이었다는 점 정도일 것이다.

정씨는 누구보다 성실하게 수감 생활을 했다. 말도 별로 없었고, 모든 규정과 교도관들의 지시를 정확하게 준수했으며, 기독교도로서 신앙생활도 열심히 했다. 정씨는 원래 신학교를 다니던 '예비 목사'였다. 극심한 생활고를 견디다 못해 신학교를 포기하고 만화방을 차린 것이었다. 모범수로 선정돼 대통령 특별사면 명단에 포함된 정씨의 형량은 유기징역의 상한인 15년으로 감형됐다. 1987년, 수감된 지 15년 만에 그는 세상에 나올 수 있었다. 그는 그동안 가족에게 "나는 범인이 아니야, 날 믿어줘"라고 진심을 담아 호소했고, 가족은 그를 끝까지 믿어주었다. 그의 아내는 사건 직후 교통사고를 당해 한쪽 다리가 불구인 장애인이 되어 있었다. 오랜 기다림 끝에 남편과 아버지를 다시 만난 가족은 하염없이 흐르는 눈물을 주체할 수 없었다. 하지만 그는 울지 않았다. '이제부터 내 명예를 되찾는 일을 시작해야 해'라는 결심을 다지고 있었기 때문이다. 처음에 정씨는 기독교 교화위원 목사들의 권고로 '모든 것을 잊고 다 용서하자'며 마음을 추스르려고 무진 애를 썼다. '너무나 억울해서' 그게 잘 안 됐다. 15년 세월 동안 교도소 담장 밖으로 나가 '진실을 밝히고 명예를 되찾겠다'는 생각뿐이었다. 출소 뒤에도 교화위원 목사의 권유로 신학교에 복학한 뒤 목사 자격을 획득하는 등 모두 다 잊고 용서해보려고 노력하기도 했다. 도저히 그럴 수 없었다.

39년 만의 무죄 확정, 그리고 검찰의 항소·상고

1999년 11월, 정씨는 서울고등법원에 자신에게 내려진 유죄판결은 잘못되었다며 다시 재판을 열어 진실을 밝혀달라는 '재심청구서'를 제출했다. 법원은 2년 동안의 검토와 심리 끝에 2001년 10월 '이유 없다'며 기각했다. 그는 포기하지 않고 다시 대법원에 '서울고등법원의 재심청구 기각은 부당하다'며 재항고를 했지만 대법원 역시 재심청구를 기각했다. 2003년 12월이었다. 정씨는 허탈하고 억울했다. 크고 깊은 상실감이 몰려들었다. 교도소에 수감되어 있을 때도 '다 포기하고 차라리 죽어버리자'는 심정이 차오른 적이 많았지만 '자유를 얻은 뒤 재심을 청구해 진실을 밝히고야 말겠다'는 의지로 버텨왔다. 그 모든 희망이 물거품처럼 사라지는 것이 아닌가?

노무현 대통령의 참여정부 때에는 '진실·화해를 위한 과거사 정리위원회'가 있었다. '군사독재와 권위주의 정권 시대에 행해진 의문사와 사법조작 사건의 진실을 밝히고 가해자의 사죄 및 피해자의 용서를 통한 화해를 이끌어내 과거사를 극복하고 사회통합을 이뤄 미래로 나아가자'는 취지로 설립된 기구로, 주로 정치적인 사건을 다뤘다. 정원섭 씨는 2005년, 마지막 '지푸라기라도 잡는 심정'으로 진실화해위의 문을 두드렸다. 그리고 가족과 일부 언론 이외에 자신의 주장을 귀담아들어 주는 사람을 처음으로 만났다. 위원회는 이 사건에 대한 조사를 시작했다. 당시 경찰관들을 만나 정씨가 주장하는 '고문' 방식이 실제 수사 과정에 사용됐다는 진술도 확보했고, 당시 유죄판결의 결정적 근거였던 '목격자 진술'을 했던 만홧가게 종업원들로부터 "경찰과 검찰의 압박과 위협, 회유, 감금과 폭행 때문에 거짓말을 했다"는 참회의 고백도 받아냈다. 무엇보다도 당시 피해 어린이의 주검과 사건 현장에서 범인의 정액이 발견됐고, 국과수의 분석 결과 범인의 혈액형이 A형으로 확인됐다는 기록을 찾아냈다. 너무나 놀랍고 어처구니없었다. 정씨의 혈액형은 B형이었다. 처음부터 경찰과 국과수, 검찰은 정씨가 범인이 아니라는 것을 알고 있었다는 얘기다. 진실화해위는 사법부에 조사 결과 보고서와 함께 '재심권고 의견서'를 제출했다.

2007년 11월, 사법부는 진실화해위의 재심권고를 받아들였다. 35년 만에 다시 춘천지방법원에서, 정원섭 씨의 강간치사 혐의 사건 재심 제1심 재판이 열렸다. 재판부는 진실화해위의 조사 결과를 대부분 그대로 인용해 피고인 정원섭에게 '무죄'를 선고했다. 2008년 11월, 그러니까 처음 유죄판결을 받은 지 36년 만이었다.

재판부^{재판장 정성태 부장판사}는 판결을 내리면서 "신의 눈을 갖지 못한 재판부로서는 감히 이 사건의 진실에 도달했다고 자신할 수는 없다. 다만 한 가지 분명한 것은 대한민국의 헌법과 법률이 규정한 적법절차의 원칙에 따르자면 검사가 제출한 증거들은 증거로 사용될 수 없거나 믿을 수 없는 것이어서, 그것들만으로 피고인의 유죄를 인정할 수 없다. 이 사건 수사 과정에서 자신이 마땅히 누려야 할 최소한의 권리와 적법절차를 보장받지 못한 채 고통을 겪었던 피고인이 마지막 희망으로 기대었던 법원마저 적법절차에 대한 진지한 성찰과 고민이 부족했고 그 결과 피고인의 호소를 충분히 경청할 수 없었다는 점에 대해서는 어떠한 변명의 여지도 없다"는 매우 이례적인 자기반성을 했다.

검찰은 무죄판결을 '결코 받아들일 수 없다'며 즉각 항소했다. 2009년 2월 서울고등법원 재판장 이기택 부장판사에서의 판결도 '무죄'였다. 검찰은 다시 상고했다. 2011년 10월 27일 대법원 주심 안대희 대법관 역시 원심을 확정해 더 이상 뒤집거나 이론을 제기할 수 없는 최종 확정 '무죄' 판결을 내렸다. 그의 나이 77세, 파렴치한 어린이 강간 살인범으로 낙인찍힌 지 39년 만이었다.

정씨는 무죄 확정판결이 내려진 뒤 언론과의 인터뷰에서 성경 구절을 인용하며 자신을 고문해 거짓자백을 하게 만들고, 목격 진술과 증거를 조작해 엉터리 판결이 내려지도록 한 경찰관들과 검사를 '용서하겠다'고 밝혔다. 너무 늦기는 했지만 누명이 벗겨지고 명예가 회복된 것에 만족한다는 말을 덧붙였다. 그가 지난 39년 동안 가슴에 품고 있었을 《명심보감》 속 한마디도 잊지 않았다. "하늘은 옳지 못한 사람을 반드시 죽인다." 若人 作不善 天必戮之·악인 작불선 천필륙지

박탈당한 자유와 명예는 보상 가능한가

그렇다면 '민주주의 법치국가'에서 결코 일어나서는 안 되는 국가 권력의 사법조작으로 피해를 입은 정씨는 법에 따라 어떤 보상을 받을

수 있을까. '형사보상'은 국가가 수사, 재판 등 형사 사법권의 행사를 잘못해 부당하게 구금이나 징역 등 형벌의 집행을 받은 피해자에게 국가가 해당 손해를 배상하는 제도다. 정씨 같은 경우가 여기에 해당하는데, 무죄판결을 받았다고 해서 자동적으로 지급되는 것은 아니다. 무죄 확정판결로부터 5년 이내, 혹은 무죄판결이 났다는 사실을 알게 된 날로부터 3년 이내에 법원에 청구해 그 결정을 받아야 한다. 형사보상 액수는 구금된 일수 곱하기 구금 당시 최저임금의 다섯 배 범위 내에서 정하도록 규정되어 있다. 이에 따라 2013년 7월, 정씨가 국가를 상대로 낸 손해배상 청구소송에서 재판부는 정씨에게 26억 3,752만 원을 배상하라고 판결했다. 과연 이런 금액으로 자유와 명예를 송두리째 박탈당한 피해가 회복될까?

우리는 종종 외신을 통해 유럽, 미국의 사법 피해자가 천문학적인 보상금을 받았다거나 지방자치단체가 사법 피해자에 대한 거액의 배상액 때문에 파산 위기에 몰렸다는 소식을 접한다. 2013년 3월, 미국 클리블랜드에서 살인죄의 누명을 쓰고 11년 6개월 동안 교도소에 수감됐다가 끈질긴 법정투쟁 끝에 무죄판결을 받은 데이비드 에이어스가 클리블랜드 시로부터 143억 8,000만 원을 배상받았다. 실제 손해액뿐 아니라 고의나 악질적인 잘못에 대해 벌하는 의미로 엄청난 배상액을 부과하는 '징벌적 손해배상' punitive damage 제도 때문이다. 공정하고 신중한 수사와 기소, 재판을 통한 사법 피해 방지를 위해 참고할 부분이다. 국가가 배상하면 당연히 경찰관이나 검사 등 그 책임자에게 돈을 물어내라는 '구상권' 행사가 이뤄진다. 비록 직권남용이나 독직폭행 등의 '사법 범죄'의 공소시효가 지나 그들을 처벌하지 못한다 하더라도, 국가는 구상권 행사를 통해 그 잘못을 응징해야 한다. 그것이 '죄에 부합하는 벌'이 내려지는 정의사회다.

제2부

정의는
천천히
온다

001

한국판 'O. J. 심슨' 꿈꾼 닥터 백

만삭 아내
살해 사건

원인 모를 사망 사건 현장에 출동한 경찰은 보통 가장 먼저 의사를 찾는다. 과학수사대[CSI]가 시신에 생긴 상처와 시체 현상을 살피고 사망 원인이나 시간 등에 대한 의견을 제시하지만 전문 자격을 갖춘 의사의 판단을 대신할 순 없다. 국립과학수사연구원 법의관이 일선 현장에 매번 나올 수도 없는 실정이다. 이런 경우에 대비해 각 경찰서에서는 관내에 있는 의사 중 현장에 나와 시신을 살펴보고 1차 소견을 제시해 줄 사람을 '공의'로 위촉한다. 그런데 이번 사건은 신고자가 의사였다.

사망 시간, 넓은 오차 범위의 딜레마

2011년 1월 14일 오후 5시께 서울시 마포구 도화동의 한 아파트에 살던 의사 백 아무개 당시 31세·서울의 한 대학병원 전공의 4년 차 씨는 인근 도서관에서 전문의 시험공부를 하고 집에 돌아왔다. 그는 집 안 욕조에서 숨져 있는 아내 박 아무개 당시 29세 씨의 주검을 발견하고 경찰에 신고했다. 현장에 도착한 순찰 경찰관들에게 의사 백씨는 의학용어를 사용해가며 갑상샘 질병을 앓고 있던 만삭인 아내가 '급성빈혈 등의 이유로 욕조에서 넘어지며 의식을 잃고 목이 꺾여 호흡을 못 하게 돼 사망한 것'이라고 설명했다. 수긍이 갔다. 하지만 변사 사건 수사의 '절차'는 다 지켜져야 했다. 경찰관들은 현장 파악을 간단히 한 뒤 경찰서에 보고했고, 곧 강력팀 형사들과 과학수사대가 도착했다.

현장에 도착한 형사들과 과학수사 요원들은 아파트의 베란다 창문과 출입문 등 외곽부터 집 안 구석구석까지 조사했다. 뚜렷한 침입이나 격투의 흔적은 나오지 않았다. 일단 강도나 절도 목적으로 누군가가 침입하지는 않은 것으로 판단됐다. 사망 원인 파악을 위해서 부검이 필요하다는 결론이 내려졌고, 검사의 지휘를 받아 국립과학수사연구원에서 부검이 진행됐다. 아무리 의사인 남편이 '스스로 욕조에서 쓰러져 숨진 것'이라고 결론 내렸다고 해도, 경찰이 남편 말만 믿고 사건을 종결할 수는 없는 것이었다.

특히, 욕조에 가로로 누워 발은 욕조 밖으로 내놓고 목은 매우 부자연스럽게 꺾여 있는 자세가 의문스러웠다. 만삭인 아내가 사망했는데 슬픔과 충격에 빠지기보다 '사고에 의한 자연스러운 사망'이라고 설명하는 데 열중하는 남편의 모습도 의심을 불러왔다. 물론 부검 결과,

다른 사람의 힘이 작용하지 않고 피해자 스스로 쓰러져서 생긴 '자세 이상 때문에 발생한 질식사'로 사망 원인이 추정된다면 이 모든 의심과 의문은 해소될 것이었다.

2월 1일 경찰에 전달된 국과수의 부검 결과는 '경부압박 질식사', 즉 누군가 피해자의 목을 졸라 살해했다는 소견이었다. 피해자의 목 피부가 벗겨졌고, 오른쪽 목 안 근육 속에서 출혈이 발견된 것이 결정적인 근거였다. 이 밖에도 얼굴과 머리 부위에서 발견된 다섯 군데의 출혈은 '전형적인 목조름의 흔적'으로 해석됐다. 정수리와 뒤통수에서도 상처가 발견됐다. 무엇인가 '둔탁한 물건'에 타격을 당한 상처였다. 피해자의 얼굴 여러 군데에서도 멍과 상처가 보였다. 부검의들은 '누군가에게 구타를 당한 흔적'으로 풀이했다. 무엇보다 결정적인 증거가 피해자의 손톱 밑에서 발견됐다. 피부조직이었다. 자신의 피부가 아니라면 가해자의 것일 가능성이 높았다.

문제는 '사망 시간'이었다. 경찰이 유력한 용의자로 보는 남편의 경우 사건 발생 당일 아침 6시 40분에 집을 나선 것이 확인됐다. 아파트 현관에 설치된 CCTV에 그의 모습이 찍힌 것이 아침 6시 41분이었다. 그런데 '사망 시간 추정'이라는 것이 법의학의 취약 영역으로, 늘 '오차 범위'를 안고 있는 게 문제다. 영구미제로 남게 된 '치과의사 모녀 피살 사건'이나 결과적으로 엉뚱한 사람에게 누명을 씌우게 된 '김 순경 사건' 등은 모두 '사망 시간 추정'의 오차가 만들어낸 비극이었다. 경찰과 국과수는 신중했다. 시반^{사망 직후 주검에서 관찰되는 반점}과 시체강직 등 시신 현상 및 직장 온도, 음식물 소화 상태 등을 종합적으로 분석하는 한편 피해자의 옷차림과 생전 지인들과 연락했던 일, 그리고 CCTV 등 인적·물리적 증거도 참조했다. 결과적으로 피해자가 남편과 함께 귀가한 1월 13일 오후 6시께부터 다음 날 아침 7시 사이라는 매우 폭넓은 사망 추정 시간이 제시됐다.

혈흔, 긁힌 상처, 잠옷, 손톱 밑 피부조직…

경찰은 국과수의 부검 결과 '살인'이라는 소견이 제시되자 용의점을 두고 내사를 벌인 남편 백씨의 체포영장을 신청했다. 백씨가 줄곧 자신의 범행을 부인하며 사고사라는 주장을 굽히지 않았으므로 도주 및 증거인멸의 우려가 있었기 때문이다. 경찰은 그동안 피해자 부부의 아파트에 대한 정밀 감식과 용의자인 남편 백씨에 대한 내사를 실시해 정황증거를 수집해왔다.

경찰은 침실과 침대에서 혈흔을 발견했다. 주검의 최초 발견자이며 신고자이고 피해자가 살아 있는 모습을 마지막으로 본 목격자인 남편 백씨에 대한 신체감정 결과, 팔과 얼굴에서 최근에 무엇인가에 긁힌 뚜렷한 상처를 확인했다. 숨진 아내 박씨의 친정 가족들과 남편 백씨 주변 사람들에 대한 조사에서도 살인의 '동기'와 '정황'이 될 수 있는 사실들이 속속 드러났다. 우선, 아침 6시 40분 집을 나설 때까지 부인 박씨가 무사하게 살아 있었다는 남편 백씨의 진술에 의문이 제기됐다.

피해자 박씨가 입고 있던 옷이 '잠옷'이었다. 경기도 안양에 있는 어린이 영어학원 교사인 박씨가 늘 아침 일찍 출근하는 습관과 눈이 내려 평소보다 더 일찍 화장하고 정장을 입었을 필요성 등을 고려할 때 잠옷은 이해할 수 없다는 주장이 제기됐다. 학원 관계자들은 사건 당일 박씨가 출근하지 않아 "계속 집과 남편 백씨에게 전화했지만 전화를 받지 않아 이상하게 생각했다"고 진술했다. 피해자 박씨의 친정 식구들 역시 사건 당일 하루 종일 전화를 했지만 딸과 사위 모두 전화를 받지 않아 걱정했다고 말했다. 사위 백씨는 오후 4시 50분이 되어서야 장모에게 전화를 걸어 아내가 출근도 하지 않고 연락도 닿지 않아 걱정이라는 이야기를 듣고 귀가했다.

특히, 박씨 친정 가족들에 따르면 평소 백씨는 전문의 시험에 자신이 없어 걱정이 많았고, 사건 전날 치렀던 전공의 시험도 잘 치르지 못해 떨어질 가능성이 높았다는 것이었다. 만약 전공의 시험에 떨어지면 군의관으로 가지 못해 치러야 할 병역 때문에 아내와 곧 태어날 아기와 떨어져 지내야 해 스트레스를 심하게 받고 있었고, 부인과도 갈등과 다툼이 심했다고 친정 가족들은 전했다. 더구나 중요한 시험을 앞두고 있으면서도 밤새도록 컴퓨터 게임만 해 아내 박씨의 맘이 많이 상했는데, 아마 사건 당일 이런 문제들이 한꺼번에 폭발해 심한 부부싸움을 벌였으리라는 것이 박씨 친정 식구들의 주장이었다. 무엇보다 숨진 박씨의 손톱 밑에서 발견된 피부조직을 분석한 결과, 남편 백씨의 DNA가 검출됐다. 법원은 남편 백씨의 체포영장을 발부했다.

경찰은 체포영장을 발부받은 이튿날인 2월 2일, 백씨를 체포해 조사했다. 국과수 부검 결과와 불리한 정황증거, 지인들의 진술, 그리고 숨진 부인의 손톱 밑에서 발견된 자신의 피부조직 등 쏟아지는 증거들 앞에서도 백씨는 결백을 주장했다. 백씨가 선임한 변호인 역시 기자들 앞에서 공개적으로 경찰 수사를 공격하며 무죄 입증을 자신했다. 대법원에서 최종 무죄판결이 내려진 1995년 '치과의사 모녀 피살 사건'의 판박이가 될 것이라는 주장이었다.

우선 백씨와 변호인단은 사망 원인이 '목조름에 의한 살인'이라는 국과수의 소견이 틀렸음을 입증할 것이라고 자신했다. 덧붙여 '만약에 살인이라 하더라도' 남편 백씨가 아닌 제3자의 소행 가능성을 배제할 수 없는데, 경찰이 그 '다른 가능성'에 대해서는 충분히 수사하지 않았다고 주장했다. 또한 백씨의 팔과 등에 난 상처는 피부질환 때문에 긁어서 생긴 것이며, 얼굴의 상처는 '찬장 모서리'에 부딪쳐서 난 것이고, 숨진 박씨의 손톱 밑에서 발견된 피부 조각은 생전에 박씨가 남편 백씨의 '가려운 등을 긁어주다가 들어갔을 것'이라고 해명했다. 피해자 박씨가 출근 준비를 마쳤어야 할 시간에 잠옷 차림이었던 상황에 대해서 백씨는 "그날따라 부인이 출근 준비를 하지 않고 텔레비전을 보면서 나를 배웅했다"고 주장했다. 백씨는 검찰 수사를 받고 구속 기소됐지만 법정에서 강하게 반격할 것임을 예고했다.

이 사건은 마치 너무도 명백해 보이는 유죄의 증거 앞에서도 최고의 변호인단을 내세워 치열한 법정 공방을 벌이며 전 세계의 이목을 집중

시킨 끝에 충격적인 무죄판결을 이끌어낸 1994년 미국 'O. J. 심슨'
사건을 연상케 한다. 피고인 백씨와 변호인은 피해자 박씨의 '사망 원
인'에 대한 국과수의 부검 결과를 집중적으로 공격했다. 그들이 활용
한 회심의 카드는 외국의 권위 있는 법의학자였다. 7월 21일 세 번째
공판에서 피고인 쪽 요청으로 증인석에 선 사람은 캐나다의 법의학자
마이클 스벤 폴라넨 박사토론토대 법의학센터장였다. 왕복 항공료와 체재비,
사례비 등을 고려하면 피고인 '닥터 백'은 엄청난 비용을 치른 셈이었
다. 폴라넨 박사를 초청한 이유는 그가 '이상자세에 의한 질식사'에
대한 논문을 쓴 적이 있고, 다른 법의학자들과 달리 외국 사건에 자문하
거나 진술하는 것을 마다하지 않는 적극성으로 유명하기 때문이었다.

　검찰 쪽에서는 국과수 박재홍 법의관과 서울대 의대 이윤성 교수를
증인으로 신청했다. 이례적으로 한국-캐나다 법의학자들의 '대결'이
펼쳐진 것이다. 양국 법의학자들은 시신의 상태와 상처, 시체 현상의
해석에서 팽팽하게 맞섰다. 폴라넨 박사는 피해자 박씨의 시신이 발견
된 자세가 '전형적인 이상자세 질식사'에 해당하며, 목의 상처와 멍,
얼굴의 출혈 현상, 시반 등이 모두 미약하기 때문에 '목조름'에 의한
것이라기보다 쓰러진 이후 의식을 잃고 목이 꺾여 숨을 쉬지 못하는
'이상자세'에 의해 발생한 질식사의 징후로 보인다고 주장했다. 반면
한국 법의학자들은 시신의 목 피부가 벗겨진 것은 결코 '이상자세 질
식사'로 인해 발생했다고 볼 수 없고 이제까지 발생한 '이상자세 질식
사'에는 모두 만취, 약물중독 등 의식을 잃게 하는 선행요인이 있는데

피해자 박씨에게선 발견되지 않았다며 맞섰다. 피고인 백씨 역시 자신의 의학 지식을 총동원하며 직접 증인들에게 질문 공세를 펼쳤다. 치열한 법정 공방 끝에 2011년 9월 15일 1심 선고 공판이 열렸다. 서울서부지법 형사 12부^{재판장 한병의 부장판사}는 피고인 백씨의 살인 혐의에 대해 유죄를 판결하고 징역 20년 형을 선고하며 한국 법의학자들의 손을 들어주었다.

백씨는 억울하다며 즉각 항소를 제기했다. 검찰 역시 죄질에 비해 형량이 너무 가볍다며 항소했다. 항소심을 담당한 서울고등법원 형사 6부^{재판장 이태종 부장판사}는 원심과 같은 징역 20년 형을 선고했다. 피고 측은 다시 상고했고, 2012년 6월 대법원 1부^{주심 이인복 대법관}는 사망의 원인, 살인 동기 및 사망 시간 등에 대해 '재심리가 필요하다'며 사건을 고등법원으로 파기 환송했다. 피고인 백씨는 환호했다. 그 환호는 얼마 가지 않았다. 2013년 4월 26일, 대법원 2부^{주심 김소영 대법관}는 증거와 논리를 보강한 검찰 쪽의 입증이 충분하다고 판단해 원심대로 징역 20년 형을 확정 판결했다.

공판중심주의와 무죄추정의 원칙

일부에서는 만삭 부인을 살해한 패륜적인 범죄 혐의가 명백한데도 전혀 반성의 기미를 보이지 않고 법정 다툼을 하는 의사 백씨에 대해 도덕적인 비난을 퍼부어댔다. 사랑하는 딸을 잃은 피해자 박씨의 부모

역시 그 과정에서 너무 많은 심적 고통에 시달렸다. 하지만 이 사건을 둘러싸고 벌어진 치열한 법정 공방은 대한민국의 사법 제도와 관행의 관점에서 본다면 의미가 있었다. 죄의 유무를 공개 법정에서 가리는 '공판중심주의' 와 유죄판결 이전까지는 무죄로 간주하는 '무죄추정의 원칙' 을 우리 헌법과 형사소송법은 천명하고 있다. 그럼에도 불구하고 그동안 경찰과 검찰의 수사 과정에서 거의 모든 것이 결정돼, 재판은 '검찰이 제시한 공소장과 증거들을 검토하는 역할' 에 그치는 등 그 형태만 남아 '형해화' 形骸化되었다는 비판이 제기돼왔기 때문이다.

물론 피의자혹은 피고인 입장에서는 '무죄' 라는 최상의 결과를 얻기 위해 정면승부를 벌였다가 유죄판결을 받을 경우, 형의 감경 등 선처를 기대할 수 없고 오히려 죄질이 무거워져 가중처벌을 받을 수 있다는 위험부담을 감수해야 한다. 따라서 피의자혹은 피고인는 이런 '게임의 법칙' 을 변호인의 조력 등에 의해 알고 합리적인 판단을 거쳐 무죄 주장을 할지, 유죄를 인정하고 선처를 호소할지 스스로 결정해야 한다. 이러한 '원칙' 이 준수될 때 비로소 신이 아닌 인간이 판단하는 법정에서 진실이 드러날 가능성이 최대한으로 높아지게 된다.

이 사건의 경우, 피고인 백씨는 의사로서의 전문 지식과 변호인의 자신만만한 태도를 믿고 모든 것을 걸었다. 딸을 잃은 장인 장모의 한 서린 눈빛과 고통 속에 생을 마감한 아내의 원혼, 채 태어나지 못한 새 생명의 울음소리도 물리치고, 자신의 미래와 가족과 세상 사람들의 평가를 지키겠다고 결정한 것이다. 그 결정으로 인해 넉넉지 못한 가정

형편에 천문학적인 변호 비용을 부담하고도 끝내 참담한 결과를 받아들여야 했던 백씨 부모의 절망, 경찰과 검찰의 수사 비용과 피해자 가족의 고통, 사회적 공분 등의 문제가 야기됐다. 우리는 이 모든 비용을 '손실'로 처리해서는 안 된다. 우리 형사 사법 제도를, 죄지은 자는 반드시 법의 심판을 받고 무고한 사람은 누명을 벗을 수 있는 '정의로운 시스템'으로 발전시키는 동력으로 삼아야 한다.

002

증거 없이 살인죄를 적용할 수 있을까

이종운 변호사
실종 사건

서울 서초동에서 법무법인을 운영하던 임용 3년 차인 이종운 변호사^{당시 33세}는 성실하고 일 잘하기로 소문난 사람이었다. 수입도 억대에 이르고 곧 결혼할 미모의 약혼녀까지 있어서 주변의 부러움을 많이 사던, '엄친아'의 전형이었다. 이 변호사는 2004년 7월 31일부터 1주일간 여름휴가를 떠나기로 했다. 그런데 휴가 이틀 전인 29일, 그가 사라졌다. 누군가의 전화를 받고 서둘러 퇴근한 뒤, 휴가가 끝나고도 출근을 하지 않고 연락도 닿지 않은 것이다. 곧 고향에 있는 이 변호사 가족에게 연락이 갔고, 수소문한 끝에도 이 변호사의 흔적을 찾지 못한 가족들은 경찰에 실종 신고를 했다.

당시만 해도 경찰은 '범죄 연루 정황이 발견되지 않은 성인 남성의 실종'에 대해서는 웬만해서 즉각적인 수사를 실시하지 않았다. 수사

인력과 비용, 시간이 부족하기도 하거니와 자칫 잘못하면 가족이나 지인 간의 사적인 다툼에 경찰이 도구로 이용되고, '사생활 침해'의 문제로 귀결될 수도 있기 때문이었다. 하지만 이 사건은 가족과 이 변호사의 법무법인이 보인 깊은 우려와 전후 정황에 의문이 남아 경찰이 즉각 내사에 착수했다.

법무법인 직원들은 이 변호사가 29일 누군가의 전화를 받고 이른 시간에 퇴근했다고 전했다. 직원들은 이 변호사가 "내일 봅시다"라는 말을 남겨 휴가 전날인 30일에는 출근할 것으로 확신했다고 진술했다. 가족 역시 이 변호사가 결혼을 2개월 남겨두고 있고, 직장이나 주변과 아무런 문제도 없었기 때문에 '스스로 잠적할 이유가 전혀 없다'고 주장했다.

약혼녀 최씨와 그녀의 동거남

중견 인터넷 관련 회사에 웹디자이너로 재직하던 이 변호사의 약혼녀 최 아무개^{당시 30세} 씨의 말은 달랐다. 최씨는 이 변호사와 2년간 교제했고 결혼을 약속한 사이였다. 이 변호사가 자신에게 결혼을 전제로 '3억 원의 돈과 고급 승용차, 큰 사무실' 등을 요구했는데 자신에게 그런 경제적 능력이 없다고 했더니 결혼을 다시 생각해보자며 가버렸다는 것이었다. 최씨는 헤어지기 직전 현금 5,000만 원을 인출해서 이 변호사에게 주었고, 이 변호사가 아마도 그 돈으로 '장기간 잠적 중인 것

같다'고 경찰에 진술했다. 경찰은 이 변호사의 사무실이나 집 어디에서도 범죄 흔적을 찾지 못했고, 주변 사람들의 진술에서도 범죄 연루 정황을 확보하지 못했다. 자기 보호 능력이 있는 성인 남성의 실종이고, 가장 가까운 약혼녀의 진술에 신빙성이 있다고 판단해 일단 이 사건을 '자발적 가출'로 보고 내사를 종결했다.

이 변호사의 가족은 경찰에 수사 재개를 지속적으로 요청했다. 이 변호사의 실종 이후 약혼녀 최씨의 의심스러운 행동과 주변 정황들을 알게 됐다며 경찰에 단서와 근거들을 제기했다. 이 변호사가 돈을 요구했다는 약혼녀 최씨의 말은 사실이 아니었다. 오히려 경제력이 없는 최씨를 위해 이 변호사가 오피스텔을 구입해 최씨 명의로 해준 사실이 드러났다. '요구사항을 들어주지 않으니 결혼에 회의를 느끼고 잠적했다'는 최씨의 주장도 거짓이었다. 이 변호사와 최씨 사이에는 '혼인신고'가 되어 있었다. 법적으로 두 사람은 이미 '부부'였던 것이다.

경찰은 덮어두었던 사건 파일을 열고 다시 수사에 착수했다. 놀라운 사실들이 속속 드러났다. 두 사람의 혼인신고서에 적힌 '남편 이종운'의 연락처는 다른 남성의 휴대전화 번호였다. 최씨와 동거 중인 남성이었다. 약혼녀 최씨는 이 변호사를 만나는 동안 다른 남성과 동거 중이었다. 최씨는 이 변호사가 실종되기 한 달 전에 최씨 자신을 수익자로 하는 총수령액 15억 원에 이르는 이 변호사 명의의 생명보험에도 가입했나. 이 변호사가 사망하거나 실종 신고 이후 2년 동안 발견되지 않으면 최씨가 거액의 보험금을 받게 되는 상황이었다는 것이 밝혀졌다. 또한 이 변호사가 실종되던 7월 29일 저녁 6시 15분, 최씨 동거남의 차량이 남산 1호 터널 요금소에 설치된 CCTV에 촬영됐다. 최씨로 보이는 여성이 운전을 하고 이 변호사로 보이는 넥타이를 맨 남성이 조수석에 앉아 있었다. 두 사람의 얼굴은 햇빛 차단 필름이 붙여진 부분과 겹쳐 정확하게 식별되지 않았다. 최씨는 그 시간에 경기도 성남시 분당구에 있었다며 사진 속 운전자는 자신이 아니라고 주장했다.

경찰의 의심은 깊어져 갔다. 최씨에게서 의심스러운 정황들이 발견되고 이 변호사가 범죄 피해를 당했을 가능성이 제기되던 9월, 최씨는 경찰에 이 변호사가 보냈다는 '자필 팩스' 메모를 제출했다. "헤어지자. 중언부언하지 말고 이혼하자. 너도 다른 남자 만나라"는 내용이었다. 비슷한 시기에 이 변호사의 고향 집에도 전화가 걸려와 목소리 식별이 어려운, 작고 먼 듯한 음성으로 "종운이에요. 걱정 말아요. 잘 있어요. 다른 여자가 생겼어요. 곧 들어갈게요"라는 짧막한 메시지를 일방적으로 남기고 끊는 일이 발생했다.

실종 당일인 2004년 7월 29일 엘리베이터 CCTV에 이종운 변호사의 마지막 모습이 포착됐다. SBS 〈그것이 알고 싶다〉(341회) 화면 갈무리.

이 변호사가 아직 살아 있고, 스스로 잠적한 것이라는 주장을 뒷받침하는 증거로 제시된 이 두 건의 '연락'은 오히려 경찰의 '합리적 의심'을 불러일으켰다. 메모는 팩스 용지 특유의 잉크 번짐 현상 때문에 육안으로 식별이 어려웠지만, 글자의 크기와 높낮이가 조금씩 달라 부자연스러웠고 단어 사이에 미미한 세로줄이 보이는 등 수상한 점이 있었다. 이 변호사의 고향 집에 걸려온 전화 역시 미심쩍었다. 경찰은 곧 정밀한 과학수사를 개시해 팩스의 글자들이 한 번에 손으로 쓴 것이 아니라, 이미 작성된 글자들을 각기 다른 곳에서 잘라 붙여 '조합'한 것이라는 사실을 밝혀냈다. 이 변호사의 고향 집에 걸려온 전화의 발신지가 서울 잠실 지역에 있는 공중전화라는 사실도 확인했다.

정황만으로 살인죄를 입증할 수 있을까?

경찰은 법원에서 이 변호사와 약혼녀 최씨가 관련된 장소와 금융거래, 통신사실 등에 대한 압수수색영장을 발부받아 본격적인 수사에 돌입했다. 충격적인 증거들이 확보되었다. 이 변호사의 금융거래에 대한 수사 결과, 약혼녀 최씨는 이 변호사가 실종된 지 이틀 후 이 변호사 명의의 신용카드로 백화점에서 명품 가방 등을 구입하며 800만 원이 넘는 '사치 쇼핑'을 했다. 이 변호사의 통장에 남아 있던 200만 원의 현금도 최씨는 모두 인출해서 썼다. 은행에서 이 변호사 명의로 7,000만 원을 대출하려다 심사 과정에서 중단된 적도 있었다. 최씨는 이 변호사의 인감도장과 인감증명서 및 각종 서류를 무단으로 가져다가 이 변호사의 차를 팔아 1,000만 원을 챙기고, 이 변호사가 살던 오피스텔을 전세로 내놓아 6,000만 원의 보증금도 받아 챙겼다. 자신의 주장대로라면 '자진해서 잠적해, 아직 살아 있으며, 언제든 돌아올 수 있는, 남편의 모든 재산과 주거지'를 팔거나 처분해 돈을 챙긴 것이다.

경찰은 최씨의 집을 압수 수색해 이 변호사의 주민등록증과 수첩 등 개인 물품들을 발견했다. 이 변호사가 자필로 연락처나 약속 내용 등 소소한 일상들을 적은 수첩에, 여기저기 찢겨나간 흔적이 남아 있었다. 허위 팩스를 만들어낸 근원임을 알 수 있었다. 경찰은 최씨가 돈을 주고 이 변호사 흉내를 내며 고향 집에 전화를 걸게 한 남자도 찾아냈다. 최씨가 이 변호사와의 혼인신고를 할 때 동행했던 '동거남'과의 관계가 이 변호사를 만난 2년 전 이전으로 거슬러 올라갈 정도로 오래되었으며, 이 변호사가 실종되기 1주일 전에도 두 사람이 이 변호사 몰래 제주도로 2박 3일간 여행을 다녀오기도 했다는 사실이 드러났다.

최씨가 이 변호사를 해치고 그의 재산을 가로채고 보험금까지 노렸다는 경찰 수사진의 심증은 굳어져 갔다. 이를 뒷받침하는 정황증거도 상당히 갖춰졌지만 시신이나 혈흔 등 이 변호사가 '사망했다'는 것을 입증할 증거는 전혀 발견되지 않은 채 시간은 계속 흘렀다. 이 숱한 정황증거에도 불구하고 이 변호사의 시신을 발견하지 못한다면 약혼자 최씨를 기소하지 못하는 것일까?

1954년 영국 웨일스 지방 한 시골 마을에서 농장을 공동 경영하던 폴란드 출신 스타니스와프 시쿠트가 갑자기 실종됐다. 수사에 착수한 경찰은 공동 경영자인 미하일 오누프레이치크가 시쿠트를 살해했다는 '심증'을 굳혔다. 오누프레이치크는 시쿠트가 '폴란드로 돌아갔다'고 주장했다. 경찰은 정밀 수색 결과 농장에 딸린 집 부엌에서 미세한 뼛조각과 벽에 튄 혈흔을 찾아냈고, 오누프레이치크는 기소되었다. 법정에서 오누프레이치크는 그 뼈와 혈흔이 '토끼'의 것이라고 주장했다. 법의학자와 수의사 등 전문가 증인들의 의견은 오누프레이치크의 주장과 달랐고, 결국 살인죄의 유죄판결이 내려졌다. 당시 영국 대법원장 고더드는 "다른 사실들과 마찬가지로, 죽음 역시 정황증거로 입증될 수 있다. 증거들이 오직 한 결론에 도달하고, 이를 배심원들이 인정하는 한, 시신 없이도 살인죄는 인정될 수 있다"고 판시했다.

이 '고더드 원칙'은 지금까지 유용하며, 다른 많은 나라에서도 받아들이고 있다. 1960년 미국의 'People v. Scott 176 Cal. App. 2d 458' 판결에서 "다른 모든 합리적인 가설들을 배제하기에 충분한 정황증거가 있다면, 실종자의 사망과 살인의 발생 및 피고인의 유죄가 입증될 수 있다"고 판시한 것도 같은 맥락이다.

2000년 오스트레일리아에서 로펌의 한 변호사가 실종된 사건이 있었다. 마약범죄 조직원 2명이 피해자의 차를 타고 다니다가 경찰의 불심검문에 걸려 검거됐다. 경찰은 이들이 피해자를 살해하고 시신을 바다에 버려 인멸한 것으로 보고 수사력을 집중했다. 실종된 변호사의 상사인 같은 법률회사 소속 변호사가 이들 마약범죄 조직원들에게 돈을 지급한 증거를 확보한 경찰은, 두 변호사 사이에 심각한 감정적 대립이 있었다는 사실도 밝혀냈다. '범행 동기'를 구축하자 해당 변호사를 살인청부 혐의로 체포해 이미 검거된 마약범죄 조직원들과 함께 기소했다. '시신이 없는' 상태에서 정황증거만으로 진행된 법정 공방은 9년을 끌었고, 결국 2009년 대법원은 '고더드 원칙'에 따라 살인 및 살인청부 혐의에 대해 모두 '유죄' 확정판결을 내렸다.

결국 발견되지 않은 흔적, 그리고 징역 2년

우리나라에도 비슷한 사례가 있다. 2010년 부산에서 발생한 '쉼터 여성 유인 살해 후 화장' 사건이 그랬다. 시신이 이미 화장되어 없고 살인이 이루어졌다는 직접증거가 없지만, 대법원은 피고인 손 아무개 씨에 대해 유죄판결과 무기징역형을 확정했다. 재판부는 "피고인의 살해 동기가 충분하고 독극물 검색 내용과 피해자 사망 당시 증상이 일치한 점 등을 종합하면 피해자의 사망이 살해 의사를 가진 피고인의 행위로 인한 것임이 충분히 증명됐다"고 밝혔다. 주목할 점은 2000년 오스트레일리아 사건을 제외하고 모두 혈흔이나 뼈, 화장한 시신 등 '피해자가 사망했다고 믿기에 충분한 증거'가 발견되었다는 점이다. 이 변호사 실종 사건은 말 그대로 '실종' 이외에 그가 사망했다고 믿을 만한 '물리적 증거'는 없다. 과연 검찰은 이 사건을 '살인죄'로 기소할 수 있을까?

전국 공개 수배를 포함해 경찰의 대대적이고 장기적인 '이 변호사 찾기' 노력에도 불구하고, 이 변호사의 흔적은 발견되지 않았다. 이 변호사의 휴대전화는 경찰의 본격적인 수사가 시작되기 전까지 서울 송파구 일대 여기저기에서 위치 확인이 되었다. 하지만 이 변호사가 휴대전화와 같은 위치에 있었다고 볼 수 있는 근거나 정황은 없었다. 동시에 이 변호사가 사망했다는 근거나 증거도 없었다. 경찰은 일단 이 변호사의 '동의 없이' 그의 신분증과 도장, 증명서 등을 도용해 재산을 사취한 사실과 허위 서류를 작성해 제출한 혐의 등을 '살인의 정황 증거'로 삼아 최씨에 대한 구속영장을 발부받았다. 구속한 뒤 피의자 신문을 통해 최씨의 자백을 이끌어내기 위해서였다. 최씨는 끝까지 혐의를 부인했다. 경찰은 구속 기간 동안 이 변호사의 시신 찾기와 최씨의 자백 확보에 실패하고 사건을 검찰에 송치했다.

검찰 수사 역시 마찬가지였다. 결국 검찰은 치열한 증거와 법리 검토 끝에 '살인죄' 적용을 포기했다. 대신 증거가 확실하게 확보된 사기, 사문서 위조 및 공문서 부정행사 등 다섯 가지 경제범죄 혐의를 적용해 최씨를 기소했다. 최씨는 2005년 11월 열린 1심에서 적용된 혐의 모두 유죄판결을 받았다. 검찰의 구형대로 적용된, 경제범죄에 대한 법정 최고형인 징역 10년을 선고받았다. 매우 이례적인 판결이었다. 검찰이나 재판부나 "시신이 발견되지 않아 살인죄를 적용하지 않을 뿐 '사실상의 살인 혐의 인정'이라는 인식"하에 구형량과 선고 형량을 선택했다.

2006년 1월에 열린 항소심 재판부의 판단은 달랐다. 혹시라도 무죄 판결이 우려되어 '살인죄'로 기소하지 않고, 사기 등 혐의로 기소한 뒤 살인죄의 형량을 선고하는 것은 옳지 않다고 판단한 것이다. 최씨의 형량은 '징역 2년'으로 대폭 감소되었다.

　이 변호사 사건의 진실, 그리고 정의는 무엇일까? 국민의 법감정에 따라 '정황증거가 충분하므로 살인 유죄' 판결을 내려야 할까? '고문을 해서라도 자백을 받았어야' 했던 것일까? 아니면 '99명의 범죄자를 놓치더라도 1명이라도 무고한 누명을 쓰는 일을 막아야 한다'는 법 원칙을 따른 법원의 판단이 옳은 것일까? 결국, 범죄 혐의를 입증할 '증거'를 확보하는 수사 과정의 개선 및 발전이 유일한 답이 될 것이다. 그 시대에 개발되고 검증된 최상의 과학과 기술, 기법을 적용하고, 효율적이면서도 적법한 수사 절차를 엄수해야 한다. 또 가능한 모든 증거를 수집한 뒤 분석하고 피의자나 목격자들의 진술을 통해 수사를 보강해야 한다. 그렇게 해서 얻어진 '종합된 증거의 전체적인 내용'이 판사(혹은 배심원)의 유죄 심증을 이끌어내기에 충분하도록 인간이 할 수 있는 최선의 노력을 다하는 것 말이다.

00**3**

정의는 때로 천천히, 하지만 반드시 온다

불륜 교수의
살인과 도피

낡은 천 년이 끝나고 새 천 년이 시작된다는 '뉴 밀레니엄'의 긴장
과 흥분이 세상을 휘감던 1999년 12월 31일 늦은 오후, 서울시 노원구
중계동의 한 아파트 주민들은 쓰레기를 태우는 듯한 악취에 코를 막아
야 했다. 냄새는 저 아래 분리수거장이 아닌 가까운 집 어딘가에서 연
기와 함께 새어 나오고 있었다. 주민들은 그 냄새가 끔찍한 살인 사건
의 흔적이라는 것을 전혀 짐작조차 하지 못했다.

얼마 뒤 연기와 악취는 잦아들었고, 주민들도 불쾌함을 잊고 연말
축제 분위기로 돌아갔다. 그로부터 2주가 지난 2000년 1월 13일, 그
아파트에 경찰이 들이닥쳤다. 너무 오랫동안 연락이 안 되고 있는 딸
과 손자의 안전이 염려된다는 고향 할머니의 신고전화 때문이었다. 아
무리 초인종을 누르고 전화를 해봐도 안에서는 응답이 없었다. 경찰은

아파트 경비원들을 입회시킨 뒤 잠금장치를 해제해 문을 열고 들어갔다. 거실은 깨끗했다. 하지만 안방 문을 열자 참혹한 광경이 펼쳐졌다. 엄마와 아들로 보이는 두 구의 주검이 이불 위에서 불에 심하게 탄 채 누워 있었던 것이다. 피해자들의 신원은 곧 밝혀졌다. 서울의 한 대학교 배 아무개당시 37세 교수의 아내당시 32세와 아들당시 6세이었다.

당분간 전화가 안 돼도 걱정 마시라

곧이어 과학수사반이 현장에 도착했다. 현관문과 뒤 베란다, 창문 등 외부 침입 흔적을 면밀히 조사했지만 발견할 수 없었다. 부엌과 거실 등 생활공간 역시 별다른 특이점이나 화재, 다툼 혹은 격투의 흔적이 없었다. 오직 주검이 발견된 안방에서만 화재의 흔적이 발견됐다. 그것도 시신과 시신이 놓인 이불 위만 타고 그 위 천장만 그을었을 뿐 다른 곳은 멀쩡했다. 참으로 이상했다. 산소와 연소재를 찾아 움직이고 번지는 불의 특성에 맞지 않는 현장 모습이었다. 전기장판과 난로 등 전열기가 있었지만 누전에 의한 화재로는 보이지 않았다. 우연한 화재 발생 이후 자연스럽게 진화가 된 것이라기보다는 특정 부위에만 불이 붙도록 '통제된 발화'를 한 뒤 불이 크게 번지기 전에 인위적으로 진화한 모습이었다. '식용유' 성분이 두 구의 시신과 이불에 잔뜩 뿌려져 있었다는 사실이 국립과학수사연구원 감정 결과 확인되었다. 주검들은 얼굴이 많이 부풀고 눈 부위가 크게 돌출되어 섬뜩했다. 목

이 졸려 숨진 '액사' 이후 시간이 경과되어 부패가 일어났을 때 주로 관찰되는 모습이었다. 게다가 온몸이 직간접적으로 불에 타거나 익어 훼손 정도가 심했다. 나중에 나온 부검 결과로 확인된 사망 원인 역시 목이 졸려 숨진 액사, 즉 '타살'이었다.

다만, 두 주검 모두 호흡기에서 소량의 '황산'이 검출돼 독극물이 사용된 것인지에 대해서 논란이 일었다. 뚜렷한 외부 침입이나 도난 흔적이 발견되지 않았지만 강도나 성폭행 목적으로 배달이나 검침 등을 가장해 침입한 뒤 저지른 범죄의 가능성을 배제할 수 없었다. 하지만 모든 정황은 피해자들을 잘 아는 '면식범'의 소행일 가능성을 높여 주고 있었다.

주민 대상 탐문수사와 현장수사, 국과수의 부검 및 감정 등을 토대로 재구성한 살인과 방화 발생 시점은 1999년 12월 31일. 그런데 가족의 우려로 신고가 이루어져 주검이 발견된 것은 이로부터 2주 뒤인 2000년 1월 13일이었다. 신년인사를 주고받아야 할 1월 1일부터 2주 동안 연락이 없었는데, 가족은 왜 진작 신고를 하지 않았을까? 수사 결과, 피해자들의 남편이자 아버지인 배 교수가 1월 1일 처갓집에 전화를 해서 '가족이 모두 외국으로 신년맞이 여행을 가는데 경황이 없어 자신이 대신 새해인사를 전한다. 당분간 전화가 안 돼도 걱정 마시라'고 했다는 사실이 확인됐다.

경찰은 배 교수에 대한 조사에 착수했다. '출입국사실조회'를 하자 의문을 증폭시키는 결과가 나왔다. 배 교수가 1월 1일 혼자 일본으로 출국한 뒤 사흘 뒤인 1월 4일에 귀국했다가 주검 발견 이틀 전인 1월 11일에 다시 일본으로 출국한 것이었다. 경찰의 추가 조사 결과, 배 교수가 그 1주일 동안 자신의 아파트를 담보로 은행에서 6,000만 원을 대출받은 다음 자신의 제자 6명에게 각 1,000만 원씩 주고 서로 다른 은행에서 여행자수표로 환전해오라고 지시한 뒤 이를 들고 재출국한 사실이 확인됐다. '외환관리법' 위반 혐의를 교묘히 빠져나간 지능적인 수법이자, 아내와 아들의 시신이 불에 탄 상태로 누워 있는 아파트에 들러 관계서류를 들고 나와야 성공할 수 있었던 행동이었다.

경찰은 수사 과정에서 배 교수에게 내연녀가 있다는 정황을 확보했다. 일본의 한 연구소에서 연구원으로 있는 박 아무개^{당시 30세} 씨였다. 그런데 박씨가, 배 교수가 입국한 다음 날인 1월 5일 귀국해 자신의 재산을 정리한 돈 7,000만 원을 가지고 배 교수와 같은 날 같은 비행기로 일본으로 출국한 사실이 추가로 확인됐다. 경찰은 일본 출국 이후 연락이 닿지 않는 배 교수를 아내와 아들에 대한 살인 및 방화 혐의로 입건하고 기소 중지한 뒤 인터폴에 국제수배 조처를 요청하고 외교부에 여권 무효화 조처를 신청했다. 내연녀 박씨 역시 공범으로 입건하고 수배했다. 두 사람은 이제 한국과 일본은 물론 전 세계 경찰에 의해 추적을 당하는 '국제적 도망자' 신세가 된 것이었다. 두 사람은 종적을 감췄고, 일본 경찰도 이들 '불법체류 살인 방화 용의자 커플'의 소재를 파악하지 못한 채 시간만 흘렀다. 정말 촉망받는 30대 대학교수가 '사랑에 눈이 멀어' 아내와 친아들마저 잔혹하게 살해하고 주검에 불을 지른 뒤 그 현장에 다시 돌아와 도피 자금을 마련해 연인과 함께 도피 행각을 벌이고 있는 것일까? 아니면, 다른 이가 이해하지 못할 어떤 사연이 있는 것일까? 이대로 진실은 묻히고 악질 반인륜 흉악범죄의 혐의를 받는 두 남녀는 앞으로 오랫동안 행복하게 잘 살게 될 것인가?

악몽 시달리면서도 영원한 도피를 꿈꾸다

사건 발생 넉 달 만인 2000년 5월 14일, 배 교수가 재직했던 대학교는 경찰의 수배를 받고 해외 출국 이후 연락이 닿지 않아 새 학기가 시작돼도 강의 등 업무를 수행하지 않는 배 교수에 대해 직권면직^{당사자의} 의사에 상관없이 그 직위에서 물러나게 하는 일을 결정했다. 사건 발생 뒤 1년 5개월이 지난 2001년 5월 30일, 서울지방법원 북부지원 민사 1부^{재판장 강영호 부장판} 사는 배 교수의 처가에서 배 교수를 상대로 낸 위자료 청구소송에서 "피고는 자신의 부인과 아들에게 독극물이 든 음료수를 먹여 살해한 뒤 이를 불태운 것으로 추정된다. (중략) 배씨가 살해 사실을 속이고 주검을 2주 동안이나 집 안에 유기해 유족들로 하여금 유족으로서의 도리를 다하지 못했다는 극도의 죄책감에 시달리게 한 점이 명백하므로 피고는 금전적으로나마 이를 배상해야 한다"고 선언하며 1억 1,000만 원을 지급하라고 판결했다. 물론 피고 배 교수가 참석하지 않은 궐석재판이자 배 교수로 하여금 실제로 이 금액을 지급하도록 할 아무런 실효적 수단이 없는 '선언적인 판결'이었지만 피의자들의 해외 도피로 인해 아무런 진척이 없는 형사사건 대신에 민사사건으로라도 법정에서 배 교수의 '유죄'를 인정받은 셈이었다. 유족으로서는 한 맺힌 고인들의 원혼을 조금이나마 달래줄 수 있었다는 작은 위로를 받을 수 있었다.

배 교수와 내연녀 박씨는 배 교수가 결혼 전 대학원 조교를 하던 시절, 조교와 학생으로 만나 알게 된 사이였다. 처음에는 그저 친한 선후배 사이였지만, 배 교수가 결혼 후 일본 유학을 가 있는 동안 일본 연구소에 근무하던 박씨를 다시 만나면서 불륜 관계가 시작되었다. 유학을 마치고 귀국해 모교의 교수가 된 배씨는 박씨와의 관계를 지속하다 사건 발생 약 1년 전인 1999년 초에 외도 사실을 아내에게 들키게 된다. 두 사람의 불륜 관계가 시작된 이후 배 교수가 쓴 논문의 약 3분의 2에 박씨가 공동저자로 등재돼 있을 정도로 두 사람은 가까웠다. 뒤늦게 이 사실을 안 아내는 배신감에 치를 떨었고 부부 사이엔 적대감과 분노만 쌓였다. 배 교수는 적반하장 격으로 아내에게 지속적으로 이혼을 요구했고, 아내는 이를 거부해오던 중이었다. 그러다 결국 이 비극적인 사건이 발생한 것이다.

두 사람이 전 재산을 끌어모아 마련한 도피 자금 1억 3,000만 원과 일본 유학 및 취업 경험은 당분간 들키지 않는 은둔을 보장했다. 초기엔 죄책감과 두려움, 불안에 휩싸여 고통스러운 나날이었지만 시간이 지나면서 점차 연인끼리의 공범의식으로 서로를 위로하면서 나름의 재미와 행복을 느끼는 안정된 도피 생활을 이어나갈 수 있었다. 다른 사람의 신분을 도용해 '고쿠라'라는 도시에서 한국 식당 체인점을 운영하게 되면서 경제적인 안정도 찾을 수 있었던 두 사람은 간혹 불에 타고 무섭게 일그러진 피해자들의 모습이 나타나는 악몽에 시달리긴 했지만, 소박한 일상의 즐거움으로 상쇄시키며 점점 '보통 사람'의 '보통 생활'을 이어나갈 수 있었다. 두 사람은 이대로 영원히 '죄와 벌'로부터 벗어날 수 있다는 희망에 부풀었다.

8년 9개월 만에 끝난 도피 생활

그러나 결국 그 안도와 행복, 희망이 긴장을 완화시켰고 조금씩 과감해지기 시작하면서 사달이 났다. 2008년 10월 2일, 작은 교통사고를 내게 된 것이다. 교통경찰의 신분 조회 결과 주소지와 신분 내용에 이상이 발견됐고, 지문 및 사진 조회 결과 두 사람이 신분증에 있는 재일 동포가 아니라 한국 경찰에 의해 인터폴에 지명 수배된 '국제 범죄자'라는 사실이 확인됐다. 두 사람은 같은 달 24일, 8년 9개월 동안의 일본 도피 생활을 마감하고 한국으로 강제 송환됐다. 이들의 신병을 인계받은 서울 노원경찰서는 이틀 뒤인 2008년 10월 26일, 두 사람을 구속했다.

9년 만에 수사를 재개한 경찰은 배 교수와 박씨에게 혐의 사실을 강하게 추궁했다. 두 사람의 진술로 채워진 진실의 나머지 조각들은 이렇다. 1999년 12월 30일 밤 내내 이혼 요구를 받아들여 주지 않는 아내와 격한 말다툼을 하던 배 교수는 다음 날 아침 7시, 결국 분을 참지 못하고 아내의 목을 졸라 살해하고 만다. 그 후 잠이 깬 여섯 살 아들을 데리고 밖으로 나가 하루 종일 놀이터 등을 헤매던 배 교수는 오후 3시쯤 돌아와 아들에게 '엄마 옆에서 잠을 자라. 이 비닐봉지를 쓰고 자면 잠이 잘 올 거야'라며 아들의 얼굴에 비닐을 씌운 뒤 질식시켜 살해했다. 본인은 그 뒤 자신도 자살을 시도했다고 주장하지만 그 흔적은 전혀 발견할 수 없었다. 아들의 죽음을 확인한 배 교수는 부엌에서 기름을 가져와 주검과 이불에 뿌린 뒤 라이터로 불을 붙였다. 주검과 주변에 남은 자신의 범행 흔적이 불에 충분히 탔다고 자신할 수 있을 정도가 되자 불을 꺼 주민 신고와 소방차 출동 등의 불리한 상황을 미연에 방지했다. 이후 집 안 모습을 의심받지 않도록 정리하고 잠을 잔 뒤 몸을 씻고 옷을 갈아입고 짐을 챙겨 나와 일본행 비행기에 몸을 실었다. 그 사이 처갓집에 전화해 가족이 함께 외국으로 여행을 간다고 말하며 당분간 신고하지 못하게 하는 꼼꼼함을 보였다. 이후 일본에서 내연녀 박씨를 만나 범행 사실을 털어놓은 뒤 서로 공모하여 도피 자금을 마련하기로 하고 대담하게 다시 한국으로 돌아오게 되는데, 혹시 의심을 받지 않도록 하루 차이로 서로 다른 비행기를 타고 입국한다. 각자 대출과 재산 처분 등으로 급하게 1억 3,000만 원을 마련한 두 사람은 같은 비행기를 타고 일본으로 출국한 뒤 잠적한 것이다.

서울지방법원 북부지법 형사 11부^{재판장 이상철 부장판사}는 배 교수에게 살인과 사체손괴 혐의로 무기징역과 추징금 7,804만 원, 공범 박씨에 대해서는 사후 범인은닉 및 도주방조 혐의만 적용해 징역 1년에 집행유예 2년을 선고했다. 일본 유학을 거쳐 37세에 모교 교수가 된 최고의 엘리트와 그에 버금가는 외국 연구소 연구원의 치밀한 범행과 도피는 법망을 피해 성공할 것만 같았다. 하지만 아무리 뛰어난 인간도 모든 상황을 통제할 수 없으며 우연을 예측할 능력은 없다. 결국 자신의 통제 범위 밖에서 발생하는 사건과 우연에 의해 거짓은 드러나게 되며 죄는 밝혀지게 된다. 때로 그 과정에 수년에서 수십 년, 혹은 수백 년이 걸릴 때도 있지만. 모든 죄지은 자들, 죄를 지으려 하는 자들이 명심해야 할 사실, '정의는 때로 천천히, 하지만 반드시 온다'를 재확인해준 사건이다.

004

누가 괴담을 만드는가

안산살인마
괴담

2000년 초여름, 주부와 여대생, 직장여성뿐 아니라 중고생과 초등학생에 이르기까지 안산 시내 연령과 계층을 망라한 여성들 사이에서 흉흉한 소문이 돌고 있었다. '밤마다 머리 긴 여성만 노리고 뒤쫓아 살해하는 살인마가 있으니 조심하라'는 내용이었다. 가족과 친구, 동료 등 지인들 사이에 같은 내용의 문자메시지가 전해지면서 '발 없는 말이 천 리를 간다'는 속담처럼 인터넷을 타고 언론까지 알려지게 되었다. 안산경찰서에는 '안산 여성 대상 연쇄살인' 소문의 진위를 묻는 기자들의 문의가 쇄도했지만, 경찰의 공식 입장은 '안산 괴담은 사실이 아니며 연쇄살인 사건은 발생하지 않고 있다'는 것이었다. 경찰로서는 지나치고 불합리한 공포감이 번져 도시 전체가 패닉 상태에 빠지는 상황을 막아야 했다. 경찰의 공식 발표에도 불구하고 여성들의 공포심은 마치 전염병처럼 급속도로 번져나갔다. '긴 머리가 살인마의 범행 대상'이라는 소문 때문에 더운 날씨에도 모자를 쓰는 여성이 늘었고, 미용실에는 커트나 파마를 하려는 여성들이 장사진을 이루었다. 부모들은 불안감에 딸들의 이른 귀가를 종용하느라 실랑이를 벌여야 했다. 과연 '안산 괴담'은 근거가 있을까?

태연한 살인과 성추행, 그리고 불길한 예감

안산 괴담이 돌기 두 달 전쯤인 2000년 4월 28일 밤 11시께, 야근을 하고 귀가하던 회사원 남 아무개 당시 24세 씨가 안산시 선부동 자신의 집 근처 골목길에서 끔찍하게 살해당하는 사건이 벌어졌다. 자정이 넘어 길을 지나던 행인이 경찰에 신고해 밝혀진 이 사건의 현장은 참혹했다. 경찰 과학수사 요원의 주검과 현장 조사 결과를 분석해 재구성해본 범행 방법 역시 잔인했다.

늦은 밤, 인적이 없는 어두운 골목길을 불안감에 휩싸여 종종걸음으로 걷는 피해자의 뒤에 누군가 갑자기 다가왔다. 그는 다짜고짜 길에 뒹굴던 돌덩이를 집어 피해 여성의 뒤통수를 힘껏 내리쳤다. 두피가 파열되고 두개골이 손상돼 피해자는 의식을 잃었고, 다량의 혈액이 흘러나와 빨리 응급조치를 하지 않으면 숨질 위험에 처했다. 범인은 피해자의 부상에는 아랑곳하지 않고 피해자의 가방과 주머니를 샅샅이 뒤져 총 3만 원의 현금을 강탈했다. 더 훔칠 것이 없다고 판단한 범인!

은 뒷머리에서 다량의 피를 흘리며 의식을 잃고 쓰러진 피해 여성의 옷을 벗기고 상상하기도 힘든 변태적인 성추행을 자행했다. 심지어 화성 연쇄살인 사건 등에서 일부 성적 이상심리를 가진 범인들이 그랬듯, 피해 여성의 성기에 이물질을 집어넣었다. 상당한 시간이 소요되는 그 모든 행동을, 언제든 다른 사람이 지나가면서 발견할 수도 있는 골목길에서 태연하게 했다는 점이 형사들의 긴장과 불안감을 가중시켰다. 단순한 강도나 성폭행 혹은 피해자와 치정 등 관계가 얽힌 면식범의 소행으로 볼 수 없는 특이한 요소들이 두드러져 보였기 때문이다. '여기서 멈출 것 같지 않다' 는 매우 기분 나쁜 느낌이 감지됐다.

유럽이나 오스트레일리아, 캐나다, 미국 등에서 이런 위험한 사건이 발생하면 곧 지역 방송에 속보로 보도되고 전국 네트워크 역시 무게 있게 다룬다. 사건 자체를 알리는 의미보다 유사한 공격이 감행될 가능성을 알려 주의와 경계를 촉구하고 추가 피해를 막기 위해서다. 혹시 범인의 단서나 목격자가 있다면 경찰에 신고하도록 유도할 목적도 있다. 하지만 우리나라는 '가능하면' 알리지 않으려 한다. 소위 '비공개 수사 원칙' 이란 것을 유지하기 위해서다. 일리는 있다. 아직 미해결된 잔혹한 사건이 알려지면 지역 주민들, 특히 여성들 사이에 지나친 두려움과 공포감이 조성되고 이로 인한 혼란은 사건 해결에 바람직하지 않을 수 있다. 또한 보도된 내용을 보고 따라 하려는 '모방범죄' 우려도 있다. 아울러 범인이 증거인멸이나 도주를 해버려 사건이 미궁에 빠질 수도 있다.

이 모든 비공개 수사의 장점은 '추가 피해 방지'라는 긴급하고 엄중한 필요성 앞에서 힘을 잃는다. 그래서 범인이 누구인지 알거나 인질이 잡혀 있는 등 '특별한 경우'가 아니라면, 중요 강력 사건의 발생은 '국민의 알 권리' 영역에 속하므로 최대한 빠른 시간 안에 될수록 정확하게 알리는 것이 맞다. 하지만 경찰 상층부의 이른바 '수뇌부'는 여론을 두려워하고, 여론 때문에 불편해할 권력을 무척 무서워한다. 그래서 해결하지 못한 강력 사건, 특히 추가 범행 발생 가능성이 높은 '연쇄살인 유형' 범죄가 발생하면 입단속을 하고 외부 공개를 극히 꺼린다. '대한민국은 한밤중에 여성 혼자 다녀도 안전한, 최고의 치안이 유지되는 나라'라는 대통령과 정부, 경찰의 공언만 믿고 전혀 주의와 경계 없이 늦은 밤 홀로 귀가하던 여성이 비슷한 상황에서 유사한 공격을 당한다면, 국가와 경찰이 책임져야 하는 것 아닐까?

그녀의 결사적 항거

우려는 현실로 나타났다. 선부동 사건 이후 두 달이 채 지나지 않은 6월 19일 새벽 4시, 첫 사건이 발생한 장소에서 1킬로미터쯤 떨어진 안산시 원곡동 한 주유소 앞길에서 새벽기도를 마치고 귀가하던 주부 신 아무개 당시 41세 씨가 그 대상이었다. 장소와 시간만 조금 변했을 뿐, 범죄의 효과적인 수행과 성공적인 도주를 위해 범인이 택하는 '범행 수법' MO · Modus Operandi이 무척 흡사했다. 심야에 혼자 귀가하는 여성을 몰래 뒤쫓다가 인적 없는 골목에서 접근한 뒤 길가에 있는 돌을 집어 들어 뒷머리를 가격하고, 쓰러진 피해자의 소지품을 뒤져 금품을 강탈하고 옷을 벗겨 성추행한 뒤 도주한 것까지 똑같은 패턴이었다. 신씨도 너무 늦게 발견되는 바람에 과다출혈과 쇼크로 숨지고 말았다. 빼앗긴 금품은 현금 4만 원과 피해자가 착용한 금목걸이였다. 범인의 심리적 욕구나 충동의 발현인 시그니처 Signature 행동 역시 똑같이 나타났다. 언제든 행인이나 배달원, 순찰 경찰관 등이 나타나 발견되고 검거될 위험이 있는 상황에서도 시간을 지체하며 피해자의 옷을 벗기고 성추행을 했다는 점이다.

범인의 의식적인 범행 동기는 '돈'이었겠지만 범행의 이면에 '성적인 이상욕구'가 강하게 작용하고 있을 가능성이 높다는 이야기다. 이상욕구와 충동은 본인 의지로 조절되지 않기 때문에 이런 범인들은 검거 등 특별한 상황이 발생하지 않으면 범행을 멈추지 않는다. 더 불안한 것은, 이들 중 상당수가 범행을 거듭하면서 범행 주기가 점점 짧아지는 경향을 보인다는 것이다. 범행을 거듭하며 자신감이 생기고 한번에 강탈하는 금품의 액수에 만족하지 않게 되며, 범행을 통해 얻는 쾌감에 중독되는 현상이 나타나기 때문이다. '긴 머리 여성만 노리는 살인마가 있다'는 안산 괴담이 퍼지기 시작한 것도 이즈음이다.

원곡동 범행 이후 엿새 만인 6월 25일 새벽 4시, 역시 먼저 발생한 두 사건 장소에서 그리 멀지 않은 안산시 신길동 한 주유소 앞길에서 귀가하던 변 아무개 당시 34세 씨가 괴한에게 돌로 머리를 맞는 공격을 당하고 쓰러진 뒤 금품을 빼앗기고 성추행당하는 사건이 발생했다. 이번엔 현금 20만 원과 10만 원짜리 수표 세 장이 없어졌다. 앞서 두 사건과 똑같은 방법^{MO 및 시그니처}이 사용되었다. 범행 주기도 빨라졌다. 천만다행인 것은, 범행 직후 마침 그 장소를 지나는 행인이 있어 응급구조 신고를 한 덕분에 피해자 변씨가 가까스로 목숨을 건진 것이다. 병원 응급실을 거쳐 중환자실로 옮겨진 변씨는 잠시 의식이 돌아온 순간 온 힘을 다해 범인이 '허름한 옷차림, 키가 작은 20대 남성'이라는 중요한 진술을 해주었다. 이제 비공개 수사는 불가능했다. 지역 언론과 방송은 이 사건을 속보로 보도했고, 인터넷엔 관련 기사와 게시글 등이 줄줄이 올라오기 시작했다. 그런데 놀랍게도, 하루도 채 지나지 않은 그날 밤 10시, 범인이 안산시 원곡동 주택가 골목길에서 또다시 혼자 귀가하는 여성 박 아무개^{당시 20세} 씨를 공격했다. 하지만 박씨는 이미 안산 일대에서 벌어진 사건에 대한 보도를 접하고 사전 지식과 경계 태세를 갖추고 있었다. 첫 공격이 감행될 때 위험을 감지해 움찔하는 바람에 치명타를 피할 수 있었던 박씨는 돌에 머리를 비켜 맞아 고통이 극심했음에도 범인에게 반격을 가했다. 목숨을 건 박씨의 결사적인 항거에 놀란 범인은 잠시 주춤하다가 그대로 뒤로 돌아 달아나버렸다. 박씨는 바로 경찰에 신고했고, 경찰의 추격전이 시작되었다. 범인의 인상착의는 새벽에 공격을 당한 피해자 변씨가 묘사한 것과 정확하게 일치했다. 하지만 체구가 작고 몸이 날렵한 범인은 이미 종적을 감춘 뒤였다. 신문과 방송은 사건을 연일 대대적으로 보도했다. 경찰이 대

처를 늦게 하고 심각한 연쇄살인 사건을 감춰 피해를 키웠다는 비난이
쇄도했다.

이 사건이 언론과 인터넷을 뜨겁게 달구자 안산 지역 동네마다 자율
방범대도 순찰 활동을 강화했다. 그러자 한동안 추가 범행은 발생하지
않았다. 키 작은 허름한 옷차림의 20대 남자. 경찰이 확보한 유일한 단
서였다. 물론 독특한 범죄 행동에 대한 분석을 통해 범인의 특성을 추
정할 수는 있었다. '성적인 이상욕구가 강한' 소득수준이 낮은 자로,
일정한 직업이 없고 학력이 낮고 대인 관계가 원만하지 않다는 것 등
을 예상할 수 있었다. 혼자 사는 무직자나 노숙자, 불규칙한 단순노무
종사자 등으로 수사 대상을 좁힐 수는 있었지만 목격자 제보 등으로
용의자가 떠오르지 않는 한 '서울에서 김 서방 찾기'나 '모래밭에서 바
늘 찾기' 상태였다.

강력 사건 '비공개 수사' 관행은 바뀌어야 한다

단 한 가지, 아주 희미한 희망을 건 비장의 카드가 있었다. 범인이
피해자 변씨에게서 강탈한 10만 원권 수표 세 장이었다. 범행에 자신
감은 붙고 돈은 절박하게 필요한데, 대대적인 보도와 주민들의 자율방
범 노력으로 추가 범행이 힘들어지면 수표를 사용하게 될 터였다. 역
시 범죄수사는 원칙과 기본에 충실하면서 인내심을 갖고 차분하게 진
행하는 게 정답이다. 변씨가 강탈당한 수표의 번호를 확인해 모든 은

행에 경보를 발령하고 현장수사와 탐문수사, 용의 선상 추적수사를 진행하던 경찰에 '수배해둔 수표가 회수됐다'는 연락이 왔다. 마지막 사건이 발생한 지 2주가 지난 7월 10일이었다. 수표에서 지문을 채취하고 배서자 이름과 연락처를 확인한 뒤 마지막으로 사용된 슈퍼마켓으로 가 수표 사용자의 인상착의를 조사한 경찰은 놀랍게도 수표 사용자가 우리말이 서툰 중국계 외국인이라는 사실을 확인했다. 그가 인근에 거주하며 슈퍼마켓에 자주 들른다는 사실도 확인했다. 지문 조회 결과, 산업연수생으로 입국했다가 도주해 불법체류자가 된 중국인 왕리웨이_{당시 24세}로 신원이 확인됐다. 곧 경찰은 왕리웨이를 체포했다. 경찰 수사 결과 왕리웨이는 같은 방법으로 총 열한 차례의 범행을 저질러 그중 2명을 살해하고 9명에게는 중상을 입힌 것으로 확인됐다.

2000년 12월 8일 수원지방법원 형사 11부_{재판장 백춘기 부장판사}는 "범행 동기나 죄질이 극히 좋지 않고 (중략) 범행 방법과 범행 직후의 피고인 행위가 상상할 수 없을 정도로 무자비하고 잔인하며 (중략) 피해자들 및 유족들에게 회복할 수 없는 정신·신체적 피해를 가한 한편 안산 지역의 일반 시민들에게도 정신적 충격과 강한 불안감을 주는 등 그 결과가 심히 중대한 점을 종합"해 '사형'을 선고했다. 왕리웨이는 변호인을 통해 즉시 항소했다. "어릴 적 물에 빠져 익사할 뻔한 사고를 당한 이래 대뇌산소결핍증으로 인한 후유증이 있었는데, 이 사건의 범행 당시에도 언어가 통하지 않고 일자리도 없는 불안한 불법체류 상태에서 후유증이 심해져, 저녁만 되면 누군가가 자신을 때리고 벌레들이 무는 것 같아 밖으로 뛰쳐나가 타인들을 때림으로써 답답함을 해소하고 싶은 억제할 수 없는 충동이 들었다. 사물의 변별 및 의사결정 능력의 상실 또는 미약 상태에서 위법을 저질렀는데 재판부는 이 점을 간과했다"는 주장이었다.

2001년 6월 12일 서울고등법원 형사 5부^{재판장 이종찬 부장판사} 항소심 재판부는 왕리웨이가 반복해서 같은 방법으로 피해자를 물색해 공격하고 금품을 강탈하고 성추행한 뒤 도주한 행동의 구체적인 행위를 보면, 결코 '정신적 문제와 주체할 수 없는 충동에 의한 우발적인' 범행이라고 볼 수 없다며 항소를 기각했다. 왕리웨이는 항소심 결정에도 불복해 다시 상고를 제기했지만, 2001년 9월 14일 열린 대법원 최종심에서도 역시 상고가 기각돼 사형이 확정됐다.

범인 왕리웨이는 자신이 받아야 할 벌을 받았다. 하지만 미해결 강력 사건을 가급적 널리 알리지 않고 비공개 상태로 수사하려는 경찰의 관행에 근본적인 변화가 필요하다는 사실을, 너무 큰 희생을 치르고 깨닫게 한 사건이었다.

005

대선의 한복판, 그가 노린 건 누구일까

강화도
총기탈취 사건

2007년 12월 5일 오전 11시, 한나라당 이명박 대통령 후보의 'BBK 주가조작' 사건 혐의에 대해 검찰이 '무혐의' 발표를 한다. 지지도 여론조사에서 굳건한 선두로 질주하던 이명박 후보에게 가장 큰 걸림돌이 없어진 것이다. 수사 결과를 발표한 김홍일 서울중앙지검 3차장검사는 "김경준의 주가조작 범죄에 대한 이명박 후보의 연루 의혹 수사결과, BBK는 이명박 후보의 지분이 없는 김경준 씨가 100퍼센트 지분을 가진 회사이고, (주)다스 역시 이명박 후보의 소유라는 증거가 없다. 옵셔널벤처스 주가조작 사건에서도 이명박 후보가 이 회사 인수 및 주식 매매에 참여했거나 그로 인해 이익을 봤다는 점이 확인되지 않아 '혐의 없음'으로 불기소 처분했다"고 발표했다. 한나라당과 이명박 후보는 환호했고, 대통합민주신당 정동영 후보와 무소속 이회창 후보는 한숨을 쉬었다. 대권을 향한 경주는 다시 시작됐다. 거리유세와 텔레비전 토론 등 열띤 선거전이 본격적으로 달아오르게 된 것이다.

때마침 벌어진 총기탈취 사건

다음 날인 12월 6일 오후 5시 40분, 경찰과 군에 비상이 걸렸다. 강화도에서 근무를 마치고 귀대하던 해병 초병 2명이 괴한에게 피습을 당한 뒤 K2 소총과 실탄, 수류탄 등을 탈취당하는 초유의 사건이 발생했기 때문이다. 습격당한 해병대원 중 한 명은 숨졌고, 다른 한 명은 중상을 입었다. 사건 발생 50분 뒤인 6시 30분, 해병 2사단과 육군 17사단에 '진돗개 하나'가 발령되었다. 생존한 피해자에 따르면 평소처럼 근무교대를 한 뒤 걸어서 부대로 돌아가고 있는데, 갑자기 빠른 속도로 달리던 차코란도가 두 사람을 덮쳤고 쓰러진 초병들에게 다가온 운전자가 '괜찮으냐'고 물었다는 것이다. 운전자는 괜찮다고 대답한 해병대원을 칼로 찔러 살해하고 총과 실탄, 수류탄 등을 탈취해갔다. 큰 부상을 입은 상태에서도 병사들은 저항하며 범인의 머리를 소총 개머리판으로 가격해 상처를 남기는 등 용감하게 대응했다.

경찰은 과학수사를 진행해 범인이 해병의 반격에 당황한 나머지 떨어뜨리고 간 모자와 안경, 현장에 남긴 혈흔과 족적 등을 수거했다. 그리고 지문과 DNA 등 신원 확인을 위한 증거 확보를 위해 국립과학수사연구소로 보냈다. 또한 인근에 설치된 CCTV에서 용의차량의 번호를 확인한 뒤 전국에 공개 수배했다. 모든 TV와 라디오, 전광판 등에 용의차량의 종류와 색상, 번호 등이 송출됐다. 차적 조회 결과 범행에 이용된 코란도는 경기도 이천에서 도난된 차량이었다.

과연 누가, 이런 대담한 범행을 저질렀을까? 공격을 감행한 범인 한 명의 단독 범행인가, 아니면 차 안에 다른 범인(들)이 더 있었을까? 동기와 목적은 무엇이었을까? 북한에서 남파한 간첩일까? 대통령 선거에 영향을 끼치려는 불순 세력인가, 해당 부대나 해병대 혹은 군에 불만을 품은 자의 보복 범행인가, 아니면 은행 강도를 목적으로 한 총기탈취인가? 경찰·군 합동수사본부는 한 번에 범행을 주저 없이 감행하고, 신속하고 대담하며 냉혹하게 행동한 점 등으로 미루어 '현장 지리를 잘 알고 군 특수 훈련 등을 받은 자'의 소행일 가능성이 큰 것으로 추정했다. 그리고 같은 부대 전역자 등을 최우선 용의 선상에 올렸다.

대통령 선거운동이 한창인 상황에서 발생한 총기탈취 사건이기 때문에 군과 경찰은 물론 나라 전체가 비상사태에 돌입할 수밖에 없었다. 사건 발생 세 시간 뒤, 서울 여의도 KBS에선 중앙선거관리위원회 주최 대선 후보 토론회가 열렸다. 경찰은 총기탈취범이 서울로 진입했을 수 있다는 정보보고를 올렸다. 대통령 후보들에게도 관련 내용이 통보됐다. 가장 지지율이 높고 BBK 논란 등으로 비난과 미움도 많이 받는 이명박 후보 쪽은 거의 패닉 상태에 빠졌다. 토론이 끝나고 다른 후보들은 모두 정문을 통해 지상 주차상으로 나가 차량에 승차해 돌아갔지만, 이명박 후보만은 삼엄한 경호 속에 지하 통로를 거쳐 귀가했다.

이명박 후보는 이후 예정된 거리유세 등 모든 옥외 일정을 취소하고, 실내 행사 때는 미리 폭발물 탐지견까지 동원해 전면 수색을 실시했다. 방탄조끼도 입었다. 정동영 후보와 이회창 후보는 경찰의 방탄조끼 착용과 옥외유세 자제 요청을 거부했다. 정동영 후보는 친아들이 총기피탈 사고를 당한 해병 제2사단에서 사병으로 복무하고 있었기 때문에, 위험에 노출된 병사들을 생각해서라도 방탄조끼를 입지 않겠다며 사양하고 근접 경호요원 증강배치 제안도 거부했다. 지지율에서 뒤진 두 후보가 테러 위협에 굴하지 않는 모습을 보임으로써 약세를 극복하겠다는 심리도 작용했다. 정동영, 이회창 두 후보는 거리유세와 시민과의 악수 및 포옹 행사를 계속해나갔다.

한나라당사에 걸려온 협박전화

한편 경찰은 후보들의 요청이나 사양과 무관하게 대선 후보의 경호팀 인력과 장비를 대폭 늘려 후보들의 방문지마다 주변 경계를 강화했다. 경찰특공대 전술팀SWAT을 2개에서 5개로 늘리고, 주요 후보의 자택에도 1개 전술팀을 따로 배치했다. 또 유세장 인근 건물에 저격용 소총으로 무장한 특수 저격조 배치도 두 배로 늘렸고, 경찰특공대 전술팀을 태운 헬기도 근처에 대기하도록 하는 등 경호에 만전을 기했다. 사건 다음 날인 7일 오후 5시에는 한나라당사에 '총기탈취범'을 자처하는 남자가 전화를 걸어 이명박 후보를 살해하겠다고 협박하는 사건이 벌어졌다. 경찰은 장난전화일 가능성이 높다고 봤지만, 이는 이명박 후보 쪽을 더욱 불안에 떨게 만들었다.

사건이 발생하고 경찰이 전국에 코란도 차량에 대한 지명수배를 내린 직후, 서해안고속도로 하행선을 운행하며 DMB 텔레비전을 시청(불법이지만)하던 한 운전자는 자기 눈을 의심했다. 모니터에 나오는 수배차량과 똑같은 차가 앞에서 주행하고 있었던 것이다. 놀란 가슴을 가라앉힌 뒤 휴대전화를 든 운전자는 112를 누르고 "서서울 인터체인지^{IC}를 지나고 있다"며 긴급신고를 했다. 경찰은 서둘러 순찰차를 출동시키고 긴급 목배치^{주요 길목에 경찰을 두는 것}를 통해 출구를 차단했다. 하지만 CCTV 확인 결과 경찰의 조치는 범인보다 딱 '4분' 늦었다. 용의 차량은 이미 발안 요금소를 빠져나가 국도로 사라져버린 뒤였다.

경찰은 중상을 입은 피해 병사의 진술을 토대로 용의자의 몽타주를 작성해 언론과 방송에 공개하고 전국에 수배했다. "170~175센티미터 키에 눈은 작고 코는 오뚝하고 턱은 갸름한 모습이고, 검은 모자를 쓰고 검정 계통의 점퍼를 입고 있으며, 범행 당시 피해 초병의 소총 개머리판에 맞아 머리에 상처가 났기 때문에 병원이나 약국을 이용했을 가능성이 있다"는 것이 수배 내용이었다. 경찰은 사건 해결에 결정적인 제보를 해준 사람에게 최고 2,000만 원의 신고 포상금을 지급하겠다고 발표했다.

한편 사건 발생 이틀 후인 8일, 국립과학수사연구소는 범인이 현장에 남긴 모자와 혈흔에서 AB형 혈액형을 확인하고 DNA를 추출해냈다. 이제 용의자만 확보하면 진범 여부는 의심의 여지없이 확인할 수 있었다. 하지만 아쉽게도 그가 '누구'인지를 바로 알 수 있는 '지문'은 검출되지 않았다.

공개 수배 이후 시민들의 신고가 잇따랐지만 대부분 오인이나 허위 신고였다. 누구인지도 모르는 범인이 해병대원을 습격해 소총과 실탄, 수류탄을 탈취해 달아났다는 충격적인 소식은 대선 후보뿐만 아니라 시민들에게 불안과 공포를 확산시켰다. 경찰은 전국에서 불심검문과 수색작업 및 탐문수사를 전개해나가는 한편, 강화도 지역 부대 출신의 30대 전역자 가운데 전과자를 용의 선상으로 압축하고 이들을 한 명 한 명 찾아내 용의자의 DNA와 대조하는 작업을 계속해나갔다.

12월 10일, 의미 있는 제보 하나가 수사본부에 들어왔다. 주변에 수상한 사람이 있는데, "혈액형이 범인과 같은 AB형이고 인상착의가 비슷하고 강화 지역 특수부대 출신이며 뚜렷한 직업이 없고 범죄 전과가 있다"는 내용이었다. 경찰은 긴장하며 제보 내용을 확인하고 제보자가 지목한 박 아무개 씨의 신병을 확보해 조사를 실시했다. 하지만 그는 머리에 소총 개머리판에 맞은 상처가 없었고, 범행 시간에 확실한 알리바이가 있었다. DNA도 일치하지 않았다. 범인이 아니었다. 적어도 직접 공격을 감행한 범인은 아니었다. 경찰은 그동안 아무런 협박(장난전화로 추정되는 이명박 후보 저격 협박전화를 제외하고)이나 공격 시도가 없었던 점 등을 들어 '대공 용의점이나 테러 가능성이 낮은 단독 범행'으로 규정하면서 사회 불안을 감소시키려고 했다.

공개 수배를 통한 전방위 압박이 효과를 발휘했다. 사건 발생 닷새 만인 12월 11일, 범인이 부산 연제구에 있는 한 우체통에 경찰 앞으로 쓴 '자수편지'를 넣은 것이다. 필체를 알아보지 못하게 평소 쓰지 않는 손으로 흘려 쓴 편지에는 범인이 아니라면 알 수 없는, 아직 언론을 통해서 공개된 적이 없는 구체적인 범행 방법과 과정들이 적혀 있었다.

편지 안에 있던 가장 중요한 두 가지는, 총기와 실탄 등이 숨겨져 있는 위치와 범인의 지문이었다. 범인은 종이에 지문이 남는다는 사실을 몰랐던 것으로 보인다. 경찰 과학수사 요원들은 편지지에서 지문을 검출해내 지문자동검색시스템AFIS을 이용해 검색을 시작하는 동시에 편지에 적혀 있는 총기 등 매설 장소로 출동했다. 호남고속도로 백양사 휴게소 인근 야산이었다. 다음 날인 12일 오전 8시 45분, 경찰은 탈취된 소총과 실탄 및 수류탄 등을 모두 수거했다. 지문 조회 결과 범인의 신원도 확인됐다. 35세의 실직자 조 아무개 씨였다. 그가 거주하고 있는 서울 용산구의 한 다가구주택 반지하 자취방은 8개월치 방세가 밀린 상태였다.

범인은 왜 부산의 우체통에 편지를 넣었을까? 정말 자수 의사가 있었던 것일까? 지금 부산에 있을까? 총기류가 있는 곳은 왜 알려준 것일까? 범행 준비와 실행, 도주 등의 수법과 과정에 나타난 범인의 특성으로 보아 자수 가능성은 낮았다. '교란작전'으로 보는 것이 더 타당했다. 즉, 경찰이 가장 찾고 싶어 하는 '총, 실탄, 수류탄'을 자신으로부터 떼어냄으로써 경찰이 더는 자신을 추적하지 못하게 만들겠다는 의도와 자신의 근거지나 소재지가 '부산'인 것으로 오인하게 만들겠다는 목적이 숨어 있었던 것이다. 그런데 범인은 편지지에 '지문'을 남기는 결정적인 실수를 했다. 경찰은 부산이나 호남고속도로 인근이 아닌 서울에 수사망을 집중했다. 조씨의 집과 지인들, 옛 직장 동료 등을 대상으로 강도 높은 수색과 수사, 탐문이 이루어졌다. 그날 오후 3시, 조씨와 만나기로 한 친구로부터 협조를 받기로 한 경찰은 종로의 단성사 극장 앞에서 그를 검거했다. 이마에는 소총 개머리판에 맞은 상처가 뚜렷하게 남아 있었다.

"애인의 마음을 괴롭게 하고 싶었다"

그는 초기 경찰 추정과 달리 특수부대가 아닌 육군 포병 출신이었다. 강화도에는 전혀 연고도 없고 근무한 적도 없었다. 범죄 전과도 없었다. 주변에서는 '조용하고 말이 없으며 착실한 사람'으로 알고 있었다. 부산 우체통에서 발견된 편지지에서 그의 지문이 검출되지 않았다면, 경찰이 조 아무개라는 사람과 이 사건을 연결할 수 있는 연결 고리는 '전혀' 없었다. 용의 선상에 올라 있지도 않았고 경찰이 추정한 범인의 특성과도 거리가 멀었다. 그는 내성적이고 소심한 성격을 고쳐보기 위해 코란도 등 오프로드 차량 동호회에 가입해 이곳저곳을 다니다 최근 강화도에 들렀기 때문에 지리를 파악하고 있었고, 몇 번 사전답

2007년 12월 17일, 인천시 강화군 길상면 초지리 황산도 초소 인근에서 경찰이 실시한 총기탈취 사건 현장검증. 피의자로 체포된 조 아무개 씨가 범행 당일 해병 병사 2명을 잇따라 승용차로 들이받아 쓰러뜨린 뒤 차에서 내려 흉기로 찌르는 장면을 재연하고 있다. ⓒ〈한겨레〉 김진수

사 끝에 초병의 근무교대 시간을 알게 됐다. 또한 평소 장난감 총과 실제 칼 등 무기류를 수집하는 취미와 폭력적 게임을 즐기며 공격욕구를 키우고 있었다.

도대체 왜 이런 범행을 저지른 것일까? 그는 경찰에서, '변심한 애인에게 복수를 하기 위해' 이 엄청난 범행을 저질렀다고 털어났다. 세상이 놀랄 만한 범죄를 저지를 정도로 자신이 몰락한 모습을 옛 애인이 보게 되면 괴로워할 것이라는 유치한 발상이었다. 대통령 선거와는 아무런 관련이 없으며, 실제로 총을 사용해 강도 등 다른 범행을 저지를 의도도 없었다고 진술했다. 하지만 디자인 계열 대학원을 졸업하고 한때 작은 업체까지 운영했던 그는 사업에 실패하고 경제난에 내몰린 상태에서, 주변에서 아무도 도와주지 않는 현실에 대해 불만을 많이 품고 있었다. 게다가 믿었던 애인으로부터도 버림을 받게 되자 절망에 빠지고 삶에 대한 기대와 희망을 포기한 상태에서, 평소 동경하며 상상과 게임 속에서만 시도해보던 '강한 남자'다운 공격성과 폭력성을 표출하겠다는 욕구가 터져 나온 것으로 보인다. 그는 자신의 미니홈피에 올린 글에서 스스로를 '다중인격 장애자'로 표현하고 있었다. 그만큼 내면의 욕구와 다른 사람에게 보이는 모습 사이의 괴리가 컸으며, 내재되고 억압된 분노와 스트레스가 이에 못지않았다고 볼 수 있다.

군사보호구역 내에서 군인을 습격해 살인 및 중상해를 입히고 총과 실탄, 수류탄을 탈취한 죄로 '군사법원'에 회부된 그는 1심에서 '사형' 판결을 받았다. 하지만 항소심 재판부는 그가 '총기를 탈취하려는 고의'는 있었지만 초병을 '살해하겠다는 고의'는 입증되지 않았다며 징역 15년 형으로 감형했다. 대법원은 그대로 15년 형을 확정했다. 성실하게 국방의 의무를 수행하다 전투나 훈련 과정도 아닌 근무를 마치고 귀대하던 중에 갑자기 날벼락 같은 습격을 당해 숨진 박영철 상병의 명복을 빌며 중상을 입은 이재혁 병장의 원만한 사회 적응을 기원한다.

006

별이 빛날수록 그의 복수심은 커졌다

배병수
살해 사건

서울 전농동에서 부기와 회계를 가르치는 유명 학원 강사였던 배병수학원 예명 배석봉 씨는 1980년대 후반, 군대 동기였던 가수 김학래 씨를 만나면서 가수 매니저를 시작하게 된다. 도제식으로 매니저 일을 배운 배병수 씨는 90년대에 들어서면서부터 연기자로 대상을 바꿔 지금은 대스타가 된 신인 연기자 최민수, 고 최진실, 엄정화 등을 발굴해 데뷔시키며 연예·방송계에 선풍을 일으킨다. 기존의 주먹구구식 매니지먼트 관행에서 탈피해 작품과 배우 간의 조화, 라디오 등 다양한 매체를 활용한 홍보, 광고 모델로 먼저 인지도를 높여 대중의 호기심을 유발하는 전략 등 '전문성'을 내세운 배씨의 전략이 대성공을 거둔 것이다. 정·관계 인사와의 관계 역시 중요한 성공 비결이었다.

하지만 관행을 거스르고 동업자 간 연대를 깬 추진력의 이면에는 다른 사람을 무시하고 깔보는 자만심과 유아독존의 오만함이 도사리고 있다는 평을 받게 되면서 주변 사람들과 다툼이나 충돌이 잦았다. 흔히 '갑'으로 간주되던 방송사 피디와도 툭하면 언쟁을 벌이고, 불리한 기사를 작성한 기자와 마찰을 빚기 일쑤였다. 특히 배씨 밑에서 일하는 사람들은 심한 굴욕과 구박을 감수해야 버텨낼 수 있었다.

갑자기 사라진 '스타 매니저'

1994년 12월 12일, 갑자기 배병수 씨가 사라졌다. 여기저기서 배씨와 했던 약속이 깨지고 급한 연락이 닿지 않아 발을 구르는 사람들도 많아졌다. 지금과 달리 스마트폰, 위성위치추적장치GPS는 물론 CCTV도 드물던 때라 집과 사무실에 없고 지인과 연락이 닿지 않으면 어디에 있는지를 알아낼 방법이 없었다. 이리저리 수소문하던 배병수 씨의 가족은 결국 12월 20일, 경찰에 실종 신고를 한다. 경찰은 사건의 파장을 고려해 신속하게 수사에 임했다. 가장 집중적인 수색 대상은 배병수 씨의 집이었다. 현장을 정리하고 치운 기색이 역력했지만 여기저기에서 격투의 흔적이 포착됐다. 안방에서는 혈흔도 발견됐다. 경찰은 바로 강력 사건 수사 체제로 돌입했다. 물론 격투의 흔적과 혈흔, 그리고 실종이 곧 살인이나 납치 등 강력 사건이 발생했음을 확인해주지는 않는다. 누군가와 다투고 실의에 빠진 나머지 스스로 자취를 감췄을 수도 있다. 하지만 경찰은 최악의 경우에 대비해야 한다. 만약 강력 사건이라면 무작위로 피해 대상을 정한 강도의 소행일까, 아니면 원한 관계에 있는 면식범의 소행일까? 혹은 또 다른 미지의 이유와 동기가 있는 사건인가?

　실종된 배병수 씨의 소재를 확인하기 위한 경찰의 전방위 수사와 수색이 이루어졌다. 배씨가 갈 만한 곳이나 친인척 등 아는 사람은 모두 경찰의 방문을 받았다. 특히 배씨와 돈거래가 있거나 다퉜거나 소문의 대상이 된 사람들은 귀찮을 정도의 질문 공세에 시달려야 했다. 물론, 동일 수법 전과자와 인근 불량배 등 우범자 역시 의심 어린 눈초리와 조사의 대상이 되어야 했다. 현장에서 발견된 지문과 담배꽁초, 머리카락과 혈흔 등은 모두 국립과학수사연구소로 보내졌지만 검사에 많은 시간이 걸리고 그 안에 범인의 것이 꼭 있으리라는 보장도 없었다.

　사건의 실마리는 의외의 곳에서 잡혔다. 배병수 씨 명의의 은행계좌를 조사하던 형사팀이 특이사항을 발견한 것이다. 배씨가 실종된 것으로 추정된 12월 12일부터 며칠 동안 서울과 부산 등에 있는 현금인출기를 이용해 누군가 배씨의 계좌에서 총 3,820만 원이라는 거액을 인출한 것이었다. 현금자동지급기가 설치된 은행 일부에서는 직원들이 그 '이상한' 인출에 대해 기억하고 있었고, 일부 지급기엔 CCTV가 설치되어 있었다. 돈을 인출한 사람은 20대 초반 남자로, 긴 머리의 36세 예금주 배병수 씨와는 전혀 다른 인물이었다.

　목격자들이 진술한 20대 남자의 인상착의로 용의자의 신원을 추정해가던 경찰은, 배병수 씨 밑에서 '로드매니저'연예인을 수행하며 운전, 일정 관리,

잔심부름 등을 해주는 사람로 일하다가 몇 달 전에 해고당한 전 아무개^{당시 21세} 씨에게 주목하게 된다. 은행 관계자가 기억하는 인상착의와 닮은 점이 많았고, 배병수 씨가 실종된 이후 종적이 묘연하고 연락이 닿지 않는 점이 의심스러웠다. 경찰은 곧 전씨에 대한 수배에 돌입했다. 특히 실종된 배씨 계좌에서 돈을 인출한 장소가 서울에서 부산에 이르는 고속도로 휴게소에 집중되어 있다는 점에 주목해 고속도로 모든 휴게소와 진출입로에 형사들을 배치했다. 주변에 대한 탐문수사 결과 그가 12월 11일, 당시로서는 신형이었던 '브로엄' 승용차를 구입하고 지인에게서 폐차 직전의 낡은 '에스페로' 승용차를 빌렸다는 사실을 확인한 경찰은 이 두 차량을 집중 추적하기 시작했다. '브로엄'의 번호판은 '서울 4커 7702', '에스페로'의 번호판은 '서울 3크 7744' 였다.

전씨의 '잠적'은 그리 오래가지 않았다. 12월 23일 오후 2시 15분, 충북 음성의 고속도로 진출로에서 잠복근무 중이던 경찰관의 눈에 '브로엄, 서울 4커 7702' 차량이 잡혔다. 운전자는 검문을 위해 다가간 경찰관을 제치고 차량을 급출발했다. 추격전이 시작되었다. 약 두 시간 뒤, 도주 차량은 충북 진천군에 있는 한 아파트 주차장에서 발견되었지만 사람은 타고 있지 않았다. 경찰은 대대적인 수색에 돌입했다. 오후 6시 40분, 압박이 조여오자 그는 경찰에 전화해 자수 의사를 밝히고 차량을 주차한 장소에 나타나 체포되었다.

그런데 도주 차량에 타고 있었던 것은 전씨 혼자만이 아니었다. 그의 공범 김 아무개^{당시 23세} 씨와 2명의 젊은 여성 등 총 4명이었다. 여성들은 배병수 씨가 실종된 12일 밤에 전씨와 김씨가 찾은 룸살롱 종업원들로 거액의 팁을 받고 함께 강원도 스키장으로 놀러 가는 중이었다. 경찰은 두 여성이 도주해 숨어 있던 친지 집을 급습해 검거했다. 범인은닉 및 도주방조 혐의였다. 김씨 역시 다음 날인 24일, 서울 서초경찰서를 찾아와 자수했다.

'돈'이 유일한 범죄 동기였을까?

두 사람은 배병수 씨를 살해한 후 암매장한 사실을 자백했다. 세상이 축제 분위기에 빠져든 크리스마스이브인 12월 24일 오후, 서초경찰서 형사들은 경기도 가평군 설악면 청평유원지 인근 야산 골짜기에서 오랜 시간을 보내야 했다. 두 범인이 배병수 씨 시신을 야산 오솔길까지 차에 싣고 온 뒤 쉽게 발견되지 못하게 하려고 골짜기 언덕 아래로 굴려버렸기 때문이다. 오랜 시간에 걸쳐 어렵게 찾고 손상되지 않도록 힘들게 끌어 올린 뒤 살펴본 시신의 모습은 참혹했다. 평상시 집에서 입는 운동복 차림의 배병수 씨 시신은 추운 겨울 날씨에 완전히 얼어 있었고 눈과 코, 입술 등 얼굴 여러 곳이 붓고 터져 있어 누군지 알아보기가 힘들 정도였다. 머리에도 심한 타박상이 있었고 팔이 부러져 있었다. 특히 목에는 선명하게 줄이 파고든 흔적索痕이 남아 있었다. 시신의 모습만 봐도 12월 12일 어떤 일이 있었는지 짐작할 만했다. 한국 방송·연예계에 지각변동을 일으키며 큰돈을 벌고 최고의 스타들을 발굴해 배출한 '스타 매니저'의 최후치고는 너무 비참하고 참혹했다. 과연 '돈'이 유일한 범죄 동기였을까?

사건 발생 1년여 전인 1993년 여름, 고등학교 졸업 후 군대를 다녀온 뒤 하릴없이 빈둥거리던 스무 살 청년 전씨는 한 방송사 예능 프로그램 야외 공개녹화장에서 배병수 씨를 우연히 만나 현장 잡일을 도와준 것을 계기로 로드매니저로 채용된다. 체격이 왜소하고 얼굴이 곱상하며 착하고 성실해 보여 여자 연예인 보조역으로 어울린다는 판단을 한 배병수 씨는 전씨를 한창 주가가 오르던 최진실 씨 로드매니저로 배정했다.

처음엔 별문제가 없었다. 하지만 점차 독단적이고 불같은 성격의 배병수 씨가 그를 혼내는 일이 늘기 시작했다. 사무실과 직원들, 그리고 연예인의 소지품에서 금품이 없어지는 일이 빈번히 발생하자 배씨는 그를 의심했고, 그가 사소한 실수를 저질러도 여러 사람이 보는 앞에서 가혹하게 질책했다. 결국 1994년 1월 전씨는 해고당했다. 그는 애초에 어떤 자격도 없고 아무 할 일도 없던 자신에게 스타들과 일할 기회를 준 은혜는 까맣게 잊고 자신의 잘못을 꾸짖고 해고한 데 대한 불만과 앙심을 품게 되었다. 자신이 보조하던 최진실 씨가 점점 더 유명해질수록 복수심은 커져가기만 했다. 복수를 할 수단이나 방법, 능력은 없었다. 그동안 벌어둔 돈으로 이곳저곳을 전전하며 오락과 유흥으로 시간을 보낼 뿐이었다. 돈이 떨어진 뒤엔 카드 빚으로 충당했다. 독립적으로 매니저 일을 시작해보려고 연예계를 기웃거리다 배병수 씨를 만나 '매니저 할 자격도 없다'는 질책을 듣자 배씨에 대한 반감은 더욱 커졌다.

의혹과 설만 난무한 연예계 착취 구조

1994년 10월, 가진 돈도 다 떨어지고 1,000만 원 넘는 카드 빚마저 지게 된 그는 서울 청량리 한 성인 오락실에서 절도 등 전과 5범인 김 씨를 만나 친하게 지내며 '돈을 벌자'는 범죄 모의를 한다. 그는 여러 스타들을 거느린 배병수 씨에게 돈이 많다는 것과 내부 사정을 잘 안 다는 점을 내세우며 김씨의 범죄 경험과 결합하면 큰돈을 벌 수 있다 는 제안을 하게 된다. 차량과 범행 도구를 마련한 두 공범은 12월 11일 밤 11시, 빌려온 에스페로 승용차를 타고 배병수 씨 집에 도착했다. 초 인종을 눌렀으나 응답이 없어 아무도 없다는 사실을 확인한 이들은 집 안으로 침입해 숨어 있다가 30분 뒤 귀가한 배씨의 머리를 각목으로 내리쳐 실신시켰다. 안방으로 피해자를 옮긴 두 사람은 배씨를 결박하 고 깨운 뒤 칼로 위협해 예금통장과 현금카드의 위치와 비밀번호를 물 었다. 배씨가 답을 거부하고 오히려 전씨를 나무라자 가혹한 폭행이 가해졌다. 결국 배씨는 다 말해줄 수밖에 없었고, 필요한 것을 모두 손 에 넣은 두 사람은 함께 배병수 씨의 목을 전깃줄로 졸라 살해했다. 얼 굴을 아는 배씨가 신고할 것이 두렵기도 했고 복수심이 작용하기도 했 다. 시신을 유기하고 증거가 될 차량을 외진 곳에 버린 두 사람은 새로

산 브로엄 차량을 이용해 이동하며 돈을 마구 인출했다. 거액을 손에 쥐게 된 기쁨과 큰 죄를 저질렀다는 죄책감, 잡힐지도 모른다는 불안 감이 한꺼번에 몰려오자 이들은 접대 여성이 있는 술집, 룸살롱을 찾 았고 쾌락 속에 모든 것을 잊으려 했다. 그 광란의 유희는 결코 오래갈 수 없었다. 1995년 6월 두 사람에게 각각 무기징역형이 선고되었고, 형이 너무 과하다며 항소했지만 10월 항소심에서 원심 형량이 확정되 었다. 전씨는 원주교도소, 김씨는 부산교도소에 각각 나뉘어 수감되어 복역 중이다.

스무 살 어린 나이에 저지른 범죄로 평생 감옥에 있어야 하는 처지 가 억울했을까? 전씨는 자신의 범행에 돈과 복수심이 아닌 '뭔가 다른 이유와 배후인물'이 있는 것처럼 모호한 주장을 계속하고 있다. 특히 형이 확정되어 수감된 뒤 일부 정치인과 언론사에 지속적으로 '이제 진실을 밝히겠다'는 편지를 보내던 그는 일부 언론사와 교도소 내 인 터뷰까지 하면서 전혀 '실체가 없는' 모호한 음모론을 퍼뜨려왔다. 그 러던 중 고 최진실 씨 자살과 유골 도난 사건 등이 발생하자 언론사에 편지를 보내 다시 주목을 받기도 했다. 그 음모론은 '살인의 배후'와 는 상관없는, 배병수 매니저를 둘러싼 연예계 비리 문제인 것으로 추 정된다. '내가 입 열면 여럿 다칠 테니 알아서 도와달라'는 메시지인 것이다.

'스타 매니저 배병수' 살인 사건은 형사 절차와는 별도로 언론사, 정·관계 및 방송사 인사 등 '절대 갑'과 기획사 대표라는 '갑', 그리고 스타 연예인이라는 또 다른 '갑'과 신인 연예인과 말단 로드매니저 등 '을' 사이의 지배복종 관계와 착취 구조 등의 문제를 처음으로 알린 사건이었다. 하지만 의혹과 설만 난무했을 뿐 제대로 된 조사나 수사가 이루어지지 않고 덮이다 보니, 고 장자연 사건 등 오늘날에 이르기까지 연예계 비리 문제가 심각한 상황이다. 전씨는 밝혀야 할 진실이 있다면 고인과 지금 이 시간에도 땀과 눈물을 흘리고 있을 연예계 후배들을 위해서라도 정확하고 소상하게 밝혀야 한다. 그래서 연예계의 구조적 비리와 인권침해 문제를 근본적으로 해결할 법·제도적 개선책 마련에 일조해야 한다.

007

토막 살인에 징역 5년?

영국 한인 여성
살해 사건

영국 역대 왕조의 중요한 군사 및 외교적 요충지였던 '킹스턴' 정식 명칭은 킹스턴어폰템스은 런던 중심부에서 약 10킬로미터 떨어져 있다. 고풍스러운 역사적 건물들과 유유히 흐르는 템스 강 지류가 만들어내는 아름다운 풍광 사이로 조성된 쇼핑 타운은 킹스턴 경제의 활력소다. 그 한쪽 편에는 '한인인 마을' 코리아 타운이 들어선 뉴몰든 지역이 있다. 한국음식을 파는 한인 식당과 한국에서 공수해온 식재료와 생활필수품을 파는 가게들이 죽 늘어선 이곳은 영국에 거주하는 주재원과 유학생은 물론 관광객들에게도 필수 방문지다. 영국 한인회의 근거지이며 '영국 속 한국'이라고 할 만하다. 그러다 보니 자연스럽게 한국인-영국인 간 결혼도 다른 곳에 비해 많이 이루어지고 있다.

2004년 6월 8일 밤, 킹스턴 지역이 갑자기 발칵 뒤집어졌다. 킹스턴 경찰서에서 긴급 공개 수배령을 발령했기 때문이다. 긴급 수배 대상자는 35세 폴 달튼으로, '사망 사건과 관련이 있으며 위험할 수 있으니 발견하는 즉시 접근하지 말고 경찰에 신고해달라' 는 내용이었다. 다음날 언론에 보도된 내용은 충격적이었다. 이틀째 연락이 닿지 않는 아들 내외의 안전을 염려한 달튼의 부모가 킹스턴에 있는 아들 집을 방문했다가 냉장고 안에서 비닐봉지에 싸인 시신 일부를 발견하고 경찰에 신고했다는 것이다. 그 시신은 달튼의 아내인 한국인 강 아무개^{당시} 38세씨로 추정된다는 내용이 포함되어 있었다.

피해자 어머니 찾은 런던경찰청 형사들

한인 사회는 술렁거렸고, 주영 한국대사관 영사팀은 바쁘게 움직였다. 경찰을 통해 피해자의 신원이 강씨라는 것을 확인한 대사관에서는 한국에 있는 피해자 가족에게 이 소식을 알리고 영국 방문을 위한 안내를 했다. 영국 외무부를 통해서는 조속한 범인 검거와 사건 해결을 위해 최선의 노력을 다해달라는 요청을 했다.

피해자 강씨는 1997년에 결혼한 남편 폴 달튼과 함께 '킹스턴 영어학원' 을 운영하던 중이었다. 부부간 불화가 심했고, 사건 당일에도 부부 싸움 끝에 살인 및 시신 훼손이 일어난 것으로 추정되었다. 두 사람 사이에는 여섯 살 난 딸이 있었다. 용의자 폴 달튼은 사건 직후 도주하면서 자신의 어머니에게 "살해할 의사는 없었고 언쟁을 하던 중 한 대

때렸을 뿐인데 일이 벌어졌다"는 문자메시지를 남겼다.

킹스턴 경찰은 공개 수배와 함께 용의자 폴 달튼의 연고지 및 지인들을 대상으로 수사 범위를 확대하고 공항·항만·기차역 등 용의자의 도주 경로를 추적했다. 곧 달튼의 흔적이 포착되었다. 런던 히드로 국제공항을 통해 일본으로 출국한 것이다. 사건은 런던수도경찰청The London Metropolitan Police, 약칭 The Met 으로 이관됐고, 수도경찰청은 곧 외무부를 통해 일본 외무성에 폴 달튼의 소재 확인에 대한 협조 요청을 하는 동시에 도쿄 경시청 외사과에 직접 공조 요청을 하고는 형사 2명을 일본으로 급파했다. 도망자 폴 달튼은, 자신과 피해자 강씨의 현금과 예금을 모두 찾아 충분한 도주 자금을 마련한 뒤 출국한 것으로 확인되었다.

일본에서의 도주 생활은 오래가지 못했다. 추적을 피해 현금을 주고 허름한 여관에 투숙했지만 런던수도경찰청의 긴급 공조 요청을 받은 도쿄 경시청의 수배는 소규모 숙박업소에까지 도달했고, 인상착의가 유사한 서양 방문객의 수상한 투숙은 곧 신고로 이어졌다. 결국 폴 달튼은 영국 형사들과 함께 런던행 비행기에 올라야 했다. 일본으로 도주했던 용의자의 신병이 확보되었으니 사건의 진실이 밝혀지고 정의가 구현될 것처럼 보였다.

변호사를 선임한 폴 달튼은 일관되게 '살해 의도는 전혀 없었다'고 주장하면서 교묘하게 사건 발생의 책임을 피해자에게 돌렸다. "수년 동안 지속된 아내의 폭언과 협박, 괴롭힘 등으로 시달려오다가 사건 당일 극심한 폭언을 듣던 끝에 순간적인 분노가 폭발해 한 대 때렸을 뿐이다. 아내가 쓰러지고 자리를 피해 밖으로 나갔다가 돌아와 보니 숨을 쉬지 않았다. 겁이 나서 나도 모르게 시신을 절단한 뒤 템스 강으로 가져가 버리려다 너무 겁이 나서 그냥 냉장고에 넣고 일본으로 도주했다"는 것이 달튼의 주장이었다. 그는 또한 피해자 강씨가 자신을 '노예'처럼 부렸고, 영어학원 수입도 아내 혼자 관리하면서 자신에게는 용돈조차 주지 않았고, 사건 당일에는 자신과 결혼한 이유가 오직 영국 시민권 때문이었지 사랑해서가 아니라고 말해 격분했다고 주장했다. 사망한 피해자는 말이 없고, 둘만 아는 문제에 대한 가해자의 일방적인 주장이었다. 달튼의 변호인은 그의 일방적인 주장에 동조할 목격자와 증인을 최대한 확보했다. 사망한 피해자 편을 들어줄 목격자와 증인을 찾는 사람은 아무도 없었다. 경찰 수사 결과도 달튼의 주장을 상당 부분 수용했다.

영국 경찰이 수사를 종결하기 전에 꼭 거치는 절차가 있다. 피해자나 그 가족을 찾아 수사 과정을 설명하고 피해자 쪽의 상황과 의견을 묻는 것이다. 영국 런던수도경찰청에서는 상처 입은 피해 유가족의 충격에 공감하며 차분히 상황을 설명해주는 '특별한 역할'에 대해 전문성을 가진 베테랑 형사들을 한국으로 보냈다. 사건 발생 4개월 만인 2004년 10월 26일, 런던경찰청 이언 스미스 수석수사관을 단장으로 하는 3명의 형사가 대구시 달서구 월성동에 있는 피해자 강씨의 모친 박 아무개 씨의 집을 방문한 것이다. 한국의 문화와 정서를 미리 학습하고 온 런던경찰청 형사들은 우선 "따님이 영국에서 안타까운 죽음을 당하게 된 것에 대해 깊이 사과드립니다"라는 인사로 말문을 열었다.
피해자의 사망에 대해 책임이 없는 경찰이, 영국에서라면 결코 하지
않을 인사다. 그 첫인사에 이미 어머니 박씨의 마음은 눈 녹듯 풀렸다.
이어진 차분하고 따뜻한 설명과 앞으로 벌어질 재판 과정에 대한 안내
에 고마움을 느낀 박씨는 딸을 죽게 한 혐의로 기소된 사위에게 어떤
처벌이 내려지길 바라느냐는 영국 형사의 질문에 "먼저 하늘나라로 간
딸은 하느님의 구원을 받았을 것 (중략) 여섯 살 난 외손녀를 위해서라
도 용서하기로 했다"고 답했다.

자기가 살기 위해 부인의 명예를 짓밟다

영국으로 돌아간 런던경찰청 형사들은 피의자 폴 달튼에게 종신형
까지 선고가 가능한 '살인' 죄가 아니라 유기징역형에 처해지는 '폭행
치사' 및 '장례 절차 지연' 혐의를 적용해 검찰에 기소를 요청했다. 검
찰은 경찰의 요청대로 기소했다. 모든 것을 '내 탓이오'라고 받아들이
는 한국 어머니의 관용과 용서가 영국 형사들을 감동시킨 결과라고 볼
수 있다. 하지만 피고인 폴 달튼이 자신의 죄를 덜고 형량을 줄이기 위
해 택한 방법은 피해자인 부인의 인격을 짓밟고 명예를 훼손하는 것이
었다.

영국에서는 형사사건의 재판 과정에 피해자 혹은 유가족의 상황과 심경
을 조사한 '피해자 충격 진술서' Victim Impact Statement가 제출되어 판사

의 심리와 배심원의 판단에 영향을 미친다. 이국에서 남편의 손에 숨진 딸의 비운을 자신의 탓으로 받아들이며 외손녀를 위해 사위를 용서한다는 '착한 장모'의 한국적 관용은, 자신의 이익을 위해 부인을 최대한 '나쁜 사람'으로 만들려는 못된 영국 사위의 자기방어 전략과 만나면서 어처구니없는 결과를 만들어내고야 만다. 아내를 한 대 때려 '폭행 치사'한 혐의에 대해 징역 2년, 시신을 토막 내 냉장고에 숨기고 도주해 '장례 절차를 지연'한 혐의에 대해 징역 3년, 총 징역 5년이라는 가벼운 형벌이 내려진 것이다. 영국 검찰은 '살인의 고의'를 인정하지 않고 범죄의 잔혹성에 비해 지나치게 가벼운 형량을 내린 것은 법리 위반이라며 항소했다.

영국에서 국가를 대표하는 검찰은 특별한 사유가 없으면 항소를 하지 못한다. 사법제도에 대한 신뢰를 확보하고 소송비용을 줄이기 위해서다. 이 사건의 경우, 검찰이 항소할 '특별한 사유'가 있다고 본 셈이다. 2005년 7월 25일, 런던 중심부에 위치한 고등형사법원 '올드 베일리'에서 열린 항소심 선고 공판. 검찰과 피고 양측의 치열한 공방이 모두 끝나고 배심원들이 밀실로 들어가 평결을 위한 논의를 시작했다. 채 한 시간도 지나지 않아 배심원이 만장일치로 평결에 도달했다는 보고가 판사에게 들어왔다. 배심원 대표는 이렇게 평결 결과를 발표했다. "검찰이 기소한 살인죄에 대해 무죄를 평결했다. 피고가 피해자가 사망하기에 충분한 위력으로 가격해 사망에 이르게 한 사실은 인정되어 폭행 치사 혐의에 대해 유죄를 평결했다. 아울러 폭행으로 쓰러진 피해자에 대한 구호 조치를 실시하지 않고 시신을 훼손하고 유기해 그 장례 절차를 지연시킨 혐의에 대해서도 유죄를 평결했다." 법정은 술렁거렸다. 재판장 그로스 판사는 장내 정숙을 명령한 뒤 "이 사건은 매우 심각하고 잔혹한 범죄다. 피고는 부부 싸움 끝에 격분해 피해자에게 불의의 일격을 가해 사망에 이르게 했다. 하지만 살인에 대한 고의가 입증되지 않아 폭행 치사죄로 처벌하게 되었다는 점을 피고는 명심하기 바란다"며 논란의 대상이 된 재판을 마무리했다.

영국 교민들은 물론, 미국 버지니아 주 페어팩스에 본부를 둔 한미여성협회_{회장 실비아 패튼}에서도 '폴 달튼' 판결이 '인종차별'이라며 반대 성명을 발표하고 강하게 항의했다. 영국 재판부나 언론은 별다른 반응을 보이지 않았다. 영국에서는 부부 싸움 끝에 화가 나 배우자를 잔혹하게 살해한 경우 대부분 '폭행 치사' 죄를 적용한다는 말인가. 2013년 7월 28일 영국 '루이스 형사법원'은 이혼을 요구하며 욕설과 모욕을 퍼부은 아내_{서맨사 메들런드, 당시 24세}를 칼로 찔러 살해한 타이 메들런드_{당시 26세}에게 '최소 25년 형'을 선고했다. 25년을 복역한 뒤 행형 성적에 따라 석방 가능성을 심리해 석방 여부를 결정하는 '사실상의 종신형'을 선고한 것이다.

부당한 인종차별은 아닌가

물론 폴 달튼이 아내를 살해한 사건과 구체적인 세부 사항에서는 차이가 있다. 주먹으로 때려 살해한 것과 칼로 찔러 살해한 것. 무엇보다도 타이 메들런드의 경우, 아내의 불륜 의심과 이혼 요구에 격분해 페이스북에 아내와의 성관계 사진을 올리고 아내를 '거짓말쟁이 간통녀'라며 모욕하는 글을 올리는 등 '거절당했다는 분노를 참지 못하는 상태'였기 때문에 아내에 대한 살인이 '계획적'이었다는 증거가 확보되었다는 점이다. 법정에서 판사는 아내 서맨사가 아기를 유산한 뒤 피고인이 심리적 충격을 받았고, 아내가 다른 남자와 관계를 맺고 있다는 의심을 할 만한 정황이 있었고, 결국 아내가 이혼을 요구해 이성을 잃을 정도로 흥분하게 되었다는 '정상을 참작'한다고 판시했다. 그럼에도 피고인 타이 메들런드는 '살인죄' 유죄를 인정받고 '최소 25년형'의 중형을 선고받았다. 메들런드와 달튼의 형량이 이처럼 다른 것은 범죄가 계획적이었느냐, 우발적이었느냐의 차이였을까? 2005년 8월, 동네 청년들에게서 망치로 테러를 당해 피를 흘리고 응급치료를 받아야 했던 한국인 유학생 전 아무개 씨 사건에서도 영국 검찰은 '불기소' 처분을 내렸다. 1993년 흑인 청년 스티븐 로런스당시 18세가 버스 정류장에서 갑자기 나타난 백인 청년들에 의해 칼에 찔려 사망한 '인종 혐오 테러' 범죄에 대해 미온적인 대응으로 폭동까지 불렀던 영국 경찰과 사법부는 종종 인종차별로 의심받을 만한 수사와 기소 혹은 재판 결과를 보인다.

형사 절차는 그 나라 고유의 주권에 해당하는 사안으로, 외국 정부가 부당한 개입을 한다면 '주권 침해'가 될 수 있다. 하지만 자국민이

외국에서 부당한 사법 피해를 당할 위험에 있거나 당했음에도 방관한다면 '국민 보호'라는 국가의 기본 사명을 방기하는 것이다. 자국민이 반복적으로 외국 수사 당국이나 사법부에 의해 부당한 조처나 처분을 당한다면 이는 국가적 문제다. 대한민국의 국력과 외교역량이 국제사회에서 무시 못 할 위치를 차지하는 지금, 그동안 상대적으로 미약했던 형사 사법 공조와 영사 기능의 강화가 필요하다. 단 한 명의 교민이나 유학생, 여행객이라도 외국에서 부당한 취급을 당하지 않기 위하여!

008

트렁크에 주검 싣고 손님을 태우다

공포의
'살인 택시'

2010년 3월 26일 충북 청주시 상당구 남문로. 그동안 초긴장 상태에서 '인턴사원' 역할을 해내느라 몸과 마음이 지쳐 있던 송 아무개^{여·당}^{시 24세} 씨는 오랜만에 친구 생일 파티에 참석했다. 허물없는 친구들과 지난 얘기를 나누며 스트레스를 푼 송씨는 밤 11시께 즐거운 여운을 안고 택시에 올랐다. 행선지를 말하고 뒷자리 등받이에 깊숙이 몸을 파묻자 택시 기사가 질문을 던졌다. "손님, 실례지만 학생이세요, 직장인이세요?" 송씨는 잠시 머뭇거리다가 "직장인이요"라고 말한 뒤 "최근에 인턴사원으로 취직했어요"라고 덧붙였다. 기사는 '인턴사원'의 의미를 제대로 이해한 것 같지 않았다. 택시 기사의 이상한 질문에 별 의미를 두지 않은 송씨는 눈을 감았다.

송씨는 깜빡 잠이 들었다가 좋지 않은 느낌에 눈을 떴다. 택시는 어둡고 낯선 골목길에 세워져 있었다. 송씨는 왜 엉뚱한 곳으로 왔느냐고 항의했다. 기사는 말없이 운전석에서 내리더니 뒷좌석 문을 열고 송씨 옆으로 온 뒤 문을 닫아버렸다. 기사의 손에는 날카로운 흉기와 노끈, 그리고 두툼한 청테이프가 들려 있었다. 기사는 송씨에게서 현금 7,000원과 신용카드를 뺏고 카드 비밀번호를 물은 뒤 송씨를 성폭행했다. '학생이냐, 직장인이냐'를 물었던 이유였다. 돈 없는 학생일 경우 범행하지 않고 보내주지만, 돈 버는 직장인 여성일 경우 현금과 카드를 노리고 범행을 하겠다는 의미였다. 택시 기사가 던진 질문에 그런 무서운 의미가 담겨 있을 것이라고 의심하는 손님은 없다. 택시 기사가 '직장인'이라는 말 한마디에 갑자기 강도 성폭행범으로 돌변한 것이다.

택시 기사는 채 충격에서 벗어나지 못한 송씨의 두 손과 발을 노끈으로 강하고 단단하게 결박했다. 그 뒤엔 청테이프로 입과 코를 포함한 얼굴 전체를 여덟 차례나 휘감았다. 노끈이 손과 발을 조여와 아팠지만, 코와 입이 막혀 숨을 쉬지 못하는 고통에는 비교할 수 없었다. 택시 기사는 아무 소리도 내지 못하고 고통에 몸을 떨기만 하는 송씨를 끌어내 트렁크에 넣고 감금했다. 새벽 2시 30분께였다. 이후 택시 기사는 한 시간 반 동안 결박된 채 코와 입이 막힌 송씨를 트렁크에 싣고 거리를 운행하며 3명의 손님을 태우고 목적지까지 데려다 주는 '영업'을 했다. 새벽 4시, 거리에 행인이나 차량이 없어지자 택시 기사는 으슥한 곳에 위치한 현금자동인출기ATM를 찾았다. 피해자 송씨가 알려준 비밀번호가 잘못되었는지 '비밀번호 오류' 메시지만 뜨고 돈이 인출되지 않았다. 피해자를 추궁해 다시 정확한 비밀번호를 알아내려고 택시로 돌아와 트렁크를 연 기사는 피해자 송씨의 입에서 테이프를 떼어냈다. 그의 몸은 이미 차갑게 식어 있었고, 아무 움직임을 보이지 않았다. 몸을 흔들어도 마찬가지였다. 기도가 막혀 숨을 쉬지 못해 '질식'으로 사망한 것이다.

택시 기사는 마치 아무 일도 없다는 듯 트렁크 문을 다시 닫고 집으로 돌아가 잠을 잤다. 다음 날인 3월 27일 정오쯤 부스스 일어난 그는 트렁크에 주검이 실려 있는 택시를 몰고 다시 거리로 나섰다. '주검을 트렁크에 실은 채' 오후 2시부터 밤 11시까지 여러 손님을 실어 나르며 청주시 이곳저곳에서 영업을 한 뒤 검문이나 CCTV를 피해 작은 길을 골라 돌고 돌며 대전으로 갔다. 3월 28일 새벽 1시 반께, 대전시 대덕구 소재 산업단지의 으슥한 골목길에 주차되어 있는 대형 트럭과 벽 사이로 피해자 송씨의 주검을 밀어 넣었다. 사방에 아무도 없는지를 여러 차례 확인한 뒤였다. 그는 건너편 전봇대 위에 매달린 작은 CCTV 카메라를 발견하지 못했다. 그 '작은 실수' 하나가 수년에 걸친 자신의 연쇄살인 행각에 종지부를 찍게 할 줄은 꿈에도 생각하지 못했다.

의문스러운 '5년 공백'

'공포의 살인 택시' 기사가 주검유기 장소로 선택한 대전 대덕산업

단지를 관할하는 대덕경찰서의 당시 수사과장은 젊은 간부 후보 출신 박찬우 경정이었다. 주검 발견 신고를 접하자마자 현장 보존과 과학수사반 투입을 통해 철저한 감식을 실시한 수사진은 현장 인근 CCTV 분석을 통해 주검을 유기하는 남자와 택시의 희미한 뒷모습을 포착해냈다. 정확한 번호는 식별할 수 없었다. 청주 지역 회사 택시라는 것만 확인할 수 있었다. 주검과 현장에서 수거한 증거 및 CCTV 영상을 모두 국과수에 보낸 대덕경찰서는 대전지방경찰청과 경찰청에 사건 발생 보고를 한 뒤 충북지방경찰청 및 관할 경찰서들에 공조수사 요청을 했다. '검거의 공'을 독점하지 않고, 관련 경찰기관들이 힘을 합쳐 사건을 해결하자는 모범적인 방식이었다. 국과수 영상분석실에서 정확한 택시 번호를 회신받은 수사진은 피의자 안 아무개^{당시 41세} 씨를 그의 거주지에서 체포했다. 지문 조회를 통해 피해자 송씨의 신원이 확인된 것과 청주 상당경찰서가 실종 신고된 송씨의 인적 사항을 통보해온 것은 거의 동시였다.

피의자 안씨에 대한 전과 조회를 실시한 경찰은 그가 2000년 성폭행 미수로 검거되어 징역 3년 형을 선고받았던 사실을 확인했다. 청주시 상당구에서 택시 운전을 하던 중 손님이었던 19세 여성 피해자를 흉기로 위협하다 검거되었던 것이다. 박찬우 경정은 보통 사건이 아니라는 판단을 하고 지방경찰청에 범죄심리분석관^{프로파일러}의 투입을 요청해 심층 분석에 들어가는 한편, 청주 상당경찰서 및 충북·충남지방경찰청 등 인접 경찰관서와 협력해 미제 사건으로 남아 있는 여성 실종 및 살인 사건 파악에 들어갔다. 곧 안씨가 출소한 지 1년 정도 지난 2004년 10월 충남 연기군에서 발생한 20대 여성 전 아무개^{당시 23세} 씨 성폭행 살인 사건과 유사성이 발견되었다. 범죄심리분석^{프로파일링} 결과도 피해자 특성과 범행 수법, 주검에 난 상처 특성, 주검유기 방법 등에서 '본질적인 유사성'이 나왔다. 동일범의 소행일 가능성이 높았다.

이어진 피의자 안씨에 대한 행적수사 결과 그가 전씨 피살 사건 발생 시기에 충남 연기군의 택시회사에서 기사로 일했고, 사건 직후 퇴사한 뒤 대리운전 기사 및 업체와 단체들의 셔틀버스 기사로 일했다는 사실이 확인되었다. 국과수에 확인한 결과, 당시 연기군 사건 피해자 전씨 몸에서 범인의 정액이 검출되었고 그 DNA 분석 결과가 보관되어 있었다. 그것은 2010년 피해자 송씨 몸에서 나온 범인의 DNA, 즉 안씨의 DNA와 모두 일치했다.

곧이어 안씨의 행적과 여성 피살 미제 사건 발생 지역을 비교 분석하던 경찰은 2009년 9월 청주시 무심천 하천가에서 발견된 여성 김 아무개^{당시 41세} 씨 사건 역시 그의 소행일 가능성이 높은 것으로 분석했다. 그는 처음에 완강하게 범행을 부인하다가 CCTV와 DNA 등 '결정적 증거'가 제시되자 김씨 살해를 시인했다. 드디어 그가 세 건의 살인을 저지른 '연쇄살인범'이라는 사실이 확인된 것이다.

박찬우 경정과 수사진은 안씨가 특수강간 혐의로 3년을 복역하고 출소한 지 채 1년이 지나지 않았던 2004년 10월에 충남 연기군에서 성폭행 강도 살인을 저지른 뒤 5년 만인 2009년 9월에 청주 무심천 살인!

사건을 저지르고 다시 6개월 뒤인 2010년 3월에 송씨 성폭행 강도 살인을 저지른 사실에 주목했다. 2004년 10월에서 2009년 9월 사이 '5년간의 공백'이 연쇄살인범의 '심리적 냉각기' cooling-off period로는 너무 길다는 분석이었다. 수사진은 추가 분석을 통해 2010년 1월 20일에 청주에서 택시 승객 이 아무개여·당시 33세 씨가 택시 기사에게 흉기로 위협받고 현금을 강탈당했다고 신고한 사건을 찾아내 그의 범행임을 밝혀냈다. 한 건의 특수강도 혐의가 추가된 것이다. 하지만 범행 공백기 5년간 그의 소행으로 보기에 충분한 살인 미제 사건은 발견되지 않았고, 주검이 발견되지 않은 '실종'의 경우 자백 없이 입건할 수는 없었다. 그는 결코 경찰이 증거를 확보한 뒤 추궁하는 사건 이외에는 스스로 자백하지 않았다. 검찰의 추가 수사에서도 그의 추가 범행은 확인되지 않았다.

연쇄살인범에 대한 감형

피해자 송씨의 아버지를 포함한 피해 유족들은 고통과 슬픔, 아픔과 분노로 절규했다. 이제 갓 인턴사원으로 사회에 첫발을 내디뎠던 딸을 잃은 송씨는 언론과의 인터뷰를 통해 "안씨에 대한 사형 집행으로 정의를 구현해달라"고 호소했다. 안씨는 경찰과 검찰의 수사, 그리고 법정에서 줄곧 사죄와 참회의 모습을 보이며 고개를 숙였다. 그는 "살해할 고의는 없었다. 모두 우발적으로 발생한 사고다"라고 주장하며 선처를 호소했다. 2010년 10월 28일 대전지방법원 형사합의 11부재판장 심규홍 부장판사는 피해 유가족들의 바람대로 안씨에게 사형을 선고했다. 재판부는 판결문을 통해 "잔인한 범죄를 저지르고도 살인의 고의를 부인하고, 구체적인 정황이나 상황에 대해 끊임없이 진술을 번복하는 등 진지한 참회의 모습을 보여주고 있지 않다. (중략) 일부 유족이 피고인에 대한 강력한 처벌을 간절히 바라고 있다. (중략) 피해자들과 그 유족들이 겪었거나 겪고 있을 육체적, 정신적 고통의 정도, 대중교통 수단인 택시를 이용해 잔인한 범행을 저질러 우리 사회에 커다란 충격과 경악을 준 점 등으로 볼 때 피고인을 영원히 우리 사회로부터 격리시키는 극형의 선고는 불가피한 선택"이라고 말했다. 고개 숙이며 속죄의 뜻을 나타내던 안씨는 "형량이 너무 무겁다"며 즉각 항소를 제기했다. 그를 변호하던 국선 변호인은 변호를 포기하고 사임했다.

항소심 재판부의 입장은 달랐다. "중학교만 졸업하고 어린 나이부터 화학약품 냄새와 유독가스를 맡으며 플라스틱 공장에서 일을 하는 등 고생만 하고 자란 뒤, 어렵게 배운 운전으로 대리 기사와 택시 기사 등을 하며 궁핍하게 살아오다 생활고를 이기지 못하고 저지른 범행"이라며 눈물을 흘리고 '결코 살해할 의도가 없었다'며 호소하는 안씨에게 동정심을 느낀 것이다. 2011년 3월 15일 대전고등법원 형사 1부재판장 이동원 부장판사는 원심의 '사형' 판결이 너무 과하다며 이를 파기하고, '무기징역과 20년간 전자발찌 부착 명령'을 선고하는 '감형'을 했다. 재판부는 판결문을 통해 "국민의 법감정을 고려하면 원심과 같이 피고를 사회로부터 영구히 격리시키는 중형에 처해야 한다. (중략) 그러나 피해자 송씨를 살해한 범행은 우발적인 것으로 보이고 또 다른 2명의 피해자에 대해서는 고의는 인정되나 미필적 고의에 의한 범행으로 보인다. (중략) 피고인이 (중략) 죄를 뉘우치고 반성하고 있는 점 등을 참작했다"고 감형 이유를 설명했다.

대한민국은 1997년 12월 30일 이후 10년 이상 사형 집행을 하지 않아 '실질적 사형제도 폐지 국가'로 분류된다. 형법에는 여전히 법정 최고형으로 '사형'이 존재한다. 사형제도 폐지의 대안으로는 '감형 및 가석방 없는 종신형'이 거론된다. 공식적으로 사형제도가 폐지될 때까지 현재 우리 형법의 '사형'은 실제로는 여타 선진국의 '감형 및 가석방 없는 종신형'의 역할을 한다고 볼 수 있다. '무기징역'은 엄연히 감형이 가능한 형벌로, 40대 초반이라는 안씨의 나이로 볼 때 행형 성적이 좋을 경우 활동력이 충분한 60대에 출소할 가능성이 높아 보인다. 재판부가 '사형'제도 자체에 반대하기 때문에 '무기징역'형을 선고한다면 모를까, 법정 최고형으로서 '사형'의 존재에 대해 인정하면서도 피고인이 '반성'한다는 이유만으로 연쇄살인범에 대해 감형을 한다는 것은 납득할 수 없다. 항소심 결정에 피해 유가족들이 분노의 오열을 터뜨리는 이유다.

이 사건의 또 다른 피해자들은 바로 대다수의 선량한 택시 기사들이다. 공연히 '잠재적인 성폭행 강도범'이라는 의심을 받았다. 그동안 정부는 '여객자동차 운수사업법'과 '교통안전법' 개정 등을 통해 범죄

경력자의 택시 기사 취업을 제한하고, 불법 도급 택시 운행 근절책을 마련하고, 디지털 운행기록계 장착을 의무화하는 등 대책 마련에 노력했다. 하지만 경찰과 자치단체가 협력해 택시 기사의 자격과 활동을 엄격히 관리하는 영국이나 프랑스 등 유럽에 비한다면, '시민의 발' 택시의 공적 신뢰를 높이고 범죄 발생 가능성을 줄이는 대책으로는 미흡하다. 운전석과 승객석을 투명 아크릴 칸막이로 분리해 아예 접촉 자체를 차단하는 택시 설계의 도입도 고려할 필요가 있다. 무엇보다, 택시 제도 운영 방식에 대한 근본적인 개혁을 통해 기사에게는 안정적인 수입이 보장되고, 승객에게는 안전과 편의가 보장될 때 택시 기사에 의한 범죄를 근본적으로 줄일 수 있다는 평범한 상식을 되새겨보아야 한다.

009

성폭행이 절도보다 가벼운가?

'영혼 살인' 친족 성폭행

2001년 8월, 지적 장애와 생활고로 더 이상 아이를 키울 수 없게 된 부모는 아홉 살 김 양을 충북 보은에 있는 친가에 맡겼다. 할아버지와 숙부들이 '피붙이'고 자신들과 달리 지적 장애 등의 문제가 없는 사람들이므로 잘 키워줄 것이라고 확신했기 때문이다. 순진한 부모의 바람과 믿음은 무참하게 깨져버렸다. 80세 할아버지가 그 어린 손녀딸을 강제로 성추행하기 시작한 것이다. 짐승 같은 할아버지는 손녀가 싫다고, 무섭다고, 아프다고 울며 애원해도 아랑곳하지 않았다. 김 양이 12세가 된 2004년부터는 30대 작은아버지도 자고 있는 조카의 방에 들어와 강제로 성추행하기 시작했다. 그다음 해에는 40대 작은아버지가 산소 벌초를 한다며 산으로 데려간 뒤 "작은아빠, 제발 이러지 마세요"라며 울면서 애원하는 조카딸을 강간했다. 김 양이 16세가 된 2008년에는 50대 큰아버지가 부엌에서 설거지를 하던 조카를 안방으로 강제로 끌고 가서 성폭행했다. 이들은 혹시나 손녀, 조카딸이 임신이라도 하면 범행이 들통 날 것을 우려해 피임기구까지 미리 준비해 사용한 것으로 드러나 더 큰 충격을 주었다. 할아버지와 큰아빠, 작은아빠라는 탈을 쓴 이 4명의 성폭행범들은 가족이라는 믿음으로 모든 것을 믿고 의지한 지적 장애 어린이를 7년이란 긴 시간 동안 자신들의 '성적 노리개'로 삼았던 것이다.

'여성인권존중 걸림돌'이 된 재판부

지적 장애를 앓고 있고 생계와 학업 등을 온전히 할아버지와 숙부들에게 의존하고 있어 강하게 항거할 수 없었던 김 양은 자신에게 가해지는 잔학한 성적 폭행이 죽기보다 싫었다. 누구에게 하소연할 수 없다 보니 마음의 고통은 날이 갈수록 심해졌다. 늘 지금 당장 그들 중 한 명이 덮칠 것 같은 공포와 두려움에 휩싸여 하루하루를 보내야 했다. 감수성 예민한 아동 청소년기에, 다른 또래 친구들처럼 깔깔 웃고 즐겁게 뛰어놀 수도 없었다. 늘 불안하고 우울했다. 식사 준비와 설거지, 청소 등 마치 하녀같이 집안일을 도맡아 해야 했지만 아무 문제 없이 견뎌낼 수 있었다. 짐승 같은 할아버지와 삼촌들의 성적 괴롭힘만 없다면, 아무리 힘들고 어려운 일이라도 즐거운 마음으로 해낼 수 있었던 것이다. 고등학생이 되어 비로소 자신의 아픔과 고통을 털어놓을 각오와 용기가 생긴 김 양은 상담을 요청했다. 자초지종을 들은 상담 교사는 충격을 받았지만 차분하게 김 양을 안정시킨 뒤 여성단체와 협의해 산부인과 및 정신과 검진과 진료 등을 통해 피해 사실을 확인하고 경찰에 신고했다. 경찰의 수사가 진행되는 동안 김 양은 여성단체가 운영하는 쉼터로 피신해 보호를 받게 됐다.

2008년 11월 20일 청주지방법원. 선고 공판이 열린 법정에는 무거운 침묵이 흘렀다. 7년 동안 손녀, 조카를 성폭행한 인면수심 범죄자들의 악행을 낱낱이 확인한 이후였기 때문이다. 피고인들의 유죄를 확인한 재판장형사 11부 오준근 부장판사은 형량 선고에 앞서 "이 사건 각 범행은 피해자의 친할아버지, 백부 또는 숙부의 관계에 있는 피고인들이 정신지체 상태에 있는 나이 어린 피해자를 자신들의 성적 욕구 해소의 수단으로 삼아 번갈아가며 강간하거나 강제 추행한 것으로서, 범행 내용 자체로 인류에 반하는 것이고 사회적 비난 가능성도 매우 크다"고 일갈했다. 방청객 모두 동의한다는 듯 고개를 끄덕였다. 재판장이 말을 이었다. "또한 피해자는 다른 누구로부터의 도움도 받지 못한 채 피고인들의 성폭력 범행에 장기간 노출됨으로써 씻을 수 없는 커다란 정신적 충격을 받았을 것으로 보이고 (중략) 전문기관의 상담 결과 피해자는 (중략) '가족'에 대해 (중략) 두려움과 적대적 감정의 대상으로 여기고 있음을 알 수 있다. (중략) 이러한 사정을 감안하면 피고인들에게 중형 선고가 불가피하다."

일부 방청객은 박수를 보냈다. 하지만 그 뒤에 엄청난 반전이 기다리고 있었다. 판사의 말은 다음과 같이 이어졌다. "한편 피고인들이 자신들의 어려운 경제적 형편에도 불구하고 정신지체 등으로 인해 피해자를 양육하지 못하는 피해자의 부모를 대신해 그나마 최근까지 피해자를 양육했고 피해자의 정신장애 정도 등에 비춰보면 앞으로도 피해자에게는 가족인 피고인들의 지속적인 관심과 도움이 필요할 것으로 보인다"며 할아버지와 큰아버지, 그리고 첫째 작은아버지에게는 징역 3년에 집행유예 4년, 그리고 막내 작은아버지에게는 징역 1년 6개월에 집행유예 3년 형을 선고했다. 즉 모두 집행유예로 '석방' 해준 것이다. 법정 안은 술렁거렸다. 큰 소리로 항의하는 여성단체 관계자에게 판사가 퇴정을 명령했다.

이 파렴치한 피고인들은 집행유예 판결에도 불만을 표시했다. "귀여워서 쓰다듬는 등 사랑을 베풀어준 것이지 성폭행한 것이 아니다"라는 억지 주장을 하며 무죄판결을 요구하거나 형량이 너무 높다고 항의하며 항소를 제기했다. 검찰은 이와 반대로 '형량이 너무 낮다' 며 항소했다.

재판 결과와 항소 사실 등이 알려지자 여론은 술렁거렸다. 여성단체에선 1인 시위에 나섰고 '장애아동 친족 성폭력 집행유예 판결 바로잡기 대책위' (이하 대책위)가 결성돼 항의 기자회견과 성명서 발표, 재판부 규탄 집회를 열었다. 대책위에는 전국 성폭력상담소 · 피해자보호시설협의회 소속 단체 111곳, 충북여성연대 소속 단체 6곳, 충북장애인차별철폐연대 소속 단체 13곳, 한국여성장애인연합 소속 단체 12곳,

아동보호 전문기관 44곳, 충북시민단체연대회의 소속 단체 24곳 등 총 212곳의 장애인·여성·아동 관련 단체들이 참가했다. 인터넷에서는 누리꾼의 대규모 서명운동이 전개됐다. 전국성폭력상담소와 피해자보호시설협의회에서는 집행유예 판결을 내린 재판부를 '2008년 여성인권존중 걸림돌'로 선정했다.

범죄가족의 파렴치한 궤변

2009년 3월 19일, 항소심 재판을 주관한 대전고등법원 청주재판부^재판장 송우철 부장판사는 어처구니없는 1심 판결 이후 들끓는 여론을 의식한 것처럼 보였다. 판결문을 읽어 내려가는 재판장의 목소리는 차분했지만 떨림이 느껴졌다. "친할아버지, 백부 또는 숙부의 친족 관계에 있는 피고인들이 자신들의 성적 욕구 해소의 수단으로 번갈아가며 강간하거나 강제 추행한 범행 내용 자체로 인류에 반하는 것이고, 또 어린 피해자가 성폭행 범행에 장기간 노출돼 씻을 수 없는 커다란 정신적 충격을 받아 사회적 비난 가능성도 매우 크다"고 단언한 재판장은 피고인 모두에게 집행유예를 내린 1심 판결을 깨고, 큰아버지와 첫째 작은아버지에게는 징역 3년, 상대적으로 범행 횟수와 정도가 경미한 막내작은아버지에게는 징역 1년 6개월을 선고하고 이들을 법정 구속했다. 하지만 가장 책임이 큰 '주범'이라고 할 수 있는 할아버지에 대해서는 고령과 지병 등을 이유로 들어 1심과 같은 집행유예를 선고했다.

한편, 2010년 10월 22일 서울고등법원 형사 7부재판장 김인욱 부장판사는 11세 어린 나이부터 수년간 지속적으로 피해자 A당시 17세 양을 성폭행한 혐의로 할아버지, 작은아버지 등 일가족 4명에게 징역 1~6년의 실형을 선고하고, 한 차례 성추행한 친아버지에게는 원심과 같은 집행유예를 선고했다. 함께 사는 할아버지에 이어 명절마다 찾아오는 고모부와 작은아버지, 사촌오빠까지 소녀를 성추행했고 16세가 되었을 땐 친아버지마저 피해자를 성추행한 참담한 범죄였다. 학교에서 성교육을 받으며 자신의 피해 사실을 정확하게 알게 된 소녀가 힘들게 할머니와 새엄마에게 피해 사실을 털어놓자 이들은 '네가 참아야 가족이 행복하다. 절대로 남에게 얘기하거나 신고하면 안 된다'고 윽박지르며 범행을 방조하기까지 했다. 이 '범죄가족'은 경찰의 조사로 범행이 밝혀져 재판에 회부됐는데도 피해 소녀가 '합의금을 노리고 없는 피해를 꾸며냈다'는 어처구니없는 주장까지 해대며 피해자의 고통과 충격을 가중시켰다.

재판부가 파렴치하고 반인륜적인 친족 성폭행 가해자들에게 미약한 형벌을 선고한 이유는 대법원이 정한 '양형기준'과 다른 유사 사건과의 '형평성' 때문이었다. 어린 피해자를 사실상 지배하고 통제하는 성인 친족 가해자의 성폭행 범행은 다른 어떤 범죄보다 악질적이며 피해자에게 회복하기 어려운 상처를 남김에도 불구하고, 여전히 '자녀는 부모의 소유물, 가정은 가장이 지배하는 성역'이라는 낡고 잘못된 가부장적 인습이 우리 사회와 사법부에 깊숙이 자리 잡고 있는 것이다.

우리 사회와 사법부가 '친족 성폭행 가해자'에 대해 지나치게 부드럽고 따뜻한 관용의 눈길을 보내는 사이, 친족 성폭행 범죄는 급격히 증가하고 있다. 2013년 대검찰청이 발표한 통계를 보면, 2008년 이후 5년 동안 친족에 의한 성폭력 사건이 60퍼센트 증가했다. 물론 피해자들의 용기와 사법제도에 대한 신뢰가 향상돼 신고 건수가 늘어난 덕도 있지만, 그것이 이유의 전부는 아닐 것이다. 최근 중학생 친딸을 자신의 승용차와 집 안 등에서 여러 차례 강제로 성폭행한 피고인에게 징역 15년 형이 선고되는 등 법원의 형량이 강화되는 경향이 보이긴 한다. 하지만 여전히 '폭력이나 완력을 이용해 강압적으로' 강간하는 경우를 제외하고는 집행유예 등 어처구니없게 낮은 형량이 선고되고 있다. 친족이나 보호자가 그 지배력과 통제력을 무기 삼아 어린 피해자를 저항하지 못하게 하고, 성에 대한 지식과 자기결정 능력을 채 갖추지 못한 피해자의 상태를 악용해 저지른 성추행과 성폭행 사건 등에서다.

아동 대상 성폭행범 중 극히 일부는 그 스스로가 충동을 억제하지 못하는 '소아성애증' 소아기호증·pedophilia이라는 정신성 장애를 앓고 있는 경우다. 하지만 이미 대법원 판례로 소아성애증이 있다는 이유만으로 형사책임이 감면되는 '심신미약'에 해당하지 않는다는 원칙이 확립됐다. 형벌은 그 죄책에 따라 무겁게 부과하되, 긴 형기를 치르면서 인지행동 치료나 약물 치료 등의 전문적이고 장기적인 치료를 받게 하는 것이 학술적·의학적으로도 옳다. 스스로의 충동도 제어하지 못해 자신이 보호해야 할 어린 생명에게 짐승도 하지 않는 성폭행을 저지른 자들에게 '그동안 양육해온 정'과 '앞으로도 양육해줘야 한다는 점' 등을 내세워 다시 사회와 피해자 곁으로 돌려보낸다는 판사들의 논리를 도대체 어떻게 받아들여야 할까?

영화 〈도가니〉 이후의 변화

2003년 미국 루이지애나 주 법원은 자신의 여덟 살 의붓딸을 성폭행한 패트릭 케네디에게 사형을 선고했다. 사형제도 폐지 여론이 이는 사회 분위기로 인해 이 판결에 대해 위헌소송까지 제기됐지만, '보호자가 아동을 성폭행하는 범죄는 살인 등 다른 어떤 범죄보다 엄중한 처벌이 필요하다'는 미국 사회와 법원의 단호함을 보여준다. 미국만이 아니다. 2009년 3월 오스트리아 법정은 친딸을 지하 동굴에 감금한 채 수년간 성폭행하고 아이까지 낳게 한 혐의로 요제프 프리츨에게 종신형을 선고했다. 프랑스 형법도 아동 대상 성폭행은 징역 20년 형에 처

최근 들어 형량이 높아지는 추세이지만, 지적 장애 어린이·청소년에 대한 친족 성폭행에 대해 법원은 관대한 판결을 내려왔다. 사회 전체에 퍼진 '자녀는 부모의 소유물, 가정은 가장이 지배하는 성역'이라는 가부장적 인식과 무관하지 않아 보인다.

하도록 규정돼 있고, 영국에서도 최저 8년 이상의 강간 범죄 기준형량에 아동 대상일 경우와 보호자의 범죄일 경우 등을 추가로 가중 처벌하도록 하고 있어서, 친족의 어린이 성폭행의 경우 대부분 종신형을 선고받는다. 우리나라에서도 영화 〈도가니〉로 논란이 불거진 뒤 2012년 대법원 양형위원회가 장애인과 아동 대상 성범죄의 경우 권고형량을 높여 집행유예가 힘들도록 했다.

물론 처벌이 능사는 아니다. 엄한 처벌에만 의존할 게 아니라 아동 성폭행의 근본 원인인 가정의 해체와 취약한 아동보호 제도의 완비, 아동학대 방지법 제정, 학교·사회에서의 성교육 강화와 올바른 성 문화 정착 등 예방과 피해자 보호 및 지원책 마련이 우선이다. 하지만 피해자에게 견디기 힘든 고통과 아픔을 안겨 '영혼 살인'이라 불리는 아동 대상 성폭행 범죄를 절도 등 '재산 범죄'보다도 가벼운 범죄로 인식하는 사법부의 태도가 바뀌지 않는 한 국가·사회적인 예방책과 피해자 보호 방안 마련을 위한 사회적 인식 역시 형성되기 어렵다는 사실을 잊지 말아야 한다. 피해자의 치유는 가해자에 대한 엄중한 처벌과 진솔한 속죄에서 비롯된다. 판사 등 일부 법조인들이 문제의식 없이 유흥업소를 들락거리다 보니 '성폭력 가해자에게 동정적인 것 아니냐'는 여성단체 등 사회 일각의 날 선 비판의 눈길을 엄중히 받아들이길 바란다.

010

아동 성폭행, 재발 방지를 위해 노력하고 있는가

김길태
사건

2010년 1월 23일 새벽, 부산시 사상구 덕포동에 있는 주택가 골목길에서 귀가하던 20대 여성이 괴한에게 납치당하는 사건이 발생했다. 괴한은 피해 여성을 인근 건물 옥상으로 납치해 주먹으로 얼굴을 가격하고 성폭행한 뒤 가까운 주택 옥탑방으로 끌고 가 다시 성폭행하다가 여덟 시간 만에야 풀어줬다. 피해 여성의 신고를 받고 출동한 경찰은 그 옥탑방이 성폭행 범죄를 저지르고 8년간 수감되었다가 몇 달 전 만기 출소한 33세의 전과자 김길태의 주거지라는 사실을 확인했다. 경찰은 김길태를 특수강간 혐의로 수배했다. 주민들은 이런 불길한 사건이 주변에서 발생했고, 여성과 아이들을 노리는 위험한 괴한이 인근에 있을지도 모른다는 사실을 전혀 알지 못하고 있었다.

석회 가루에 뒤덮인 채 발견된 주검

2010년 2월 24일 저녁 7시 7분, 엄마와 3분간 전화 통화를 한 것이 중학교 입학을 앞둔 이 아무개^{당시 13세} 양의 마지막 흔적이었다. 이후 이 양을 본 사람은 아무도 없다. 밤 9시께 귀가한 엄마는 집에서 반겨주리라 기대했던 딸이 없어 집 안을 둘러보았다. 눈이 나빠 안경 없이는 눈 앞 물건도 잘 구분 못 하는 이 양의 안경과 휴대전화가 방 안에 그대로 있었다. 이 양의 부모는 밤 10시 50분께 경찰에 신고했고, 출동한 경찰과 함께 다시 동네 이곳저곳을 필사적으로 찾아봤지만 이 양의 흔적을 발견할 수 없었다. 마음 같아서는 온 동네와 텔레비전, 라디오 등 가능한 모든 곳에 알려서라도 딸을 찾고 싶었지만 가난하고 힘없는 집 아이 한 명 없어졌다고 세상이 그런 야단법석을 떨어줄 것 같지 않았다. 밤이 깊어가는데도 딸에게서는 연락이 없고, 기다리는 부모의 애간장은 타들어가기만 했다.

다음 날 부산 사상경찰서는 이 양의 실종을 '납치'로 규정하고 수사에 착수했다. 하지만 피해자가 살아 있을 가능성을 염두에 두고, 범인을 자극해 피해자를 해치게 할 우려가 있는 만큼 비공개 수사 및 수색을 실시했다. 빈곤층이 사는 재개발 지역의 특성을 고려해 경찰은 이 양의 실종이 성범죄와 관련되었을 가능성을 높게 봤다. 한 달 전 납치 성폭행 사건으로 수배 중이던 김길태의 집에도 형사들이 방문했다. 형사들은 김길태의 부모에게 김길태가 자수하면 1월 특수강간 사건에 대한 처벌만 받으면 되지만, 계속 도주할 경우 살인 사건 용의자가 될 수 있으니 자수를 권유하라는 취지의 말을 남겼다. 얼마 뒤 김길태는 경찰에 전화해 자신은 살인을 하지 않았다고 주장하고 신발을 갈아 신은 뒤 담을 넘어 다시 도주했다.

이때부터 수배 중인 성범죄자 김길태가 이 양의 실종에 관련되었을 가능성이 제기되었다. 결국 실종 사흘 만인 27일, 경찰은 공개 수사로 전환하고 전국에 실종 아동을 찾는 공개 수배인 '앰버 경보'를 발령했다. 이 양의 사진이 포함된 전단이 전국에 배포됐다. 경찰도 동원 가능한 모든 인력과 장비를 덕포동 일대에 쏟아붓고 이 양을 찾아 나섰다. 연인원 3만여 명의 경찰관을 동원했고 헬리콥터로 항공수색도 실시했다.

한편 이 양의 집이 있는 다가구 주택 빈방 라면 봉지에서 김길태의 지문이 발견되었고, 이 양의 집 안팎에서 운동화 자국과 침입 흔적이 확인되었다. 공개 수사 다음 날인 28일, 경찰은 김길태를 용의자로 공식 규정했다. 김길태는 다시 친구 집에서 경찰에 전화를 걸어 자신은 범인이 아니라고 주장하고는 도주했다. 이후 경찰의 대대적인 수사와 수색에도 불구하고 이 양이나 김길태의 흔적은 묘연하기만 했다. 3월 3일 오전, 이 양 집 인근 빈집들을 수색하던 경찰관이 구석에 웅크리고 있는 남자를 발견하고 검거를 시도했지만 그 남자는 3미터 높이의 뒷담을 뛰어내려 도주했다. 뒤따라 뛰어내린 경찰관은 발목을 접질려 뒤쫓지 못했다.

실종 열하루째인 3월 6일 밤 9시 20분, 이 양의 집에서 50미터 떨어진 집 옥상 물탱크에서 돌과 벽돌에 눌리고 석회 가루로 뒤덮인 주검이 발견되었다. 옷이 모두 벗겨진 채 손발이 묶인 여자 어린이, 실종된 이 양이었다. 주검에서는 성폭행 흔적과 함께 범인의 체액이 발견되었다. 25일 오전 경찰의 본격적인 수사와 수색이 시작되고 27일 공개 수사와 함께 대규모 수색이 시작된 점을 고려하면 24일 저녁 7시부터 25일 새벽 사이에 납치와 성폭행, 살인 및 시체유기 범죄를 모두 저지른 것으로 볼 수 있었다. 3월 8일에 나온 국과수의 분석 결과, 숨진 이 양의 주검에서 발견된 체액의 DNA는 수배된 김길태의 DNA와 일치했다. 3월 9일, 유족의 오열과 국민 모두의 깊은 슬픔 속에서 이 양의 영결식이 치러졌다.

9년 전과 같았던 범행 수법

이 양이 실종된 지 2주 만인 3월 10일 김길태가 검거되었다. 이 양의 집에서 300미터 떨어진, 자신의 집 근처 빌딩 옥상에서였다. 김길태가 검거되자 25일 새벽 3~4시에 주검유기를 본 목격자도 나왔다. 범인 검거 전까지는 보복이 두려워 신고하지 못했다는 것이었다. 김길태는 목격자와 주검에서 발견된 자신의 DNA 증거 앞에서도 범행을 부인하거나 '모른다', '기억이 나지 않는다'고 대답을 회피하면서 버텼다. 검거 5일째, 거짓말탐지기 검사를 실시한다는 말에 겁먹은 김길태는 자신에게 인간적으로 접근했던 박명훈 경사를 찾았다.

이 양이 김길태 자신의 어린 시절 모습과 크게 다르지 않다는 박 경사의 말에 김길태는 고개를 숙이고 울음을 터뜨렸다. "죄송합니다, 다 제가 했습니다." 수배자로 쫓기던 김길태는 돈이나 먹을 것을 찾아 이 양 집에 몰래 침입했다가 집에 혼자 있던 이 양과 마주쳤다. 상습 성범죄자로 이미 '성범죄 중독' 상태였던 김길태는 불안한 수배자 상태였음에도 성폭행을 하기 위해 이 양을 50미터 떨어진 어느 무속인의 빈 집으로 끌고 갔다. 이 양은 극도의 공포심과 혐오감에 소리를 지르며 거칠게 반항했고, 들킬 것을 두려워한 김길태는 이 양의 입과 코를 틀어막고 목을 눌러 살해했다. 인적이 없는 새벽까지 기다린 김길태는 주검을 가방에 넣어 메고 나와 인근 옥상 물탱크에 유기했다.

잡히면 끝장이라는 두려움과 불안감에 휩싸인 김길태는 그냥 두면 주검이 발견되고 자신의 흔적도 발견될 것이 무서웠다. 주변에 방치된 석회 가루를 가져다 주검 위에 뿌리고 돌과 벽돌을 주워 올려 덮었다. 김길태는 경찰 조사에서 범행 자체는 자백했지만 구체적인 방법에 대해서는 입을 다물었다. 특히 "주량 이상으로 술을 마셔 만취한 상태에서 벌어진 일이라 기억이 잘 나지 않는다"고 주장했다. 치밀한 주검유기와 증거인멸은 결코 만취한 자의 짓이라고 볼 수 없었다. 더구나 경찰에 쫓기는 극도로 긴장된 상황에서 이 양을 납치한 그가 만취할 정도로 술을 마셨을 가능성은 높지 않았다. 아마도 아동 성폭행 사건의 범인 조두순이 만취 상태였음을 내세워 12년으로 감형받은 사례를 염두에 두고 처벌을 줄이려는 속셈이었던 것으로 보인다.

김길태의 문제는 조두순 등 다른 수많은 성폭력 범죄자들과 마찬가지로 축적된 열등감과 욕구불만, 분노 등에서 비롯된 '폭력' 욕구와 충동인 것으로 보인다. 김길태가 처음 일으킨 문제도 중학교 시절 친구들과의 싸움, 폭력이었다. 결국 여러 차례 폭력 범죄 혐의로 경찰서를 들락거리다가 19세 때인 1996년, 폭력 유죄를 선고받고도 미성년자라는 이유로 집행유예로 나오게 된다. 지속적으로 일탈과 범죄 문제를 일으켜온 김길태가 아무런 조치 없이 다시 사회로 방치된 것이다. 집행유예 기간이던 1997년 7월, 스무 살 김길태는 아홉 살 여자 어린이를 유인해 성추행하다가 발각되어 징역 3년 형을 선고받는다. 교도소 수감 생활 3년 동안 범죄 선배들을 만나 범죄 수법, 증거인멸 방법, 경찰 수사 피하는 법을 배우고 욕구불만과 분노, 사회와 사람들과의 이질감만 더 키운 김길태는 2001년 4월, 만기 출소한 지 불과 한 달 만에 길 가던 30대 여성을 납치해 친구 집과 자신의 옥탑방에서 10일간 감금하며 지속적으로 성폭행하다가 검거되었다.

도저히 '정상'이라고 볼 수 없는 김길태의 이러한 성범죄 폭주를 막을 제도나 장치는 여전히 마련되어 있지 않았다. 김길태는 징역 8년 형을 선고받고 복역한 뒤 2009년 6월 출소했다. 당시 부산지법 판사로 재판에 참가했던 박성철 변호사는 김길태의 범행은 '살인 이상의 흉악한 범죄'로, 그는 '다시는 사회에 나와서는 안 되는 사람'이었다고 주장했다. 김길태는 교도소에서 복역하던 중에도 다른 재소자들을 폭행하는 등 난폭한 행동을 일삼아 정신과 의사에게 정신감정을 받았지만 환청이나 환시, 정동장애, 인지장애 등 특별한 정신질환의 징후는 발견되지 않았다. 다만, 충동조절을 잘 못하고 분노가 많고 대화 등 대인관계에 서툴고 타인에 대한 배려가 부족해 인격 장애가 의심된다는 의견이 제시되었다. 추가 정밀검진이나 필요한 치료, 혹은 재범위험이 사라질 때까지 격리하는 조치는 취해지지 않았다. 2010년 1월 23일 새벽에 벌인 범행 수법도 9년 전 당시와 같았고, 그 후 이 양을 잔혹하게 살해했다.

'회복적 사법' 프로그램 도입의 필요성

우리 사회에는 김길태가 청소년 범죄자였을 때나 지금이나 효과적인 청소년 범죄 대응체계가 마련되어 있지 않다. 국가 형사 사법 제도 중에 가장 중요한 단계를 꼽으라면 아마 처음 문제를 드러낸 청소년 범죄자들이 더 크고 흉악한 강력 범죄자가 되지 않도록 적절하게 개입하고 차단하는 '소년사법' 단계일 것이다. 아직 가치관과 세계관이 완전히 정립되지 않고, 범죄자로서의 자기 정체성이 굳어지지 않은 청소년기 범죄자 중 상당수는 적절한 개입과 처방만 주어진다면 교화하고 선도할 수 있다.

많은 나라들이 청소년 범죄자 문제를 사회 전체의 몫으로 받아들이고 유기적인 협력체제를 통해 체계적으로 접근하고 있다. 그중 특히 주목할 것은, 가해 청소년이 자신 때문에 피해자가 겪은 고통에 대해

소년범이었던 피의자 김길태는 성인이 되어서도 범죄의 유혹에서 벗어나지 못했다. 사건 전후 빈집을 떠돌며 시간을 보내곤 했다. 2010년 3월 11일 오후 부산 사상구 덕포동 이 아무개 양의 주검이 발견된 물탱크 근처의 어느 빈집. 우리 사회는 재범이라는 사슬을 끊기 위해 어떤 노력을 하고 있는가? ⓒ 〈한겨레〉 박종식

듣고 진심으로 사죄할 기회를 갖는 '회복적 사법'Restorative Justice 프로그램이다. 청소년 범죄자의 상당수는 자기 내면의 욕구불만과 스트레스를 해소하는 방법으로 폭력이나 파괴, 폭주 등의 문제행동을 하게 된다. 피해자가 입을 충격에 대해서는 잘 알지 못하고 생각하려 하지도 않는다. 아직 민감한 감수성이 남아 있는 그들에게 피해자의 고통을 제대로 직면하게 해주면, 죄책감과 미안함을 느끼고 반성과 사죄의 감정을 갖게 되는 경우가 많다. 김길태 역시 이미 성인이 되어 상습 범죄자로서의 자기 정체성이 굳어진 상태에서도 자신이 살해한 여중생에 대한 이야기를 듣고 눈물을 보이며 참회했다.

우리의 청소년 범죄 대응 시스템에는 이러한 가장 기본적이고 인간적인 '회복적 사법' 프로그램이 도입되지 않고 있다. 과거 '소년원'으로 불리던 청소년 범죄자 수용기관을 '학교'로 바꿔 부르며, 집체징벌 방식에서 교육으로 전환한 것은 크고 긍정적인 변화라고 할 수 있다. 다만 그 대상자가 많지 않고 외부환경의 지원체제가 마련되어 있지 않아 여전히 한계를 드러내고 있다. 더 큰 문제는, 이러한 '교육'도 받지 않고 방치되는 대다수 청소년 범죄자들이다. 사안이 경미하다는 이유로 보호관찰, 수강명령, 부모에 인계 등의 조치를 받고 사회로 돌려보내진 대다수의 청소년 범죄자들은 그들의 문제를 제대로 진단받고 교정할 기회조차 부여받지 못하는 것이다.

우리나라는 보호관찰관 1인당 담당 범죄자 수가 평균 378명에 이른다. 미국 76명, 일본 53명, 오스트레일리아 33명, 영국 23명 등 외국에 비해 5~10배나 많은 범죄자를 관리해야 하는데, 그 많은 범죄자를 제대로 보호하고 관찰해서 교화·선도한다는 것은 불가능한 일이다. 더구나 외국에서는 지방자치단체나 지역 경찰, 혹은 지역 사회단체들이 운영하는 수많은 청소년 범죄자 교화 선도 시설이 운영 중이다. 올바른 운전교육, 사회봉사, 독서지도, 직업교육, 스포츠 활동 등 청소년 범죄자들의 범죄 원인과 특성에 부합하는 다양한 프로그램들도 마련되어 있다. 이런 사회적 노력과 과정을 거치고도 성인 강력 범죄자가 되는 이들에게 비로소 가혹한 징벌과 오랜 격리, 신원 공개 등의 제재를 가할 정당성이 부여될 것이다.

제3부

우리 안에서
자라나는
괴물

001

어른들의 욕심이 아이들을 죽인다

학교폭력과
자살

2013년 3월 11일, 경북 경산에 있는 23층 아파트 옥상에서 고등학교 1학년 최 아무개(당시 16세) 군이 뛰어내려 사망했다. 그의 품속에서는 마구 갈겨쓴 유서가 발견되었다. 투신하기 직전에 마지막 심경을 적은 것이었다.

"엄마 아빠 누나 내가 이렇게 못나서 미안해. (중략) 내가 죽는 이유를 지금부터 말할게요. (중략) 2011년부터 지금 현재까지 괴롭혀 왔던 애들을 적겠습니다. (중략) 주로 CCTV 없는 데나 사각지대, 있다고 해도 화질이 안 좋아 판별이 어려운 데 이런 데서 맞습니다. (중략) 폭력, 금품갈취, 언어폭력, 사이버 폭력, 빵 셔틀 등등. (중략) 마지막으로 가족에게, 집에서 말고 옥상에서 불편하게 이렇게 적으면서 눈물이 고여. 하지만 사랑해. 나 목말라. 마지막까지 투정 부려 미안한데 물

좀 줘."

최 군 가족은 충격과 비탄에 오열했다. 곧 경찰이 수사에 착수했다.

징역 3년이라는 무거운 형량

경찰 수사 결과는 충격적이었다. 피해자 최 군은 권 아무개 군 등 5명의 친구한테서 수시로 집단폭행을 당하고, 금품을 갈취당하는가 하면, 친구들이 요구할 때마다 매점에 가서 빵을 사다 주는 이른바 '빵셔틀'에 시달려온 것으로 드러났다. 최 군을 더욱 못 견디게 한 것은 '성적 추행'이었다. 주동자 격인 권 군은 교실에서 다른 학생들이 보는 가운데 최 군의 바지를 강제로 내리게 하는가 하면, 김 아무개 군은 샤워실에서 성적 수치심을 느끼게 하는 행위를 강요했다는 것이다. 특히 김 군의 경우 피해자 최 군 집에 장기간 머물면서 최 군 어머니로부터 식사 등 따뜻한 보살핌을 받아온 것으로 드러나 '은혜를 원수로 갚는다'는 속담을 떠올리게 했다. 결국 권 군과 김 군은 경찰에 구속됐고, 나머지 5명의 가해 학생은 불구속 입건됐다.

경찰 조사 과정에서 피해자 최 군이 다녔던 중학교는 '전혀 피해 사실을 몰랐다'고 발뺌했다. 학교폭력대책 자치위원회 책임자인 교감은 "이번 해에 학폭위학교폭력대책 자치위원회를 네 차례 열었지만 최 군의 피해 사실은 알지 못했다. (중략) 담임교사로부터 학교폭력에 관해 전혀 보고받지 못했다"고 주장했다. 하지만 최 군의 중학교 2학년 담임교사는

"최 군이 김 군으로부터 폭행을 당해 멍이 들고 3일 동안 결석을 한 일이 있다"고 털어놨다. 결국 최 군이 아파트 옥상에서 몸을 던져 죽음으로 고발할 때까지 지속적이고 가혹한 집단폭행을 목격한 친구들 모두가 방관했고, 학생을 보호해야 할 학교에서는 못 본 척 외면했다는 추정이 가능하다.

2011년 12월 20일, 대구에서 거의 같은 사건이 발생한 바 있다. 같은 반 친구 2명에게서 1년여 동안 괴롭힘을 당하던 중학생 권 아무개 군당시 14세이 유서를 남긴 채 자신의 아파트 방 창문에서 몸을 던진 것이다. 당시 권 군이 남긴 유서에는 "친구들이 전깃줄로 목을 감아 개처럼 끌고 다녔다"는 내용을 포함해 모욕적인 가학행위와 물고문 등 충격적인 폭행 사실이 구체적으로 담겨 있었다. 피해자 권 군의 어머니 임씨는 "만약 이 유서대로라면 공포 영화라 해도 이렇게 무서운 장면이 또 있을까"라고 비통해했다.

혐의가 드러나 구속 기소된 가해 학생 2명에게 각각 2년 6개월과 3년 징역형이라는 중형이 선고되었고, 가해 학생 부모와 학교법인에게는 1억 3,400만 원의 배상 판결이 내려졌다. 교육과학기술부에서는 학교폭력 실태조사 실시, 배움터 지킴이 등 보안인력 강화, CCTV 설치 확대, 학교폭력 가해 사실 학교생활기록부 기재 등의 '종합대책'을 내놓았다. 하지만 또다시 경북 경산 최 군 사건을 비롯한 학교폭력 피해 학생들의 자살 사건이 잇따르고 있다.

연쇄살인범 유영철과 학원폭력

학교폭력은 늘 있던 문제다. 하지만 지금의 양상은 충동과 감정이 솟구쳐 서로 치고받는 '싸움'이 아니다. 학생들끼리 최상위 '일진'부터 최하위 '찐따'까지 계급을 정해놓고 지속적이고 체계적으로 착취하고 괴롭히고 학대한다. 몸에 상처가 남지 않는 따돌림과 위협, 성적 수치심을 유발하는 장난과 죽을지도 모른다는 공포심 유발까지, 성인 범죄를 능가하는 지능적인 방법들이 동원되다 보니 교사나 부모조차 피해 학생이 자살하면서 남긴 유서나 메모를 보기 전까지는 짐작조차 못 하는 경우가 많다.

그 수법에서 알 수 있듯이 학교폭력 가해자들은 자신의 부모 등 주변 성인한테서 약한 사람을 지능적으로 괴롭히고 착취하는 방법을 배운다. 가정불화와 학업 스트레스로 인한 '분노의 축적'이 가장 큰 동기를 차지한다. 스스로 감당하지 못할 문제에 봉착해 정면 대응하기보다 약한 친구 위에 군림하고 지배하며 마음대로 폭력과 착취를 행하면서 '대리 만족'하며 복잡한 문제를 잊는다. 심리적 방어기제의 발동이라고 볼 수 있다. 결국 가해 학생 개개인보다 그의 부모와 지나친 학업 스트레스를 유발하는 잘못된 교육환경이 주범이라고 볼 수 있다.

학교폭력으로 인한 자살 사건이 발생할 때마다 '알면서도 모른 체' 해온 친구들의 무서운 침묵이 발견된다. 피해 학생을 제외한 다른 학생들의 부모와 주위 어른들 다수는 '나서지 마라. 모른 체해'라고 요구한다. 친구의 안타까운 죽음보다 눈앞의 성적과 진학이 더 중요하다고 배운 아이들이 커서 사회 각 부문을 이끌어나가는 대한민국, 과연 정상적일까? 이 상황이 개선되지 않는다면 오직 '이익'만을 기준으로 삼는 잔혹한 정글, 승자가 독식하고 약자는 짓밟히는 것이 당연하다고 여기는 사회, 문제와 잘못을 말하기를 두려워하는 세상은 계속될 것이다. 학교폭력 문제는 소수자, 약자의 문제다.

교실에 있는 학생이 30명이라고 하자. 1번부터 30번까지 순위가 정해져 있다. 30번이 '찌질이', 즉 착취와 따돌림, 폭력의 대상이다. 외모나 성적, 목소리, 태도, 복장 등 이유는 상관없다. 무엇이든 '우리와 달라. 넌 왜 그래?'라는 말 한마디면 된다. 30번이 자살하거나 전학 가면 이번에는 29번, 그리고 28번, 그리고 다음…… 결국 누구든 피해 대상이 될 수 있다. 피해자가 아니라도 방관자로 지내야 하는 비겁함은 아이들의 정서를 망가뜨린다. 언젠가는 '나도 당할 수 있다'는 두려움과 공포는 청소년기 감수성을 갉아먹는다. 상위 순번은 행복할까? 친구를 착취하고 괴롭히는 가혹한 가해자 노릇을 하는 아이들의 심성은 사정없이 뒤틀린다. 성인이 되어 제대로 된 삶을 살 리 없다. 연쇄살인범 유영철은 잘 알려진 학교폭력 가해자였다.

학업 스트레스나 학교폭력으로 인한 자살 사건에서 흔히 발견되는 현상은, 학교에서 사건 자체를 숨기기에 급급하다가 어쩔 수 없이 드러나게 되면 피해자 개인이나 집안 문제로 몰아붙이려 애쓰는 행태다. '다른 학생들은 그 정도로 자살하지 않아', '원래 문제가 있는 아이였어'라는 식으로 피해자의 문제로 몰아가는 사실상의 폭력을 아무렇지도 않게 휘두르는 것이다. 가해자 부모가 그런 태도를 보이는 것은 어쩔 수 없다고 쳐도, 청소년 심리와 발달 분야 전문가여야 할 교육자들이 이런 태도를 보이는 것은 도저히 묵과할 수 없다.

현장 교사들과 대화를 해보면, '우리도 뭔가 하고 싶은데 뭘 어떻게 해야 하는지 몰라서 답답하기만 해요'라는 이야기를 많이 한다. 계약과 승진 등 일신상의 이해 때문에 학교나 재단 쪽이 바라지 않는 언행을 할 수 없다는 푸념도 들린다. 문제는 대부분의 선진국과 달리 우리는 교육대학 등 교사 양성 과정에서 학교폭력이나 성희롱, 차별 등의 문제로부터 어떻게 아이들을 보호해야 하는지를 구체적으로 교육하거나 훈련하지 않고 있다는 것이다. 여기에는 '성적 지상주의'라는 한국 교육계의 뿌리 깊은 병폐가 작용한다. 교사의 역할은 학생들에게 공부를 강요하고 경쟁시켜 좋은 상급 학교에 진학하도록 돕는 일이라는 잘못된 인식이 팽배하다 보니 생긴 문제다.

꼭 짚고 넘어가야 할 문제는 '왜 피해 학생은 자살을 해야만 했을까?'이다. 성인기에 찾아오는 심각한 우울증이나 생의 의미를 상실하는 아노미형 자살과 달리 청소년기 자살은 스스로가 극복하지 못할 절망적 상황에 빠져 있는 가운데, '누구의 도움도 기대할 수 없다'는 극단적 위기 인식에 내몰려 발생한다. 청소년에게 가해지는 학교폭력은 두려움과 공포, 충격 등 '트라우마'를 야기하게 되는데, 이 상황에서 가해자 처벌 및 피해자 보호와 전문적인 상담 등을 통한 충격 해소가 이

학교폭력의 가해자들은 약한 사람을 지능적으로 괴롭히고 착취하는 방법을 사회에서 배운다. 피해자의 자살로 사건이 표면에 드러나지만, 학교와 학부모 등이 방치한 경우가 많다.

루어지지 않으면 만성적인 불안이나 무력감, 우울감 등이 생기고 그로 인해 위축된 모습은 추가적인 놀림과 따돌림, 괴롭힘의 원인이 된다.

문제가 지속되면 피해 학생은 '도대체 왜 내게 이런 일이 생기는지'를 되묻게 되고, 그 의문과 혼란에서 벗어나려는 본능적 대응은 자기 스스로를 책망하고 비난하는 지나친 '내적 귀인' 혹은 부모나 세상 탓으로 돌리는 '외적 귀인'이라는 방어기제로 발동되기 쉽다. 지나친 자책으로 자존감이 상실되는 내적 귀인을 택한 피해 학생의 경우 그로 인해 계급화, 체계화된 학교폭력의 먹이사슬에서 최하부의 먹잇감이 되고, 주위 친구나 교사 또는 부모 등에게 우회적인 방법으로 도움을 요청해보지만 외면당하거나 마음을 굳게 먹으라는 둥 문제를 악화시키는 잘못된 조언을 듣게 되면서 '세상 그 누구도 내 편이 아냐. 아무도 날 도울 수 없어'라는 절망감을 느끼게 된다.

근본책은 '학업 스트레스 추방'

특히, 지능적 가해 학생들이 폭력과 괴롭힘 뒤에 위로와 화해 제스

처를 한 뒤 다시 폭력과 괴롭힘을 가하는 등 결코 벗어날 수 없는 폭력의 악순환 속으로 끌고 들어가면 피해 학생은 '내가 어떤 노력을 해도 문제는 해결되지 않아. 상황은 나아지지 않아'라고 믿는 '학습된 무기력' 상태가 된다. 1960년대 미국에서 감금된 개를 대상으로 전기 충격을 주는 실험을 통해 확인된 '학습된 무기력'의 폐해는, 사람의 경우 자살 혹은 가해자 살인 등 극단적인 결과로 나타나는 경우가 많다. 대화 없는 가정, 학생 보호와 상담이나 인성교육이 부재한 학교, 경쟁과 성적만을 강요하는 잘못된 교육 풍토 아래서는 피해 학생이 최초 충격을 받은 이후 학습된 무기력 상태에 빠져 자살할 때까지 문제를 발견하고 적절하게 개입해 극단적인 비극을 막을 수 있는 장치와 시스템이 없어 결국 비극을 방치하고 있다고 해도 과언이 아니다. 아파트에서 몸을 던진 권 군이나 최 군이 2년 가까이 폭력에 시달리는 동안 누구도 보호와 도움의 손길을 내밀지 않았다.

우리 아이들의 영혼과 생명을 갉아먹는 학교폭력 문제는 매우 뿌리 깊고 오래되었기 때문에, 단기간에 해결하겠다는 시도 자체가 오히려 문제를 악화시킬 수 있다. 잇따른 학교폭력 피해자 자살의 궁극적 책임을 져야 할 교육부는 CCTV 설치, 스쿨 폴리스, 배움터 지킴이, 가해 사실 학교생활기록부 등재 등의 미봉책을 제시하는 것으로 넘어가려 해선 안 된다. 근본적인 대책 마련에 나서야 한다.

무엇보다, 학교와 교사의 주된 역할과 임무를 '학생 안전 확보와 보호' 및 '사회성 향상과 상담 지원'으로 변경하는 작업이 시급하다. 교과 수업이나 학습 지도는 당연한 기본 임무, 그 이상도 이하도 아니어야 한다. 교사와 학교의 역할을 '교과 수업과 성적 향상'으로 설정한 현재의 교육정책이 아이들을 경쟁으로 내몰고 지나친 학업 스트레스를 부른다. 행복하지 않은 학생들이 폭력과 따돌림, 가혹행위를 하고, 올바른 인성교육이 이루어지지 않는 학교에서 학생들은 폭력을 보고도 방관자가 된다.

교육대학 등 교사 양성 기관에서도 학생 보호 기법과 절차를 정규 필수 과정으로 개설해 훈련시켜야 한다. 피해 학생을 보호하고 가해 학생과 그 부모에게 특별한 치료와 교육을 부과하는 현 학교폭력대책법의 취지는 살리되, 현장 적용성이 떨어지는 조항들은 개선하는 등 법·제도의 정비도 필요하다. 여전히 가해자는 남고 피해자가 다른 학교로 전학 가는 일이 반복되고 있다. 내 아이 우선주의와 성적 지상주의에 빠진 학부모의 학교 개입도 철저하고 당당하게 차단해야 한다. 세계 최고의 청소년 자살률을 부른 대한민국 교육 당국, 지금부터라도 문제의 실태부터 정확하고 면밀하게 파악한 뒤 장기적이고 체계적이고 근본적인 대책을 수립해야 한다. 어른들의 욕심과 잘못으로 우리 아이들을 더 이상 죽음으로 내몰아서는 안 된다.

00**2**

'온라인' 갈등이 '현실'의 범죄로

사령 카페
살인 사건

2012년 4월 30일 밤 9시가 조금 안 된 시간, 서울 지하철 2호선 신촌역 근처에 있는 한 근린공원 언덕길을 산책하던 주민 정 아무개 씨는 이상한 광경을 목격하고 걸음을 멈췄다. 10여 미터 떨어진 화장실 앞에 한 남자가 쓰러져 있고 2명의 남자가 주변에서 서성대고 있었는데, 그중 한 명의 손에는 흉기로 보이는 물건이 들려 있었던 것이다. 정씨가 불안한 마음으로 잠시 자리를 옮겨 경찰에 신고를 한 뒤 현장으로 돌아오자 쓰러져 있던 남자는 이미 사라지고 서성대던 두 남자마저 황급히 자리를 떠났다. 곧이어 인근 지구대에서 순찰 경찰관들이 도착했고, 정씨는 경찰관에게 상황을 자세히 설명한 뒤 함께 주변을 수색했다. 약 20여 분 뒤 얼마 떨어지지 않은 공원 수풀 속에서 남자의 시신이 발견되었다.

누가, 왜 그리도 잔인하게 찔러댔는가

20대 초반으로 보이는 피해자는 온몸 여러 군데를 흉기에 찔려 온통 피투성이인 처참한 상태였다. 경찰관은 곧 경찰서에 긴급 보고를 했다. 현장은 폴리스 라인으로 봉쇄됐고, 강력반과 과학수사대가 현장에 도착해 정밀수사가 시작되었다. 지갑 속 신분증 확인 등을 통해 피해자의 신원은 곧 밝혀졌다. 강원도 소재 한 대학교 2학년에 재학 중이던 김 아무개^{당시 20세} 씨. 경찰은 공원에 설치된 CCTV 화면 분석을 통해 용의자들의 인상착의도 확인했다. 피해자가 사건 현장으로 가는 공원 언덕길에서 10대 후반에서 20대 초반으로 보이는 2명의 남자와 1명의 여자 뒤를 따라 계단을 걸어 올라가는 모습이 CCTV에 찍힌 시각은 저녁 8시 10분께. 그로부터 한 시간 뒤인 9시 10분께, 이 중 2명의 남자만 같은 길로 걸어 내려오는 모습이 촬영되어 있었다.

피해자 시신에 찔린 상처가 지나치게 많다는 점, 지갑이 그대로 있다는 점, 피해자가 용의자들 뒤를 따라가는 모습이었다는 점, 용의자 일행에 여성이 포함되어 있었다는 점 등을 종합적으로 고려한 경찰은 서로 알고 지내는 사이에 벌어진 원한 등 감정 동기로 인한 살인으로 수사 방향을 잡았다. 물론 피해자가 공원 근처에서 전혀 모르는 용의자들을 우연히 만나 시비가 붙었거나 유인당했을 가능성도 배제하지는 않았다. 노트북과 캠코더가 들어 있던 피해자의 가방이 없어진 사실도 나중에 확인됐다.

"네가 죽었으면 좋겠어."

우선 피해자 주변 수사가 진행되었다. 강원도에서 대학을 다니는 피해자는 주말을 맞아 서울 집으로 왔다가 사건 당일 오후 3시께 "학교로 돌아가겠다"는 말을 가족에게 남기고 집을 나선 것으로 확인됐다. 오후 5시가 조금 넘어 친구에게 "신촌 공원으로 키네마^{메신저 아이디}를 만나러 간다"고 문자메시지를 남긴 이후 8시께 "골목으로 들어간다, 이상하다"고 할 때까지 거의 실시간 중계하듯이 자신의 행적을 문자메시지로 남겼다. 피해자의 휴대전화와 인터넷 사용 내역에 대한 방대한 조사도 시작되었다. 다른 한편으로 CCTV에서 확인된 용의자들의 인상착의를 바탕으로 현장 인근에 대한 수색에 돌입한 수사진은 일대의 피시방과 숙박업소, 목욕탕과 찜질방 등을 샅샅이 뒤지기 시작했다. 흉기를 소지하고 있고, 난폭하고 잔인한 범행 수법으로 보아 용의자들은 '매우 위험한' 존재일 가능성이 높았다. 추가 범행을 저지르기 전에 소재를 파악하고 신병을 확보해야 했다. 아울러 사건 현장과 시신에 대한 정밀 감식을 통해 확보한 지문과 혈흔, 섬유질과 족적 등 무수한 물적 증거에 대한 감정을 국립과학수사연구원에 의뢰했다.

사건 다음 날인 5월 1일, 현장 인근을 수색하던 형사대가 한 찜질방에서 불안한 눈초리로 주변을 경계하던 한 청소년에게 눈길을 돌렸다. 도주로가 차단되었다는 사실을 깨달은 듯 순순히 형사들의 동행 요구에 순응한 이 청소년은 고등학생인 이 아무개^{당시 16세} 군이었다. 이 군은 피해자가 사건 당일 친구에게 문자메시지를 보내 만나기로 했다고 언급한 '키네마'로 확인됐다. 곧이어 피해자의 통신 내역과 인터넷 활동에 대한 조사 결과가 속속 확인되면서, 피해자가 '키네마' 이 군과 여자 고등학생 홍 아무개당시 16세 양, 남자 대학생 윤 아무개당시 18세 군 및 피해자 김씨의 여자 친구인 박 아무개당시 20세 씨와 귀신이나 마녀 등 초자연적 현상을 믿는 소위 '오컬트' occult 경향의 '사령 카페'를 통해 긴밀하게 연결된 사실이 드러났다. 경찰은 곧 홍 양과 박 씨, 윤 군을 모두 검거해 CCTV 화면 속 인상착의와 비교했고, 박 씨를 제외한 모두가 화면 속 용의자들과 동일인들이란 것을 확인했다.

수사 초기 용의자들의 진술은 크게 엇갈렸다. 특히 주범 격인 이 군은 피해자가 자신의 여자 친구 홍 양에게 접근하는 등 '치정 문제'가 원인이라는 주장을 하기도 했다. 용의자들과 피해자 사이에 오고 간 연락이나 이들이 가입해 활동했던 '사령 카페'에 남겨진 내용들을 종합 분석한 경찰은 자신의 여자 친구인 박씨가 지나치게 사령 카페에 빠져드는 것을 보다 못한 피해자 김씨가 여자 친구에게 '사령 카페'에서 탈퇴할 것을 종용하던 과정에서 심한 갈등이 빚어졌고, 그 갈등이 범행의 직접적 원인이 된 것으로 파악했다. 피해자의 여자 친구인 대학생 박씨는 고등학생인 이 군의 과외 선생으로 일하면서 가까워졌고, 함께 '사령 카페' 활동을 하면서 강한 동질감이 형성된 것으로 보인다. 그러면서 같은 카페 회원인 이 군의 여자 친구 홍 양과도 무척 가까워졌다. 학교나 사회 적응에 힘들어하던 청소년, 청년들이 '사령 카페' 라는 비밀스러운 매개체를 통해 지나칠 정도로 친밀해지고 서로에 대한 의존도가 높아져 갔고, 경쟁적으로 초자연적 현상에 대한 신봉으로 빠져들었던 것이다.

처음에는 장난으로 이들과 함께하던 피해자 김씨는 이들의 '사령 카페' 활동에 대한 몰입이 지나치고 비정상적이라는 생각을 하게 되었고, 인터넷상에서 자신의 의견을 피력하면서 '사령 카페' 의 문제점을 지적하고 이들의 지나친 '오컬트' 몰입을 비판했다. 용의자들은 김씨를 '적' 으로 규정하게 되었고, 분노 및 복수 감정과 함께 '처단해야 한다' 는 종교적 징벌의식까지 형성된 것으로 보인다. 그러던 차에 피해자 김씨가 여자 친구 박씨에게 '사령 카페' 에서 탈퇴하고 정상적인 생활로 돌아올 것을 지속적으로 부탁하고 종용하자 박씨가 자신의 블로그에 "사람 마음 갈가리 찢어놓고 (중략) 사람 실컷 망가뜨려 놓고 (중략) 진심으로 네가 죽었으면 좋겠어"라는 글을 남기게 된다. 사건 발생 6일 전인 4월 24일이었다.

아들의 목숨과 징역 20년

드러나는 증거 앞에서 이 군도 진실을 털어놓을 수밖에 없었다. 피해자와 가해자들은 박씨의 탈퇴와 '사령 카페' 비난 문제를 둘러싸고 심한 갈등을 겪었다. 피해자 김씨의 비판을 자신들의 '존재의 정당성' 및 '자존감' 에 대한 근본적인 부정과 공격으로 받아들인 가해자들은 박씨의 블로그 글을 '살해 요구'로 받아들이고, 김씨에 대한 살인 계획을 세우게 된다. 박씨 역시 이들을 말리지 않고 동조하면서 김씨는 전혀 예상치 못한 치명적인 덫으로 빠져들게 된 것이다. 사건이 발생하기 얼마 전부터 피해자 김씨는 가해자들 및 '사령 카페' 회원들에게 사과를 하고 화해를 요청했고, 이를 통해 평화적으로 박씨를 '사령 카페'에서 구해내려고 시도했던 것으로 보인다. 결국 이 군 등이 사과를 받아들이는 듯한 태도를 보이면서 김씨를 만나겠다고 하자, 피해자 김씨는 사건 당일에 가해자들에게 화해의 선물로 주려고 컴퓨터 그래픽 카드까지 챙겨서 약속 장소로 나갔다. 하지만 미리 흉기와 끈 등 살해 도구를 준비하고 범행 장소와 방법 등을 준비한 가해자들은 전혀 화해할 의사가 없었다. 이들의 살해 계획을 알고 있었던 박씨는 끝내 자신의 남자 친구였고 자신을 위해 '사령 카페' 회원들과 싸웠던 피해자 김씨를 보호하지 않았고, 위험을 알려주지도 않았다.

사건 발생 후 6개월이 지난 2012년 10월 24일, 서울서부지방법원 형사 11부재판장 김종호 부장판사는 직접 피해자 김씨를 살해한 피고인 윤 군과 이 군에게 각각 징역 20년 형을 선고했다. 현장에서 망을 보는 등 범행에 가담한 홍 양에게는 단기 7년 장기 12년 형을, 살인 계획을 알면서도 방치한 피해자 김씨의 여자 친구 박씨에 대해서는 살인 방조죄를 적용해 징역 7년 형을 선고했다. '징역 20년'이라는 판사의 선고 형량을 들은 피해자 김씨의 부모는 '겨우 20년이라니'라며 절규했다. 피해자의 아버지는 그동안 공판이 열리는 날마다 '강력한 처벌을 요구'

하는 피켓을 들고 법원 앞에서 1인 시위를 해왔다. 검찰도 무기징역을 구형했다. 하지만 '소년법'의 규정상 18세 미만 미성년자인 이 군에게 내려진 징역 20년은 '법정 최고형'이다. 소년법 제59조는 "죄를 범할 당시 18세 미만인 소년에 대하여 사형 또는 무기형으로 처할 경우에는 15년의 유기징역으로 한다"고 규정하고 있기 때문이다. 판사는 징역 15년에 '가중처벌' 규정을 적용해 법에 따라 내릴 수 있는 가장 높은 형량인 '징역 20년 형'을 선고한 것이다. 만 18세로 소년법 제59조의 적용을 받지 않는 윤 군의 경우, 주범인 이 군과의 '형평성'을 고려해 같은 20년 형으로 형량을 맞춘 것으로 보인다.

너무도 억울하게 세상을 떠난 아들의 죽음 앞에서 '정의'를 요구하던 피해자의 부모는, 처참하고 악독하게 계획적인 살인을 저지른 범인들이 채 40세도 되기 전에 다시 세상에 나와 활보할 수 있게 된다는 사실을 받아들일 수 없었다. 피해자의 아버지는 재판 직후 한 언론과의 인터뷰에서 "죽은 아들이 40여 차례나 온몸을 난도질당해 죽었다는 것이 원통하고 억울하다. 저들은 20년 후면 다시 제 부모 품으로 돌아갈 텐데, 차가운 땅 밑에 누워만 있는 내 아들은 부모가 지어주는 밥조차 먹을 수 없다"며 흐느꼈다. 피고인들은 형량이 지나치게 과하다며 항소했지만, 항소심과 대법원 최종심은 원심의 판단을 그대로 인정해 형량을 확정했다.

디시 정사갤 살인 사건

2013년 7월 10일 밤 9시 10분, 부산 해운대구에 있는 한 건물 계단에서 끔찍한 살인 사건이 발생했다. 30세 여성인 김 아무개 씨가 온몸을 흉기로 찔려 숨진 채로 발견된 것이다. 경찰은 곧 현장 주변에 있는 CCTV를 분석해 용의자의 인상착의를 알아내고는 인근에 추적 수색망을 펼쳤다. 용의자는 검거되었고, 같은 30세로 광주광역시에 사는 백 아무개 씨라는 신원이 확인되었다. 일부 언론에선 두 사람의 '진보-보수' 이념 갈등 끝에 살인이 벌어진 것으로 보도하면서 큰 사회적 파장이 일었다. 경찰 수사 결과, 피해자와 가해자는 모두 '디시인사이드 정치·사회 갤러리' ^{일명 정사갤} 회원으로 정치적 성향에서는 별다른 차이가 발견되지 않았다. 해당 사이트 자체가 유사한 정치적 성향을 띤 사람들의 모임이라는 사실이 밝혀졌다. 가해자와 피해자는 온라인상에서만 알고 지내던 사이로, 성적인 공격과 모욕을 주고받고 상대방 신상을 공개하는 문제로 소송 직전까지 가는 심각한 갈등을 빚어왔던 것으로 드러났다. 가해자 백씨는 피해자 김씨에게서 무시와 모욕을 당했다고 느끼고 분노를 참지 못하다가 피해자를 살해할 마음을 먹고 3개월 동안 무수한 사전 계획을 세우며 범행을 준비했다. 결국 범행 5일 전부터 피해자의 집 주변을 서성대며 기회를 노리던 용의자 백씨는 피해자 김씨가 외출하기 위해 집을 나서는 순간을 노려 준비한 흉기를 마구 휘둘러 살해한 뒤 도주한 것이다. 백씨는 경찰에 검거된 뒤에도 별다

른 반성이나 죄책감을 드러내지 않고 담담하게 범행에 대해 진술했다.

'사령 카페'나 '디시 정사갤' 등 특정 온라인 커뮤니티 자체가 살인의 원인이라고 할 수는 없다. 같은 사이트의 다른 많은 회원들은 전혀 소위 '현피'라고 부르는 현실상의 폭력 범죄를 저지르지 않는 데서도 알 수 있다. 위 두 사건 이외에도 우리가 '가상현실'이라고 부르는 온라인상의 갈등이 현실로 옮겨와 범죄로 이어지는 경우, 범인들에게서 공통적인 문제들이 발견된다. 자존감이 낮아 자신을 무시하거나 모욕하는 표현을 참고 견디지 못하고, 가족이나 친구·동료 등 온라인 커뮤니티 이외의 인간관계가 소원하거나 단절되어 있으며, 온라인상 아이디나 캐릭터 등에 지나치게 집착한다는 점이다. 이런 문제는 물론, 온라인에서보다는 가정과 학교, 주변 또래관계 등의 붕괴나 비정상성에서 기인하지만 그로 인해 이들이 유일하게 소속감을 느끼고 의미를 두는 온라인상에서 무시나 거절, 냉대를 당할 경우 자신의 존재 가치 자체가 부정당하는 것으로 느끼고 분노 감정을 주체하지 못하게 되는 것이다. 정보화 사회를 넘어 온라인과 스마트폰 중독 시대로 접어드는 시점에서 사회적인 관심과 대책 마련이 시급하다.

003

교단의 적을 처단하라

홍성렬 교수
피살 사건

2001년 10월 25일, 충남 예산군 예산읍 시골 마을에 위치한 전 공주 대학교 수학과 교수 홍성렬^{당시 66세} 씨 부부의 주택은 늦은 가을밤의 고요한 어둠 속에 잠겨 있었다. 갑자기 3명의 남자가 빠른 걸음으로 다가서더니 홍 교수의 머리를 향해 무엇인가를 휘둘렀다. 둔탁한 소리와 함께 홍 교수가 쓰러졌다. 이상한 소리에 방에서 나온 홍 교수의 부인 ^{당시 62세}에게도 잔인한 공격이 가해졌다. 괴한들은 바닥에 쓰러진 노부부에게 마구 폭행을 가했다. '확인 살인'이었다. 금품을 훔치러 들어왔다가 들킨 절도범이나, 피해자들을 폭행하고 위협해 귀중품을 탈취하려는 강도의 소행은 아니었다. 탈취된 금품도 없었다. 무슨 이유인지 모르겠지만, 노부부를 '반드시 살해하겠다'는 확실한 목적 아래 행해진 범행이었다.

노부부의 사망을 확인한 괴한들은 피해자들의 주검을 마당 한편에 있는 예배당으로 옮겨 은닉하고 나서 오랜 시간에 걸쳐 꼼꼼하게 핏자국과 발자국, 지문 등을 지웠다. 철저한 '증거인멸' 작업이었다. 현장 정리를 끝낸 괴한들은 유유히 사라졌다. 오랜 시간이 걸린 이 범행은 이날 범행 시간대에, 다른 사람이 피해자의 집을 방문하지 않을 것이라는 확신하에 이루어진 범행이었다. 과연 범인은 누굴까? 왜 이런 잔혹한 범죄를 저질렀을까? 두 사람의 주검은 만 24시간이 넘게 방치되다가 다음 날 밤 10시 40분, 두 사람이 걱정되어 찾아온 사위에 의해 발견되었다.

위협과 협박에 시달렸던 홍 교수

피해자 홍성렬洪範초 교수는 전공인 수학보다 동학이나 증산교 등 '민족종교' 분야의 전문가로 널리 알려진 유명 인사였다. 특히 《증산교개설》, 《범증산교사》 등의 책을 저술했고, 〈천지공사〉라는 증산교 교리를 전파하는 월간지를 10여 년 동안 발행해왔으며, 증산종단연합회장 및 증산사상연구회장을 역임하는 등 '증산교' 분야의 대가였다. 어떤 증산사상 관련 교단과 교리 문제 등을 둘러싸고 갈등을 겪어왔던 홍 교수는 자신의 집에 독자적인 예배당을 차려놓고 지지자들과 따로 예배를 드리며 교단에 대한 비판의 날을 세우고 있는 중이었다.

증산교는 구한말 절망에 빠진 농민과 백정, 여성 등 기층 민중들을

위한 세상을 만든다며 '후천개벽'을 약속한 증산 강일순¹⁸⁷¹⁻¹⁹⁰⁹을 상
제로 받들어 모시는 종교다. 일제강점기 탄압으로 해체되었다가 광복
이후 증산교, 증산도, 선도교, 보천교, 미륵불교, 제화교, 태을교 및 대
순진리회 등 수십 개의 독립교단이 난맥상을 이루며 창설되어 극심한
갈등과 혼란을 겪던 중이었다. 홍 교수는 현재의 증산교 계열 교단들
이 교조인 강증산의 정신에 부합하지 않는 기복 신앙적인 '혹세무민'
으로 교세 확장과 수익만 챙기고 있다고 비판하며, 자신의 집을 작은
교당으로 꾸민 채 방문객을 맞이하며 설교를 하고 예배를 봉헌하고 있
었다. 그러다 보니 위협과 협박이 끊이질 않았다. 사건 다음 날도 사위
가 협박전화 발신번호를 표시하는 장치를 구입해 설치하려고 찾아갔
다가 시신을 발견하게 된 것이었다.

신고를 받고 출동한 경찰은 현장 보존부터 철저를 기했다. 피해자가
지역 유명 인사이면서 종교와 관련되어 있기 때문에 자칫 대형 의혹
사건으로 번질 가능성이 컸기 때문이다. 곧 도착한 과학수사반은 현장
에 대한 면밀한 감식을 실시했다. 꼼꼼하게 증거를 인멸한 뒤라서 많
은 걸 발견할 수는 없었지만 50여 점의 머리카락을 수거했고, 방바닥
과 음료수 병 및 방명록 책갈피에서 쪽지문_{손가락 일부만 접촉해 부분적으로 남겨진}
_{지문}을 채취해낼 수 있었다. 특히, 방명록에서 사건 발생 당일 방문자들
의 기록이 남겨진 부분만 찢겨나갔고 그 부분에서 어렵게 쪽지문을 채
취해냈기 때문에 경찰은 신원 확인에 큰 기대를 걸었다. 하지만 당시
경찰의 지문검색 장비는 쪽지문만으로는 주민등록 데이터베이스^{DB}

안에 있는 지문 원본과의 일치율을 판독해낼 수 없었다.

그나마 다행스러운 것은 현장에서 수거한 머리카락 중에서 DNA를 추출해낼 수 있었다는 점이다. 물론 그 DNA의 주인이 반드시 범인이라는 보장은 없었다. 머리카락은 지문과 달리 용의자가 특정되지 않는한 그의 신원을 확인할 수 없다는 한계도 도사리고 있었다. 일단 피해자 홍 교수 부부와 가족 등 가까운 지인 중에는 현장에서 발견된 모발과 DNA가 일치하는 사람이 없었다. 피해자들의 지인 외에도 이웃, 인근 거주 불량배나 전과자 등 우범자, 최근 홍 교수의 집과 예배당을 찾은 사람들, 배달이나 검침, 외판 등을 위해 방문한 사람들을 모두 조사했지만 모발과 DNA가 일치하거나 혐의점이 있는 사람은 발견되지 않았다.

강도 높은 수사 받던 행정실장의 자살

수사는 답보 상태에 빠져들고 있었다. 열흘이 넘도록 사건 해결의 기미가 보이지 않자 종교 관련 학자들과 학회, 충남 지역 교수 및 학자들이 경찰에 항의 서한을 제출하고 사건 해결을 촉구하기 위해 방문하기도 하는 등 여론의 압박이 날이 갈수록 강해졌다. 학계와 여론의 의혹은 한 증산교 관련 교단을 향해 있었다. 경찰 역시 '의혹과 심증'을 따라 교단에 대한 수사를 강도 높게 진행했지만 물증이나 진술, 뚜렷한 혐의점을 발견하지 못했다. 더욱이 2002년에는 교주의 심복으로 평소 홍 교수를 '교단의 적'으로 지칭하며 공격적 발언을 해온 탓에 강도 높은 수사를 받고 있던 교단 행정실장이 자살하는 바람에 수사가 진척되지 못했다.

9년 뒤인 2010년. 사건은 미궁에 빠져 있었지만, 인류의 과학기술은 발전을 멈추지 않았다. 과학수사 장비와 기술 역시 마찬가지였다. 특히, 경찰청이 많은 예산과 인력을 들여 추진한 '지문자동검색기 고도화 사업'으로 개선된 장비와 기술은 9년 전 신원 확인이 불가능했던 쪽지문의 '보이지 않는 융선' 부분을 추정, 복원해냈다. 복원된 지문과 일치율이 가장 높은 데이터베이스 속 지문의 소유자는 이 아무개^{당시38세} 씨. 쪽지문에서 추정, 복원해 찾아낸 대상이기 때문에 범죄 현장에서 발견된 지문의 소유자일 가능성이 높았지만 확신할 수는 없었다. 모발에서 추출된 DNA와의 일치 여부, 사건 당일 알리바이, 동기 등 추가로 확인해야 할 것이 많았다.

경찰은 이씨의 소재 파악에 나섰고 2010년 3월 16일, 경기도 안성의 한 피시방에서 그를 발견했다. 장시간 그의 동태를 감시하던 예산경찰서 강력팀 김웅선 형사는 이씨가 복도에서 담배를 피운 뒤 자리를 뜨자 신속하게 꽁초를 수거해 비닐 증거봉투에 담았다. 국립과학수사연구원에서 꽁초에 묻은 타액의 DNA가 9년 전 홍 교수 부부 피살 현장에서 수거된 모발 중 하나의 DNA와 일치한다는 사실을 확인했다. 이씨는 곧 검거되었고, 공범인 장 아무개^{당시50세} 씨와 심 아무개^{당시48세} 씨역시 체포되었다. 세 사람은 살인 및 시체유기 혐의로 구속되었다.

문제는 '범행 동기'와 '배후'였다. 세 사람 모두 피해자 홍 교수 부부와는 아무 관계나 면식이 없어 원한이나 금품, 치정 등 살해 동기가 없었다. 다만 한 가지, 세 사람 모두 증산교 관련 교단 소속 교인이라는 공통점을 가지고 있었다. 장씨와 이씨는 동네 선후배로 전부터 알고 지내던 사이지만, 심씨는 같은 교인이라는 것을 제외하면 두 사람과 관계가 없었다. 경찰은 프로파일러까지 투입하며 교단 혹은 교단 관계자와의 관련성을 밝히기 위해 총력을 기울였다. 하지만 수사의 끝은 자살한 행정실장에게서 멈추고야 말았다. 수사 결과 밝혀진 사실은, 행정실장이 별다른 지위나 역할이 없던 평신도인 장씨와 심씨를 각각 따로 불러 홍 교수가 근거 없이 교단을 비방하고 감언이설로 교인들을 빼가 교단이 곤란한 상황이니 홍 교수를 처단해주면 좋겠다는 '지시 같은 부탁'을 했다는 것이었다.

　두 사람은 각기 홍 교수 집 부근을 배회하며 기회를 엿보다 같은 지시를 받은 사실을 알게 됐다. 그들은 그때까지 누구를 해쳐본 적이 없기에 어찌할 바를 모르고 논쟁하다가 폭력 전과가 있고 공격적인 성격인 동네 후배 이씨를 끌어들이게 되었다. 세 사람은 치밀하게 공격 계획을 세웠고, 석 달에 걸쳐 홍 교수를 추종하는 교인으로 가장해 홍 교수 집에 대한 사전답사를 실시했다. 그리고 요일별 및 시간대별 방문자 현황과 홍 교수 부부의 생활 패턴 및 집 안 구조를 파악했다. 그동안 장시간이 지나도록 지시 이행을 하지 않는다는 교단 행정실장의 추궁과 재촉이 몇 차례 있었다.

디데이로 잡은 2001년 10월 25일 저녁, 방문객이 모두 돌아가고 다른 사람이 찾아오지 않을 것을 확신한 세 사람은 홍 교수 부부를 습격해 잔혹하게 살해하고 증거를 없앤 뒤 교단 행정실장에게 보고했다. 행정실장은 감사인사를 하고는, 몸을 숨기고 별도의 지시가 있을 때까지 교단 쪽으로는 발길도 돌리지 말라고 명령했다. 이들은 지시에 따라 잠적했고, 교단에서는 오랫동안 예배에 참석하지 않고 신앙생활을 하지 않는다는 이유로 교인 명부에서 세 사람의 이름을 삭제했다. 경찰의 수사가 교단 내부를 향해 강도 높게 진행되던 2002년 행정실장은 자살했고, 그와 세 사람 간의 연결 고리는 발견되지 않았다.

"교단과 관계없다" 강하게 선 그은 범인들

이란의 시아파 지도자 호메이니 등 강경파 원리주의 이슬람 교파는 영국 작가 살만 루슈디가 《악마의 시》라는 책에서 이슬람교와 선지자 무함마드^{마호메트}를 모욕했다는 이유로 '공개 살인 명령'^{fatwa, 파트와}을 내렸다. 그에게는 300만 달러의 공개 보상금이 걸렸다. 루슈디는 영국 정부의 보호하에 아직 무사하지만, 그의 책 《악마의 시》를 번역한 일본 학자 이가라시 히토시 교수는 의문의 피살을 당했다. 종교 교단의 미움을 받아 살해 명령의 대상이 된 홍성렬 교수는 (비록 그 명령이 비공개, 비밀 지시이긴 했지만) '한국의 살만 루슈디'라고 해도 과언이 아닐 것이다.

홍성렬 교수에 대한 '종교 테러 살인' 사건의 주범은 내성적이고 소극적인 성격에 다른 이와 싸움 한번 해본 적이 없는 사람이었다. 그는 농촌에서 자라 고등학교를 졸업한 뒤 공장에 취업했고 그곳에서 만난 동료 여성과 결혼했다. 이후 연로한 부모님의 치매 등 병치레로 고생하던 끝에 아내마저 병에 걸려 수술을 하는 바람에 회사도 그만두고 생활고에 시달렸다. 삶이 너무 힘들고 팍팍했다. 그때 친구의 소개로 《개벽》이라는 책을 접하게 되면서, '새로운 세상'에 대한 기대와 희망을 품게 되었다. 그 친구와 함께 증산교 관련 교단을 찾았다. 교단에서는 자신을 지나칠 정도로 환대해주었고 존중해주었다. 학력과 돈, 배경이 없다고 무시하던 '바깥세상'과는 전혀 달랐다. 더구나, 동네 후배 등 다른 사람을 데려오니 호칭도 달라지고 보상을 하고 더 나은 대접을 해주었다. 이러한 '다단계' 방식에 푹 빠져 아는 사람들을 찾아다니며 선교를 했다. 생활고와 부모 병 수발도 제쳐두고 종교에만 몰두하는 남편을 말리다 지친 아내는 이혼을 요구했고, 결국 부부는 협의이혼을 하게 된다. 남자는 이혼 후에 더 깊이 종교에 빠져들었다. 그러던 참에 행정실장의 살인 지시를 받자 부모나 가정, 그리고 자기 자신보다 더 소중한 교단과 교주를 위해 주저 없이 그 지시를 이행한 것이다.

이미 행정실장의 자살로 책임을 벗은 교단은 세 사람의 살인범을 교단에서 축출한 뒤, '우리 교단 사람이 아니며 교단과 아무런 관계가 없다'고 꼬리를 잘라버렸다. 경찰의 조사 과정에서 살인범들은 순순히 범행 일체를 자백하고 자신의 행동을 후회하면서 피해자와 유가족에 대한 사죄와 참회의 눈물을 흘렸다. 하지만 행정실장이 홍 교수에 대한 감정과 교주에 대한 충성이 지나쳐 '개인적으로' 내린 지시이지, 결코 교단이나 교주와는 관련이 없다고 강하게 선을 그었다. 또한 살인 사건 이후 이미 9년간 교단을 떠나 있었고 교단에서도 파문을 했기 때문에 아무런 관계가 없다며 교단을 끝까지 보호하는 모습을 보였다. 그들은 마지막으로 '언젠가는 교단이 다시 받아들여 주었으면 좋겠다'는 희망을 내비쳤다. 교단 때문에 자신과는 아무 상관 없는 무고한 두 사람의 생명을 무참하게 짓밟고, 그 때문에 살인범이 되어 9년간 도피 생활을 해야 했고, 인생이 망가진 상태에서도, 교단에 대한 신앙과 충성심이 전혀 흔들리지 않는 그들의 모습에서 종교적 광신의 무서움이 느껴졌다. 종교는 우리 마음의 병을 치료하는 귀한 약이 될 수 있지만, 오용 혹은 남용되면 중독과 부작용을 낳는 마약이 될 수도 있다는 것을 확인해준 사건으로 기록될 것이다.

004

탁명환 소장
살해 사건

1994년 2월 15일 저녁, MBC 〈PD수첩〉은 '의혹, 영생교를 밝힌다' 라는 제목으로 그동안 영생교를 둘러싸고 제기되었던 다양한 문제들을 심층 보도했다. 영생교는 교주 조 아무개^{당시 63세} 씨를 신격화하며 '죽지 않고 영원히 살 수 있다' 는 거짓 주장을 내세워 서민들을 현혹했다. 신도들을 '근화실업' 이라는 회사에서 일하게 하면서 임금도 주지 않고, 말 안 듣는 신도를 납치해 폭행 및 살해하고, 이탈한 신도에 대한 보복 범죄 등을 자행해왔다는 충격적인 의혹들이 보도되었다.

조 아무개 씨는 '개벽사상' 에서 파생된 토속 신흥종교인 천부교 신자이던 시절, 불교와 기독교 등 주류 종교의 사상과 이론을 토속 종교와 접목시켜 1981년 영생교를 만들었다. 영생교는 기존 종교가 주장하던 '사후 영생' 이 아닌 '살아서 영생' 을 주장해 당시 교인들 사이에서 큰 관심을 받으며 교세가 급속히 확장되던 중이었다. 대개의 신흥종교가 그렇듯 초기 교세 확장 과정에서는 많은 문제가 드러나기도 하는 반면, 여타 종교의 경계와 시샘으로 근거 없는 음모와 낭설이 확산되기도 한다. 영생교를 둘러싼 수많은 의혹에 대해 영생교 쪽은 모두 악의적인 음해와 모략, 낭설이라고 주장하며 〈PD수첩〉의 방송금지 가처분 소송을 제기하고 협박성 전화, 집단 시위 등에 온 힘을 기울였다.

이 방송 뒤 탁명환^{당시 58세} 월간 〈현대종교〉 발행인 겸 국제종교문제연구소 소장과의 인터뷰가 화제로 떠올랐다. 그는 영생교를 비롯한 한국의 신흥종교 집단을 집중 추적하고 비판해온 인물이었다.

범인이 떨어뜨린 쇠파이프

〈PD수첩〉 영생교 편이 방송된 지 3일이 지난 1994년 2월 18일 밤, 귀가하던 탁명환 소장은 차를 주차하고 집으로 들어가던 중에 누군가 자신을 부르는 소리를 들었다. 발길을 멈추고 뒤를 돌아보았다. 갑자기 다가선 괴한은 칼로 탁 소장의 가슴과 배를 마구 찔렀다. 괴한이 휘두른 칼은 길이만 28센티미터인 치명적 살상 무기였다. 괴한은 칼뿐 아니라 미리 준비해둔 쇠파이프도 마구 휘둘러 때렸다. 무차별적인 공격으로 쓰러진 탁 소장은 비명은커녕 신음도 내지 못했고 미동도 하지 않았다.

한밤의 괴성과 소음은 잠든 이웃들을 깨웠다. 여기저기서 불이 켜지기 시작했다. 괴한은 달아났다. 그동안 탁명환 소장이 통일교와 영생교 등 여러 신흥종교에 대한 고발과 비판을 해오면서 끝없는 협박과 테러에 시달렸던 터라 탁 소장의 가족은 늘 불안과 긴장 상태였다. 밖에서 이상한 소리가 들리자마자 당시 스물여섯 살이던 아들이 뛰어나왔다. 탁 소장은 온몸에서 피를 흘리는 처참한 모습으로 가까스로 여린 숨을 내쉬고 있었다. 그는 달려 나온 아들의 귀에 마지막 말을 남겼다. "범인…… 경찰…… 찔렀어……."

병원으로 옮겨진 탁 소장은 이미 과다출혈 상태였고 장기 손상도 심각해 숨지고 말았다. 경찰에는 비상이 걸렸다. 사흘 전 방송된 〈PD수첩〉 영생교 편의 파장이 확산되던 때였다. 영생교 쪽의 보복 살인일 가능성을 배제할 수 없었다. 경찰은 다음 날인 2월 19일, 그동안 영생교 신도들에 대한 납치와 폭행, 살인 등의 혐의를 받고 있던 이른바 '영생교 행동대원' 김 아무개^{당시 44세} 씨와 라 아무개^{당시 45세} 씨를 긴급 공개 수배하고 영생교 관계자들에 대한 수사를 강화했다. 국회에서는 탁명환 소장 피살 사건의 충격으로 영생교 관련 의혹을 밝히자는 진상조사 움직임이 시작되었다.

사건 현장에 출동한 경찰은 당황한 범인이 현장에 떨어뜨리고 간 쇠파이프를 발견했다. 파이프를 둘러싸고 있는 달력에 사람들의 이름이 적혀 있어 범인을 추적할 단서가 될 듯했다. 주민등록번호 조회 결과 이들의 주소지가 서울시 구로구 오류동으로 확인되었고, 주소지로 찾아간 경찰은 그곳이 ㄷ교회에서 일하는 직원들의 숙소임을 알아내었다. 숙소에는 달력에 적힌 사람들 중 8명이 머무르고 있었다. 그러나 단 한 사람의 행방은 묘연했다.

그의 이름은 임 아무개당시 26세. ㄷ교회 박 아무개당시 66세 목사의 운전사 겸 수행비서로 일하던 사람이었다. 다른 직원들도 임씨가 연락도 없이 갑자기 사라져 걱정하는 중이라고 했다. 경찰은 ㄷ교회 박 목사 역시 탁명환 소장에 의해 '이단', '사이비'로 규정되어 비판과 공격을 받아왔다는 사실도 확인했다. 범행의 동기와 정황증거들이 확보된 것이다. 이제 용의자 신병을 확보해 진술을 받아내고 범행에 사용한 도구인 칼을 찾아야 했다. 또 용의자의 단독 범행인지, 공범과 배후가 있는지 여부 등을 밝히는 일도 중요했다.

서울경찰청 강력반은 사건 발생 3일 만인 2월 21일 용의자 임씨를 붙잡았다. 경찰의 추궁에 용의자는 범행을 자백했고, 경찰은 검찰에 구속영장을 신청했다. 검찰은 자백의 신빙성이 부족하고 살해 도구 등 직접적인 증거가 없다며 경찰의 구속영장 신청을 기각하고 보강수사를 지시했다. 임씨 검거 다음 날 경찰은 그를 풀어줄 수밖에 없었다. 임씨는 경찰의 수사와 감시 아래 있어 도주할 엄두도 낼 수 없었다. 임씨는 칼을 숨긴 장소를 밝히라는 경찰의 계속된 추궁에 못 이겨 결국 "사건 현장에서 ㄷ교회로 오던 길에 근처 개천에 버렸다"고 진술했다. 경찰은 구로구 개봉동 철산교 밑 '목감천'을 수색해 물속에 가라앉아 있던 칼을 찾아냈다.

사건 발생 다음 날 대책회의 연 ㄷ교회

임씨는 구속되었고 경찰은 그의 배후수사에 집중했다. 임씨는 계속 단독 범행이라고 주장했지만, 경찰은 ㄷ교회 주요 인사 등 임씨 주변 인물들에 대한 계좌추적과 행적수사 및 탐문수사 등 압박의 수위를 높여나갔다. 임씨는 "탁 소장이 내가 소속된 ㄷ교회와 내가 믿고 따르는 박 목사를 '이단'으로 규정하고 비난한 것에 분노해 겁을 주려고 미행을 하다가, 탁 소장이 30~40대 여성과 몰래 만나는 현장을 목격하고 분노가 치밀어 우발적으로 살해했다"고 진술했다.

임씨가 검거된 뒤 ㄷ교회 쪽은 충격에 휩싸였고 대책 마련에 분주했다. 교주로 추앙받던 박 목사가 사건 직후 미국으로 출국한 뒤 장기간 귀국하지 않아 혼란과 불안은 더욱 가중되었다. 당회장 김 아무개당시 61세 목사 등 ㄷ교회 지도부는 여러 차례 대책회의를 열었고, 한편으론 신도들을 진정시키는 데 노력을 기울였다. 다른 한편으론 보수적인 기독교계 지도자들을 만나 도움을 요청했다. ㄷ교회의 공식적 입장은 "임씨의 범행 사실은 이날 오전 방송 뉴스를 통해 알았을 뿐 전혀 몰랐던 일"이고 "교회 쪽의 배후지시나 관여는 전혀 없었다"는 것이었다.

경찰의 배후수사는 소득이 있었다. 사건 발생 다음 날인 2월 19일, ㄷ교회에서 임씨의 탁 소장 살해 범행에 대한 '대책회의'가 열렸던 사실을 확인한 것이다. 경찰 수사 결과 당시 대책회의에는 ㄷ교회 조 아무개당시32세 목사, 신 아무개당시47세 장로 등 여럿이 참석했고, 그날 미국으로 출국한 박 목사는 공항에서 자세한 보고를 받은 사실이 확인되었다. 경찰은 임씨의 도주와 피신을 돕고 증거물인 달력을 소각하는 등 적극적으로 은폐에 가담한 조 목사와 신 장로를 체포, 구속했다.

경찰에서 사건을 송치받은 검찰은 박 목사를 배후로 지목하고 수사를 진전시켰다. 결국 검찰은 박 목사가 사건 전 임씨에게 "공수부대 출신이라면서 아무 소용 없구먼. 이렇게 눈에 보이는 사탄이 활개치고 다니면서 온갖 헛소리와 비방을 해대는데 때려잡지 못하느냐"는 취지의 말을 여러 차례 했다는 진술을 확보했다. 박 목사가 탁명환 소장을 미워하고 두려워한 이유가 '이단'에 대한 비판이 아니라 그의 사생활에 대한 폭로 가능성 때문이라는 사실도 밝혀졌다.

박 목사가 지난 30여 년 동안 두 개의 이름과 호적을 갖고 각기 다른 두 부인과 자녀들을 두고 있다는 의혹이 제기됐고, 탁 소장이 그 사실을 조사해왔던 것이다. 박 목사가 '박철'이라는 이름으로 낳았던 딸이 1993년 5월 박 목사를 상대로 '친자 확인 소송'을 제기한 사실도 드러났다. 박 목사는 측근을 통해 소송 취하를 종용했지만 소를 제기한 전처소생 딸이 100억 원을 요구하는 바람에 합의에 도달하지 못한 채 전전긍긍하던 중이었다. 이 사실이 고스란히 탁명환 소장의 귀에 들어가게 된 것이다. 하지만 이러한 내용들은 단지 '정황증거'에 불과했다. 박 목사를 살인 교사범으로 처벌하기 위해선 살인 피고인인 임씨의 구체적 진술이나 살인 전후에 오간 금품의 흐름 등 좀 더 '직접적인 증거'가 필요했다.

과연 우발적 단독 범행일까?

탁명환 소장 살인 사건에 대해 공식적으로 '임씨의 범행과 아무런 관계가 없다. 개인 단독 행동이다' 라는 입장을 표방한 ㄷ교회는, 내부적으로는 탁 소장이 제기한 이단 문제와 박 목사의 사생활 문제에 대해 적극적으로 반론을 제기하면서 신도들의 동요를 막기 위해 노력했다. ㄷ교회 쪽은 재판이 진행되는 동안 대외적으로도 적극적인 대응을 해나갔다. 탁명환 소장이 생전에 ㄷ교회와 박 목사에게 제기했던 비판에 대해 "지난 72년 탁씨가 종교문제연구소를 설립한 뒤 ㄷ교회 설립자인 박 목사가 개인적인 친분 관계로 자금 지원을 해주다 이를 중단하자 ㄷ교회를 이단으로 몰기 시작했다. 한 대형 교단을 이단으로 비판해오던 탁씨가 지난 78년 돈을 받고 이 교단을 옹호하는 입장으로 급선회해 박 목사가 자금 지원을 중단한 것인데 태도가 돌변했다"고 주장하며 개인감정에서 비롯된 허위주장이라는 점을 강조했다.

피고인 임씨에 대한 재판이 한창 진행 중이던 1994년 7월 7일에는, ㄷ교회 신도인 나 아무개^{당시 21세} 씨가 "탁명환은 한국 목사 170여 명을 집단으로 고소한 고소의 명수, 돈 안 주면 이단으로 선언한다"는 등 탁 소장을 비방하는 내용을 담은 유인물 6,000여 장을 만든 뒤 법원과 검찰, 교회 목사 등에게 발송한 사실이 드러나 '사자에 대한 명예훼손' 혐의로 검찰에 구속되는 일이 발생하기도 했다.

법정에서는 살인범 임씨가 '박 목사가 범행을 사주하지 않았고, 오

직 스스로 판단해 저지른 단독 범행'이라고 주장했다. 탁명환 소장의 유족은 사건 발생 이후 줄곧 범행의 치밀성, 계획성, 도주 및 증거인멸 과정의 면밀함 등으로 판단해볼 때 결코 임씨 개인의 우발적 단독 범행일 리가 없다고 주장해왔다. 박 목사 등 ㄷ교회 지도층의 범행 교사와 사전 모의 및 도주와 증거인멸 방조 정황이 명확히 드러났고, 범행 당시 현장에 2명 이상의 남자들이 있었던 것을 본 목격자가 있다는 점을 강조했다.

하지만 검찰은 박 목사에게 살인 교사 혐의를 적용할 수 없었다. 1994년 6월에 열린 1심 선고 공판에서 재판부는 검찰의 '사형' 구형을 받아들이지 않고 피고인 임씨에게 무기징역을 선고했다. 6개월 뒤 12월엔 항소심 재판부가 원심의 형량이 너무 과하다며 임씨의 형량을 '징역 15년'으로 감형했다.

2010년 9월 9일 대법원은 ㅍ교회 ㄷ교회의 새 이름, 박 아무개 원로목사가 자신들을 '이단'이라고 비판하는 연구 보고서를 쓴 총신대학교 교수들을 상대로 제기한 '명예훼손에 따른 손해배상 청구소송'에서 원고 패소 판결을 내렸다. 판결문에는 1994년 '임 아무개의 탁명환 소장 살해 사건'이 언급되었다.

한편, 탁명환 소장 피살 사건 직후 범인으로 의심받았던 '영생교'는 탁 소장 살해 사건과는 관련 없다는 것이 밝혀졌지만, 방송에서 제기된 신도 납치, 폭행, 살해 암매장 혐의가 사실로 밝혀지고 주검들이 발견되어 교주 조희성과 신도들이 체포돼 유죄판결을 받았다.

탁명환 소장은 생전에 '사후 장기기증 서약'을 한 뒤 사망하면 주검을 의과대학 실습을 위해 기증하라는 유언을 남겨둔 상태였다. 가족은 고인의 유지를 따라 시신을 연세대학교 세브란스 병원에 기증했고, 해부 실습 후 그의 골격은 '뼈대본'으로 병원에 보관되어 있다.

005

'괴물'이 만들어지는 과정

조승희
총기 난사 사건

2007년 4월 16일 오전 7시 15분, 미국 버지니아 공대 학생 기숙사 '웨스트 앰블러 존스턴 홀'에서 날카로운 비명에 이어 귀를 찢는 총성이 울렸다. 학부생 에밀리 힐셔와 대학원생 라이언 클라크가 총에 맞고 피를 쏟으며 쓰러진 것이다. 두 사람은 그 자리에서 사망했다. 총을 쏜 범인은 유유히 현장을 떠났다. 워낙 순간적이고 충격적인 상황이라 목격자들의 진술도 엇갈렸다. 911 신고를 받고 출동한 대학 경찰은 사건 발생 직전에 피해자 에밀리가 남자 친구와 기숙사에서 언쟁을 벌이는 모습을 목격했다는 학생들의 진술을 확보했다. '흔히 발생하는', '치정에 의한 면식범 살인'으로 판단한 경찰은 에밀리의 '백인' 남자 친구를 추적했다. 불필요한 혼란을 초래할 수 있으므로 대학 캠퍼스 안에 비상경보를 발령하지는 않았다. 하지만 그 '순간의 판단 착오'가

엄청난 비극의 전조가 될 것이라고는 아무도 짐작하지 못했다.

학생 보호하고 숨진 홀로코스트 생존자 교수

경찰의 판단 착오를 비웃듯, 총격 사건의 현장을 벗어난 자그마한 체구의 동양인 남학생은 모자를 눌러쓴 채 유유히 자신의 기숙사인 '하퍼 홀'로 돌아갔다. 기숙사 방에서 그는 마치 알 카에다 등 테러조직처럼 디지털카메라 동영상 기능을 이용해 세상에 던지는 메시지를 촬영한 뒤 미리 준비한 동영상 27개, 사진 파일 43개와 함께 DVD로 구웠다. 그러고 나서 1,800자짜리 선언문을 출력한 문서 뭉치와 함께 상자에 넣었다. 상자를 들고 일어서기 전 이 학생은 자신의 책상에 부유한 백인 남학생들과 순결하지 못한 여학생들을 비난하는 메모를 남겼다. 우체국이 막 문을 연 9시 1분, 두툼한 꾸러미를 NBC 방송국에 보낸 이 남학생은 각 강의실에서 한창 수업이 진행되고 있는 '노리스 홀'로 향했다. 마치 보이스카우트를 연상케 하는 검은 조끼를 걸친 그의 주머니와 가슴팍, 그리고 뒤에 멘 배낭은 불룩했고, 손에는 손가락 부분이 없는 검은 장갑을 끼고 있었으며, 걸음걸이는 전장에 나가는 군인을 연상케 했다.

범인이 목표로 정한 '노리스 홀'은 버지니아 공대를 상징하는 건물로 다양한 과목의 강의가 여러 강의실에서 동시에 진행되고 있었다. 이미 첫 강의가 시작된 뒤인 9시 12분, 노리스 홀 주 출입구인 중문으로 들어선 이 동양인 학생은 두꺼운 목제 문을 닫고 배낭에서 쇠사슬을 꺼내 문손잡이 양쪽에 휘감고는 커다란 철제 자물쇠를 채워버렸다. 문을 부수지 않고서는 누구도 건물 안으로 들어오지도, 밖으로 나가지도 못하게 만든 것이다. 다른 두 개의 출입구 역시 같은 방법으로 봉쇄한 학생은 쇠사슬 위에 조잡한 글씨와 문장으로 "문을 열려 하면 폭탄이 터질 것이다"라고 쓴 종이를 붙였다.

건물을 나가려다 쇠사슬과 협박 문구를 발견한 학생들과 교직원들은 당황했고, 수업 중인 교수와 학생들은 이 사실을 모르고 있었다. 9시 39분, 검은 조끼와 장갑 등 이상한 복장을 한 동양계 학생이 응용수리학 강의가 진행 중인 206호 강의실에 들어왔다. 양손에는 권총이 한 자루씩 들려 있었다. 교단으로 다가간 이 학생은 교수의 머리에 총을 들이댄 다음 "Hi, how are you?"라고 인사한 뒤 방아쇠를 당겼다. 피를 뿜으며 교수가 쓰러지고 학생들은 그 자리에 얼어붙었다. 무표정한 얼굴로 학생들에게 다가간 범인은 학생 한 명 한 명에게 차분하게 조준사격을 가하기 시작했다. 강의실에 있던 총 14명 중 10명이 숨졌고, 2명은 치명적 부상을 입었지만 목숨은 건질 수 있었다. 총격이 시작되자마자 바닥에 엎드려 죽은 척했던 2명의 학생은 기적처럼 아무런 부상도 입지 않은 채 살 수 있었다.

곧이어 207호 독일어 강의실에 들어간 범인은 같은 방법으로 학생들에게 조준사격을 가했다. 강의실을 나온 범인은 복도에 있는 사람들을 향해 마구 총을 발사했다. 그사이 205호 강의실에서는 총소리를 듣고 상황의 위급성을 파악한 학생들이 책상과 의자를 이용해 강의실 출입문을 봉쇄했다. 누군지 모를 총잡이를 들어오지 못하게 하려는 절박한 시도였다. 곧 총을 든 범인이 205호에 들이닥쳤고, 열리지 않는 문에 몸을 던지는 범인과 학생들 간의 목숨을 건 사투가 시작됐다. 결국 문을 열지 못한 범인은 화가 난 듯 문을 향해 총을 난사했지만 다행히 나무 책상이 총알을 다 받아내 주었다.

205호 강의실 진입에 실패한 범인은 204호로 향했다. 그 안에서는 77세의 나치 인종학살홀코스트 수용소 생존자인 리비우 리브레스쿠 교수가 온몸으로 강의실 문을 막고 있었다. 그는 손짓으로 학생들에게 창문 밖으로 뛰어내리라고 지시했다. 그가 사력을 다해 침입자의 완력을 막아내는 동안 한 명을 제외한 모든 학생이 2층 창밖으로 뛰어내려 목숨을 건졌지만, 그는 결국 문을 밀치고 들어온 범인에게 총격을 당해 숨졌다. 세계적인 항공역학 석학이 어린 학생들을 위해 생명을 던진 숭고한 희생이었다.

지존파와 유영철 연상케 한 기숙사 방 메모

9시 45분, 범인은 다시 프랑스어 수업이 진행 중이던 211호 강의실로 향했다. 211호 역시 총소리를 듣고 학생들이 책상으로 문을 막았지만, 안타깝게도 범인은 몸을 던져 문을 밀며 반대쪽에 쌓인 책상들을 무너뜨렸다. 강의실에 진입한 범인은 강단에 있는 여교수에게 제일 먼저 다가가 머리에 총을 겨누고 방아쇠를 당겼다. 그러고는 학생들 하나하나에게 조준사격을 가했다. 211호 강의실에 있던 총 22명의 학생 중 11명이 살해됐다. 211호 강의실을 나온 범인은 206호, 207호 등 자신이 들렀던 강의실들을 다시 찾아가 문을 열려다 실패하거나 강의실에 진입해 추가 총격을 가하며 돌아다녔다.

이렇게 총 9분 동안 170여 발의 총알을 발사해 교수 5명과 학생 25명을 살해한 범인은 가장 많은 희생자를 낸 211호 강의실로 다시 들어와 부상자들을 향해 총격을 가했다. 그러다 갑자기 자신의 얼굴을 향해 두 발을 연속 발사하고 바닥에 쓰러졌다. 자기 자신을 마지막 살해 대상으로 삼은 것이다. 건물 밖에서 들리는 경찰차의 사이렌 소리에 '모든 것이 끝났다'는 것을 감지했기 때문에 택한 '계획된' 행동이었다.

현장에 도착한 경찰은 우왕좌왕했다. 걷거나 뛰거나 서 있는 남학생들에겐 총을 겨누고 바닥에 엎드리라고 소리친 뒤 몸수색을 하고 수갑을 채웠다. 911 신고 내용과 부상자와 여학생들의 목격 진술을 종합해 노리스 홀 2층 현장으로 진입한 경찰은 211호 강의실에서 얼굴 전체가 날아가 신원을 식별할 수 없게 된 범인의 시신을 발견했다. 곧 그의 배낭에서 블랙베리 폰을 찾은 경찰은 그의 신원이 한국계 미국 영주권자로 버지니아 공대 학생인 '조승희'라는 사실을 확인했다. 사건 초기 언론에는 범인이 '중국계'라고 잘못 알려지면서 애꿎은 중국 학생들이 비난의 표적이 되기도 했다.

경찰은 조승희의 기숙사를 압수 수색하고 룸메이트와 같은 과목 수

강생 등을 대상으로 강도 높은 조사를 실시했다. 그가 남긴 글과 그림들에는 하나같이 피와 살인, 성폭행, 욕설 등이 가득했다. 주변 학생들 역시 그가 친구가 없으며 거의 대화를 하지 않고 밤새도록 잠을 안 자고 특정 노래_{컬렉티브 솔의 〈사인〉}만 반복해서 듣는 기이한 사람이었다고 진술했다. 여성을 성적 대상으로만 인식하는 왜곡된 성 인식을 가지고 있었고, 이로 인해 여러 차례 '스토킹' 혐의로 고발당하기도 했다는 사실도 확인됐다. 특히 사건 전 3주 동안 버지니아 공대 캠퍼스 안에서 두 차례 발생한 '폭탄테러 위협 쪽지' 사건의 범인 역시 조승희였다는 정황이 확인되면서, 그가 최초 총격 이후 경찰이 출동할 때까지 시간이 얼마나 소요되는지를 미리 점검하는 등 치밀한 계획을 세워 범행을 저지른 것으로 파악돼 더 큰 충격을 주었다.

그가 범행 직전 기숙사 방에 남긴 메모에는 돈 많은 백인 남학생들과 순결하지 않은 여학생들에 대한 극도의 분노와 증오가 가득 차 있었다. 마치 한국에서 연쇄살인을 저지르다가 검거된 뒤 취재 카메라를

■
2007년 4월 18일 미국의 한 레스토랑 고객들이 조승희의 사진과 영상을 보도한 NBC 뉴스를 보고 있다. 그는 버지니아 공대 노리스 홀로 가기 전 동영상 27개, 사진 파일 43개 등을 NBC에 보냈다.

향해 '부자와 여성'에 대한 극단적인 분노를 표출한 지존파와 유영철을 연상케 했다. 그의 잔혹하고 파괴적인 반인륜적 범행에 깔려 있는 '분노'는 도대체 어디에서 비롯됐고 누구를 향한 것일까? '한국'과 '미국', 어떤 사회의 영향이 더 컸을까?

우리 안에 '조승희'는 없을까

조승희는 1984년 1월 18일, 서울시 도봉구 창동의 한 연립주택 반지하 셋방에 살던 가족의 막내로 태어났다. 중동에서 건설 노동 일을 하던 노총각 부친과 농부의 딸이었던 어린 모친 사이의 애정 없는 중매결혼이 비극의 시작이었다고 주위 지인들은 말한다. 어려서부터 통 말이 없던 조승희는 한때 '자폐증'을 앓고 있다는 오해를 받을 정도로 사회성과 사교성이 부족했다. 반면 총명하고 활달한 조승희의 누나는 모든 면에서 탁월해, 우울한 외톨이 조승희는 누나와 비교를 당하면서 더욱 위축되고 열등감에 사로잡혔다.

조승희와 유사한 문제를 안고 있는 어린이는 많다. 하지만 조승희는 여덟 살 되던 해 가족과 함께 미국으로 이민을 가게 되면서 문제의 심각성이 폭증하게 된다. 조승희의 부모는 한국보다 '더 관용적인 미국 사회'에서 아들이 나아지고 발전할 것이라고 기대했지만, 영어도 못하는데다 사교성과 사회성이 떨어지고 외모와 복소리마저 놀림감이 된 '이방인' 조승희는 미국 학교에서 극심한 집단 따돌림과 괴롭힘의 대상이 되고 만다. 그의 초중고 생활기록이나 교사, 급우들이 전하는 조승희의 아동·청소년기 모습은 괴기 영화 속 '괴물'이 만들어지는 과정에 비유될 만하다. 교육열 높은 '한국 부모 특유의 노력과 강압'으로 버지니아 공대라는 명문대에 진입하는 데 성공했지만, 지성과 학술의 전당으로 사회 각 부문 지도자를 양성하는 미국 대학의 개방적인 문화와 분위기는 오히려 조승희의 열등감과 소외감에 불을 지필 뿐이었다.

가장 큰 문제는 '정체성' 혼란이었다. 한국인이라는 자기 정체성과 소속감이 확립되지 않은 상태에서 미국 사회에서도 자기 자리를 찾지 못한 조승희는 스스로를 이방인, 외계인이라고 느꼈던 듯하다. 조승희는 인터넷 사회관계망 서비스의 아이디를 '젤리 스팽키'Jelly spanky로 사용했는데, 그의 기숙사 동료들에 따르면 그 이름은 조승희 스스로가 '우주선을 타고 돌아다니는 외계인 여자 친구'라면서 지어낸 가상의 인물이었다. 그는 고등학생 때 살해할 사람들의 명단일명 '데스 노트'을 적어서 가지고 다녔는데, 이를 몰래 훔쳐본 급우들은 가장 첫 번째 대상자로 조승희 자신의 아버지 이름을 올려놓고 있어 소름이 끼쳤다고 진술했다. 그가 공대 학생 기숙사인 '웨스트 앰블러 존스턴 홀'에서 첫 번째 살인을 저지른 뒤 기숙사 방에서 녹화해 방송국에 보낸 사진과 동영상에는 한국 영화 〈올드보이〉 속 장면을 흉내 낸 듯 망치를 휘두르는 장면과 홍콩 영화 〈지존무상〉 속 주인공이 총을 들고 있는 모습을 따라 한 이미지가 있었고, 함께 동봉한 메시지 속에는 미국 사회와 사람들에 대한 극도의 분노와 적개심이 담겨 있었다. 특히 자신이 다니던 고등학교에 총을 들고 들어가 교사와 학생들을 무차별적으로 살해한 '콜럼바인 사건'의 범인들을 영웅시하고 추앙하는 조승희의 독백과 글은 그가 가진 분노의 뿌리를 가늠할 수 있게 해주는 힌트다.

최근 우리 사회에서도 왕리웨이와 오원춘 등 불법체류 외국인에 의한 흉악 범죄가 발생하면서 '다문화 반대'를 표방하는 인터넷 카페가 만들어지고 극우 성향의 누리꾼 등이 극단적 외국인 혐오 발언들을 쏟아내고 있다. 하지만 조승희 사건 발생 후 주미 한국대사가 사죄 발언을 하자 미국 언론과 사회에서 '이해할 수 없다'는 반응과 함께 '미국 체류자가 미국에서 저지른 범죄에 왜 외국 정부나 국민들이 사과하느냐'는 태도를 취했듯이, 우리가 왕리웨이나 오원춘 등이 저지른 범죄 때문에 그가 속한 국가나 민족을 욕하고 비하할 이유나 명분은 전혀 없다.

그렇지만 다문화 가정 자녀들이 학교나 또래 사이에서 차별받고 따돌림당한다면, 이들이 '한국의 조승희'가 되지 말라는 법이 없다는 경각심은 필요하다. 미국 사회는 조승희 사건을 계기로 인종 화합과 차별 금지, 학교에서의 집단 따돌림 방지를 위한 노력을 강화했다. 피할 수 없는 현실인 다문화 사회가 된 한국도 인종과 민족, 피부색이 다른 다문화 가정 어린이들이 원문화와 한국 문화 모두에 소속감과 자부심을 갖는 '떳떳하고 자랑스러운 한국인'이 될 수 있도록 정부와 사회의 노력이 필요하다.

006

돈 때문에 엄마와 형을 죽이다

인천 모자
살해 사건

2013년 8월 16일 오후 5시께 인천 남부경찰서에 실종 신고가 접수되었다. 등산을 간 어머니가 사흘이 넘도록 귀가하지 않아 걱정된다는 둘째 아들의 신고였다. 신고자는 큰아들인 형 ^{당시 32세}도 같은 날 저녁부터 연락이 닿지 않는다고 했다. 경찰은 일단 실종자들의 생사와 위치 확인이 중요하다는 판단 아래 전국에 공개 수배하고 방송과 인터넷 등을 통해 실종자들의 사진과 인상착의, 실종 당시 정황 등을 알리며 시민의 관심과 제보를 촉구했다.

경찰 조사 결과, 부친은 10여 년 전 별세했고 모친 김 아무개 ^{당시 58세} 씨와 두 아들이 함께 살다가 신고자인 둘째 아들 정 아무개 ^{당시 29세} 씨만 2년 전 결혼해 부인과 따로 나가 살던 중이었다. 실종된 김씨는 빌딩을 소유한 10억 원대의 재산가였고, 신고자인 둘째 아들은 퀵서비스

배달 일을 하며 어렵게 생활하고 있었다. 게다가 김씨가 한 달 전부터 주위 사람들에게 "누가 자꾸 큰돈을 요구하며 나를 죽이려고 한다"며 불안해했고, 집 현관문 디지털 잠금장치의 비밀번호까지 변경했다는 사실이 드러났다. 김씨의 지인 중에는 큰돈을 요구하고 살해 협박을 한 사람이 다름 아닌 김씨의 차남이라고 생각하는 이도 있었다.

부모님 구해달라 울부짖던 남자…

수사에 나선 경찰 역시 모친과 형의 실종 당시 정황과 가족 간의 관계에 대한 차남 정씨의 진술이 오락가락하고 객관적 사실에 부합하지 않는 면이 있어 의심을 갖게 되었다. 경찰 조사 결과 모친 김씨가 차남 정씨에게 결혼 선물로 1억 원 상당의 빌라를 사줬지만, 정씨가 생활고와 도박 빚 등에 시달리며 모친 몰래 이 빌라를 판 뒤부터 불화가 심해졌다는 사실이 밝혀졌다. 또한 모친 실종 직전 차남 정씨가 8,000만 원의 채무를 갚아야 한다며 1억 원을 달라고 요구해 모자간 갈등이 심각한 수준이었다는 정황도 포착되었다.

정씨는 경찰 조사 결과 드러난 사실과 정황을 모두 부인했다. 공개 수배 뒤 1주일이 다 되도록 실종자들의 위치와 생사가 확인되지 않고 의혹의 대상인 차남이 계속 의심스러운 태도를 보이자 경찰은 실종 9일 만인 22일 정씨를 긴급 체포한 뒤 검찰에 체포영장 청구를 신청했다. 검찰은 주검이나 살해 도구 등 실종자들의 '사망'을 확인할 증거가 없다는 이유로 보강수사를 지시하며 체포영장을 반려했다. 경찰에 긴급 체포된 지 열여섯 시간 만에 차남 정씨는 다시 자유의 몸이 되었다. 성인 2명이 실종되고 아직 생사도 확인되지 않은 상태에서 신고자이자 피해 가족인 차남을 체포하려는 경찰의 결정은 지나치게 성급한 시도였을까? 고참 형사들의 '감'과 프로파일러들의 '분석'은 이 사건이 1994년 발생한 '박한상 사건'과 여러 면에서 유사하다는 동일한 결론에 도달한 상태였다.

1994년 5월 19일 새벽, 서울시 강남구 삼성동 한 고급 주택에 화재가 발생했다는 119 신고가 접수되었다. 긴급 출동한 소방차가 진화 작업을 벌였지만 처음 불이 난 지하 1층은 전소되어 버렸다. 진화 작업에 여념이 없는 소방대원들 옆에서 부모님이 안에 계시다며 구해달라고 울부짖는 젊은 남자가 있었다. 그는 화재를 신고한 박한상^{당시 23세}. 이 집의 3형제 중 장남이었다. 박씨는 급히 탈출해 맨발에 운동복만 대충 걸친 상태였다. 자다가 이상한 소리와 냄새에 깨어 보니 불이 나 있어 정신없이 대피해 나오고 나서야 안에 계신 부모님 생각이 났다는 것이었다.

문제는 화재가 모두 진화되고 난 뒤 불거졌다. 노부부의 주검에 40군데가 넘는 칼에 찔린 상처가 있었고, 온몸과 주변 바닥이 피로 물들어 있었던 것이다. 화재로 인해 숨진 주검의 모습이 아니었다. 곧 서울 강남경찰서 감식반과 강력반이 출동했고, '단순 화재' 사건이 '살인 방화' 사건으로 변경되었다.

나중에 국립과학수사연구소 부검에서도 노부부 주검의 기도와 폐 속에서는 이산화탄소와 그을음 등 연기 흡입 질식의 흔적이 전혀 발견되지 않았다. 사인 역시 다발성 자창과 창상에 의한 과다출혈인 것으로 확인되었다. 즉 칼에 여러 차례 찔려 이미 숨진 뒤에 화재가 발생했기 때문에 노부부는 연기를 전혀 들이마시지 않았다는 것이다.

사망한 박씨는 매우 성공적인 한약재상으로 대한한약협회 서울지부장을 맡고 있었고, 재산이 수백억 원대에 이르는 부자였다. 경찰의 피해자 주변 탐문수사 결과 부부는 많은 재산에도 불구하고 평소 검소했고, 독실한 기독교 신자로 봉사 활동에도 적극적이어서 주변의 신망이 두터웠다. 특별한 돈거래나 원한, 갈등 관계도 발견되지 않았다. 만약 강도 등 외부 침입자의 소행이라면, 젊은 20대 아들에게는 전혀 공격을 가하지 않고 60대 부부에게만 각기 40차례가 넘는 칼부림을 했다는 것이 납득되지 않았다. 도난당한 귀중품도 없었다. 부모가 칼부림당하는 동안 아들이 무슨 일이 벌어지는지 전혀 모르고 잠을 잤다는 것도 이상했다.

화상을 입은 채 스스로 화재 신고를 하고 출동한 소방대원들에게 부모님을 살려달라고 오열하던 박씨를 경찰은 용의자로 쉽게 지목하지 못하고 머뭇거렸다. 소식을 듣고 달려온 박씨의 고모 등 친척들 역시 불쌍한 박씨를 감쌌다. 그들은 화상 치료를 위해 병원에 입원 중인 박씨를 조사하려던 경찰을 막고, 비인간적이고 잔인하다며 나무랐다.

미리 락스를 준비한 둘째 아들

박씨에 대한 직접신문 조사를 뒤로 미룬 형사들은 주변 수사를 강도 높게 전개해나갔다. 곧, 부모의 재산만 믿은 채 공부는 멀리하고 유흥에만 빠져 있던 박씨가 도피성 미국 유학을 떠났다가 방학도 아닌데 귀국해 돈 문제와 방탕한 생활 문제로 부모와 갈등을 빚던 중이었다는 주변 진술들이 확보되었다. 범행의 '동기'가 어느 정도 드러난 것이다. 특히, 박씨가 화상 치료를 위해 입원한 병원의 간호사에게서 "사건 직후 병원에 도착했을 때 머리에서 피가 많이 흘러 상처가 있는지 살펴봤지만 전혀 상처가 없었고 단지 머리카락 여러 군데에 피가 많이 묻어 있는 상태였다"는 매우 의미 있는 진술을 확보했다. 또한 그 간호사는 "박씨의 발목에 물린 듯한 이빨 자국이 선명하게 나 있었다"고 진술했다. 이제 박씨에게서 자백을 받고 '범인만이 알고 있는' 범행 도구, 칼의 행방을 알아내야 할 차례였다.

2013년 8월 인천 모자 실종 사건 상황도 마찬가지였다. 검찰의 체포 영장 기각 이후 경찰은 용의자인 차남 정씨의 행적과 주변 수사를 강도 높게 실시했다. 그 결과 정씨가 모친과 형이 실종되기 3일 전, 면장 갑 두 개와 청테이프 및 다량의 강력 세정제 락스를 구입한 사실이 확인되었다. 또한 실종된 정씨 모친의 친정, 즉 정씨의 외가가 있는 경북 울진 도로변 CCTV 영상을 분석한 결과, 정씨가 모친 실종 다음 날인 8월 14일 밤부터 15일 새벽 사이에 형 소유의 차량으로 울진을 지나간 것으로 확인되었다. 그가 이곳의 특정 구간을 통과하는 데 5시간 30분이 소요됐는데, 경찰 조사 결과 이곳은 평소 차로 50분이면 통과하는 구간임이 드러났다. 정씨가 그 구간 사이에 있는 외갓집에는 들르지 않았다는 사실도 확인되었다. 경찰은 또한 실종자들의 집 근처에 설치된 CCTV에서, 14일 오후 정씨 형 소유 차량의 서행 모습을 확인했다. 차량은 차체 뒷부분이 바닥에 닿을 정도로 내려앉은 채 서행하고 있었다. 경찰은 차가 아무것도 싣지 않은 상태로 지나가는 장면과 실종된 두 사람의 무게만큼을 트렁크에 실은 상태에서 지나가는 장면을 비교 촬영했다. CCTV에 찍힌 차체가 내려앉은 모습은 실종된 두 사람의 무게만큼 트렁크에 짐을 실었을 때와 똑같았다. 9월 22일 검찰은 보강된 증거들이 충분하다고 판단하고 경찰이 신청한 체포영장을 법원에 청구해서 발부받았다.

1994년 서울, 화재 사건 발생 1주일 만인 5월 26일. 며칠간 경찰 조사를 받던 박한상은 범행 일체를 자백했다. 그동안 미국 카지노에서 도박을 하며 진 수천만 원의 빚을 갚기 위해 부친에게 돈을 달라고 간청했지만 오히려 크게 야단만 맞자, '어차피 부모님 돌아가시면 유산으로 받을 재산, 조금 일찍 받자'는 생각에 살해를 결심했다는 것이었다. 박한상은 범행 사흘 전 세운상가에서 칼과 기름통을 사고 근처 주유소에서 휘발유를 산 뒤 집 안에 숨겨두었다.

5월 18일 밤, 박한상은 부모님이 잠든 것을 확인한 뒤 증거를 남기지 않기 위해 옷을 모두 벗은 채 잠든 부모님을 차례로 칼로 마구 찔렀

다. 고통을 참지 못한 부친이 아들의 발목을 한 차례 깨물었지만 박한
상은 전혀 개의치 않고 계속 찔렀다. 부모님의 사망을 확인한 뒤 샤워
를 해 몸에 묻은 피를 다 씻었지만 머리는 감지 않아 병원에서 간호사
에게 머리카락에 묻은 혈흔이 발각된 것이었다. 범행 뒤 박씨는 벗어
두었던 속옷과 운동복을 입었다. 이어서, 준비해둔 휘발유를 뿌리고
불을 지른 뒤 119 신고를 하고 밖으로 대피했다. 자백 후 범행 도구인
칼의 행방을 묻는 형사의 질문에 여러 차례 거짓말을 하며 버티던 박
씨는 결국 집 근처 공터의 칼을 숨겨둔 곳을 자백했고, 유죄를 입증할
결정적 증거인 '피 묻은 등산용 칼'이 공터 숲 속에서 발견되었다.

잘못된 양육, 잘못된 상속 문화

2013년 9월 인천 남부경찰서에 다시 체포된 정씨는 범행을 부인하
며 입을 다물고 묵비권을 행사했다. 경찰은 그의 부인 김 아무개^{당시 29세}
씨에게 주목했다. 2명의 성인을 대상으로 한 범행의 특성상 혼자 행하
기는 어렵고, '돈'이라는 범행 동기를 공유하고 있으며, 보안의 유지
등 공범 관계 형성의 용이점 등을 고려할 때 어떤 형태로든 부인이 사
건에 관련되어 있을 것이라는 판단에서였다.

특히, 부인 김씨는 평소 사이가 좋지 않아 이혼을 전제로 별거 중이
었다는 주장과 상반되게 남편 정씨의 알리바이를 적극적으로 입증해
주고 범행을 부인하는 진술을 뒷받침해주는 등 의심을 불러일으키던

중이었다. 남편에 비해 상대적으로 마음이 약한 김씨가 먼저 노련한 형사의 신문에 설득됐다. 남편 정씨가 수시로 드나들던 카지노 인근인 강원도 정선에 있는 모친 주검유기 장소를 알려준 것이다. "남편이 나를 차에 태우고 이곳에 와 '이상한 작업'을 했는데, 지금 생각해보니 시신을 유기한 것 같다"는 내용이었다. 경찰의 수색은 오래지 않아 이불에 둘러싸인 주검 발견으로 이어졌다.

1994년 박한상은 검찰로 송치되면서부터 다시 범행을 부인하며 자신의 자백은 경찰의 강압과 고문에 의한 '허위자백'이라고 주장했고, 사회 일각에서는 '가만히 있어도 수백억 원을 상속받을 엘리트 유학생이 그런 범행을 했을 리가 없다'며 동정 여론을 불러일으켰다. 유명 변호사도 이에 동조하며 무료 변론을 자처하고 나섰다. 하지만 '계단 난간에 앉아 있는데 뒤에서 누군가 다가와 마취제로 기절시켰고, 깨어나보니 불이 나 있었다'는 그의 주장은 법정에서 받아들여지지 않았다. 박한상은 결국 사형선고를 받았고, 1995년 8월 22일 대법원에서 상고가 기각되고 형이 확정되어 지금도 사형수로 복역 중이다.

2013년 정씨는 모친 주검 발견 이후에도 묵비권을 행사하며 버티다가 결국 하루 만인 9월 24일 범행을 자백하고 형의 주검을 유기한 장소를 털어놨다. 경찰이 CCTV 영상 분석을 통해 용의장소로 지목한 외갓집 인근 울진의 야산에서, 세 부분으로 절단된 뒤 비닐에 싸여 매장된 장남의 시신이 발견되었다.

차남 정씨 역시 박한상과 마찬가지로 도박 빚 8,000만 원을 갚아달라고 모친에게 떼를 쓰다가 거절당하자 '유산을 미리 받기 위해' 살인을 저질렀던 것으로 드러났다. 정씨의 부인 김씨는 경찰이 공범으로 지목하고 피의자 신분으로 조사하려던 상황에서 스스로 목숨을 끊고 말았다. 정씨는 2013년 12월 18일 1심에서 사형선고를 받고 판결에 불복해 항소한 상태다.

2012년 발간된 경찰백서에 따르면 부모나 조부모를 살해하는 대표적 패륜 범죄인 '존속살해' 사건은 2008년 45건에서 2011년 68건으로 54퍼센트나 증가했다. 우리나라에서 존속살해가 전체 살인 사건 중에서 차지하는 비율은 4.3퍼센트에 달해, 1~2퍼센트에 불과한 서구 외국과 견주어 최대 네 배나 많다. 예로부터 충과 효를 강조해온 동방예의지국 대한민국에서 왜 이렇게 존속살해가 많이 발생할까?

우선 박한상과 인천 정씨의 경우 '거액의 도박 빚'이라는 공통점을 갖고 있다. 거액의 채무보다 더 큰 문제는 '도박 중독'이다. 대뇌 변연계 보상체계 자체를 왜곡하는 도박 중독은 금단증상이 강해 스스로의 의지와 상관없이 도박 욕구와 충동이 강하게 일어난다. 이는 개인의 판단을 흐리고 극단적인 행동으로 이어지게 한다. 이 때문에 아내와 딸을 담보로 맡기고 빚을 얻어 도박을 하는 경우는 물론, 살인까지 발생하는 것이다.

좀 더 일반적인 패륜 범죄의 원인은 '잘못된 양육'이다. 적절한 관심과 애정, 그리고 훈육이 이루어지지 못해 지나친 학대가 지속되거나 방임, 혹은 애정과잉이나 과잉보호로 잘못된 인격이 형성될 경우 사회성과 적응력이 떨어져 대인 관계나 성취의 실패로 이어지고 그 탓을 부모에게 돌리는 현상이 발생한다.

마지막으로 '부모의 재산은 내 것'이라는 잘못된 상속 문화를 꼽을 수 있다. 이는 자녀의 성취동기를 말살하고 방탕과 나태로 이어짐은 물론, 유흥비 등 욕구 충족이 안 될 경우 부모를 해치거나 협박해서라도 '자기 몫의 재산'을 미리 받겠다는 심리로 이어진다. 패륜 범죄인 존속살해를 줄이기 위해서라도, 유럽이나 미국 등 선진 자본주의 국가의 예처럼 '유언장'을 통해 자녀의 교육과 생계 등에 꼭 필요한 액수를 제외하고는 기부 등의 방식으로 모두 사회에 환원하는 '공익적 상속 문화'의 정착이 시급하다.

00**7**

살인까지 이어진 '비 오는 날의 퍽치기'

홍대
괴담

무더위와 장맛비, 소나기가 번갈아 엄습하던 2003년 여름, 서울 홍
익대 부근과 신촌 대학가 일대에 흉흉한 이야기가 돌기 시작했다. '비
오는 밤이면 혼자 걸어가는 여성을 공격해 살해하는 살인마가 있다'는
소문이었다. 소문은 인터넷과 휴대전화 메신저 등을 통해 급속도로 퍼
져나갔다. 밤늦게 혼자 귀가해야 하는 여성들에게는 간담이 서늘해지
고 머리칼이 쭈뼛 서는 공포였다. 살인마가 모 대학 특정 학과에 다니
는 여대생만을 표적으로 삼아서 이미 10여 명이 살해되었다는 둥, 비
가 오는 날이면 특정 거리 혹은 특정 골목에 살인마가 숨어 있다가 혼
자 지나가는 여성이 있으면 어김없이 공격한다는 둥, 소문의 내용은
구체적이었다. 공식적으론 살인 사건 발생 사실이 보도되지 않았기에
여름철 무더위를 쫓기 위해 흔히 만들어내는 '괴담'에 머무는 듯했다.

밤마다 젊은이들로 넘쳐나고, 범죄예방과 질서유지를 위해 순찰하는 경찰관의 수도 꽤 많은 홍대 부근과 신촌 일대에서 흉기를 든 살인마가 들키지도 않고 계속 살인을 해나갈 수는 없으리란 것이 대부분의 생각이었다.

범행 목적은 돈인가, 공격 그 자체인가

관할인 마포경찰서와 서대문경찰서에는 비상이 걸렸다. 괴담처럼 살인 사건이 발생하지는 않았지만, 홍대 부근과 신촌 일대에서 비 오는 날 새벽에 여성을 상대로 한 '퍽치기' 강도 사건이 계속 발생했기 때문이다. 7월 29일 새벽에 정식 신고가 접수된 첫 사건이 발생한 이후 9월까지 3개월 동안 홍대 부근과 신촌 이면에 주택가가 형성되어 있는 동교동, 북아현동, 연희동 등에서 연이어 유사한 사건이 아홉 건이나 발생했다. 피해자는 모두 20대 초중반의 여성이었고, 직업은 대학생, 대학원생 및 방송 리포터 등으로 다양했다. 범행 장소와 시간, 그리고 비가 내리는 날을 골라 범행한다는 특성과 둔기로 뒷머리를 가격하는 수법 등이 모두 일치했다. '동일범의 연쇄범죄'가 확실해 보였다. 피해자들은 모두 목숨을 건진 것이 다행일 정도로 중상을 입었다. 그중 한 피해자는 뒷머리 외상이 채 낫기도 전에 극심한 정신적 충격으로 인해 정신과 병동에 입원해 치료를 받아야 했다.

범인은 지나치게 위험하고 무모한 범죄 행각을 계속하고 있었다. 무겁고 강한 둔기로 여성의 뒷머리를 가격해 쓰러뜨리고 지갑과 소지품, 장신구 등을 빼앗은 뒤 정신을 잃은 피해자를 방치한 채 달아나는 범행 방법에는, '상대방이 사망할 수도 있다'는 인식과 함께 '사망해도 상관없다'는 잔혹한 의도가 담겨 있었다. 법률적으로 따지자면, '살인미수' 내지 살인에 대한 '미필적 고의'를 인정할 수 있는 행동이었다. 이런 무참한 연쇄적인 범죄 행각으로 범인이 빼앗은 금품은 모두 합쳐 채 100만 원에도 이르지 못했다. 범인은 피해자의 지갑에서 현금과 카드 등을 가져갔지만, 피해자에게 카드 비밀번호를 묻지 않아 돈을 인출하지는 못했다. 범행의 주된 목적이 돈인지, 아니면 살인 혹은 공격 그 자체인지 분간하기 어려웠다.

사건의 양상이 일반적인 사건과 많이 다른 '이상범죄'의 경우 프로파일링이 필요하다. 초기에 사건의 성격을 파악하고, 그에 따라 수사의 방향을 정해 용의자의 특성을 추정하고, 추가 범행의 장소와 시간 및 대상 등을 예상해야 하기 때문이다. 무엇보다 추가 피해를 막아야 했다. 이 사건은 피해자들이 모두 20대 여성이라는 점에서 특정 대학 소속 등 '특별한 조건을 공유한 여성들'을 일부러 겨냥해 저지른 범행인지 여부의 판단이 중요했다. 조사 결과, 피해자들의 소속이나 직업 등은 모두 달랐다. 범행 과정에서 피해자의 신원을 확인하는 시도도 없었다. 오히려 범행 장소와 시간대에 혼자 귀가하는 여성이 대부분 20대 학생이거나 직장인이라는 점이 더 중요한 요인이라고 판단할 수 있었다. 범죄 행동의 특성 역시 피해자의 대학이나 직장 등에서부터 미행하는 형태가 아니라 피해자들의 거주지 인근에서 숨어 기다리다가 습격하는 '매복형'이었다.

또 하나의 특성은 범인이 피해자와 어떠한 형태의 대화나 접촉, 혹은 성폭행 시도나 확인 살해 등을 시도하지 않은 채 갑작스러운 공격과 금품 탈취 및 도주 행동만 했다는 점이다. 2000년 4월부터 2개월간 경기도 안산에서 심야에 혼자 귀가하는 여성을 습격해 주변에 있는 돌이나 벽돌, 각목 등으로 머리를 내리쳐 쓰러뜨린 뒤 금품을 훔치는 연쇄범죄로 2명을 살해하고 9명에게 중상을 입힌 사건과 유사했다. 사건의 범인은 20대의 중국인 불법체류자 왕리웨이였다. 왕리웨이는 일부 피해자에게 성적인 추행도 저질렀다. 그러나 이 사건에서는 다소 다른 점이 발견되었다. 피해자의 머리에 난 상처의 특성을 분석^{wound pattern} analysis한 결과, 모두 동일한 둔기가 사용되었고 그 둔기는 쇠로 만든 묵직한 방망이 형태로 추정되었다. 왕리웨이 등 20대 퍽치기범들이 주로 범행하는 야간이 아닌 새벽 시간대에 일을 저질렀고, 피해 여성에 대해 성적인 추행 등 다른 추가 행동은 저지르지 않았다. 범인의 연령이 30대 이상이거나 성격이 매우 치밀하고 계획적일 가능성을 높이는 단서였다.

범인이 결혼했거나 동거 중일 가능성도 높았다. 범행이 신촌을 중심으로, 방사형으로 1킬로미터 안의 주택가 인근 골목길에서만 이루어지고 있었다. 그리고 비가 내리는 순간을 포착해 범행을 저질렀다. 이는 매번 일부러 범행을 위해 멀리 이동해온다기보다, 인근에 거주하는 자가 도보로 이동하며 가장 적절한 범행 장소와 대상을 포착해 범행을 저지른 뒤 목격되거나 검거될 위험을 최소화하기 위해 신속히 도주하는 패턴을 반복하고 있다고 볼 수 있었다. 이런 유형의 거점 중심 '앵커형' anchor type 연쇄범죄자는 자신의 주거지나 근거지를 중심으로 강이나 언덕, 다리 등 '심리적 경계'를 좀처럼 벗어나지 않고, 지리를 잘 알고 도주로를 확보해 '편안하게 느끼는 장소' comfort zone에서 주로 범행을 저지른다. 범행을 저지를수록 자신감은 커지고 불편함을 피하고 싶어 해, 점점 범행 주기가 짧아지고 자신의 거주지 가까운 곳으로 범행 장소를 옮기는 경향이 있다. 특히 이 사건의 범인은 범행을 통해 큰 경제적 수입을 올리지도 못했고, 피해자에 대한 충분한 지배나 정복 행동을 하지도 못했기 때문에 범행에서 얻는 만족감이 그리 크지 못했을 것이다. 이는 추가 범행의 가능성이 크고 그 시기도 빨라질 것이라는 불길한 예측으로 이어졌다. 다만 '지금쯤이면 피해자들의 신고도 이루어지고 수사망도 강화되어 잡힐 가능성이 높다'는 두려움과 불안만이 범행 시기를 가까스로 늦추고 있을 뿐이었다.

결국, 확실하지 않은 '범인의 특성'을 중심으로 추적해 들어가는 방식보다는 추가 범행이 이루어질 가능성이 높은 '장소와 시간' 중심의 수사가 이루어져야 할 상황이었다. 서울경찰청의 조율하에 마포경찰서와 서대문경찰서는 동원 가능한 모든 형사들을 배치해 치밀하고 광범위한 '잠복근무' 그물망을 폈다. 심야에서 새벽에 걸친 시간에 그동안 범행이 발생했던 장소들과 유사한 특성을 공유한 곳마다 행인이나 노점상, 노숙인 등으로 가장한 형사들이 배치됐다. 형사들은 혼자 걸어가는 여성만 나타나면 온 신경을 곤두세우고 그 주변을 살폈다. 특히 비가 내리는 날이면 온몸에 비를 그대로 맞으며 초긴장 상태를 유지했다. 9월에 접어들고 추석 연휴가 시작될 때까지 추가 범행은 발생하지 않았다. 범인도 추석을 맞아 고향에 내려간 것일까?

"미치도록 잡고 싶었다"

9월 14일 추석 연휴 마지막 날 새벽 5시, 서대문구 연희3동 기찻길 옆 골목길에서 귀가하던 여대생 한 아무개^{당시 23세} 씨에게 가해진 범인의 공격은 결국 한씨의 사망으로 이어졌다. 범인이 한씨를 살해하고 뺏어간 것은 현금 10만 원이 전부였다. 수사진의 우려가 현실로 나타나 첫 살인 사건이 발생한 것이다. 추석 연휴도 반납하고 밤새 잠복근무를 이어가던 형사들은 허탈감과 안타까움에 절망했다. 실제 살인 사건이 발생하자 언론에서는 '홍대 괴담', '신촌 괴담'은 사실이었다는 기사를 쏟아내기 시작했다. 더 구체적이고 살벌한 내용의 괴담이 인터넷과 휴대전화를 통해 퍼져나갔다. 경찰은 형사들을 추가 배치해 잠복근무 대상 지역을 확대했다. 다른 한편으로는, 인근에 거주하는 픽치기 수법 강도 전과자들과 우범자들을 대상으로 한 탐문수사의 강도도 높여나갔다. 수사진 일부에서 '비 오는 날의 살인'은 영화 〈살인의 추억〉, 그리고 미리 준비한 도구로 연쇄 픽치기 범죄를 하는 수법은 영화

〈와일드 카드〉에 등장하는 내용이라는 주장이 제기되어 마포와 서대문 일대 비디오 대여점을 통해 두 영화를 대여해간 남성들을 대상으로 내사를 벌이기도 했지만 별 소득은 없었다. 그러던 10월 1일 새벽, 다시 사건이 발생했다. 그날도 비가 부슬부슬 내렸고, 장소 역시 연세대학교 뒤편으로 한씨 피격 장소와 가까웠다.

형사들은 온몸에 힘이 빠지는 느낌이었다. 2개월이 넘는 장기 잠복 수사에 몸도 지칠 대로 지쳤지만, 꼭 뒤통수를 때리듯 허점만을 노려 추가 범행이 발생하자 무력감마저 느끼게 되었다. 오기도 발동했다. '미치도록 잡고 싶다'는 의욕도 다시 불타올랐다. 반드시 다른 피해자가 생기기 전에 잡아야 했다. 체력의 한계를 넘어선 형사들의 심야 잠복근무는 계속됐고, 그들의 눈에서는 살기마저 번득였다. 10월 13일, 피해자 한씨가 사망한 지 꼭 한 달째 되던 날 이른 새벽부터 비가 부슬부슬 내리기 시작했다. 형사들의 직감은 '놈이 움직일 것'이라고 말하고 있었다. 모든 형사들이 초긴장 상태에서 몸을 드러내지 않은 채 잠복근무에 임했다. 새벽 4시 30분이 조금 넘은 시각, 한 젊은 남자가 홍대 근처인 마포구 동교동 로터리 부근 골목길에서 천천히 걸어왔다. 마침 부근에는 마포경찰서 강력계 형사들이 흩어져 잠복하고 있었다. 소리 없는 눈동자들이 그 남자의 뒤를 쫓고 있는 사이 반대편에서 한 젊은 여성이 걸어오는 모습이 포착되었다. 주위를 살피며 '아무도 없다'고 확신한 젊은 남자는 주차된 차 뒤로 몸을 숨겼다. 형사들이 침을 삼키는 소리가 빗소리 속에 묻혔다. 아무것도 모르는 듯 우산을 받쳐

든 여성은 점점 차 뒤에 몸을 숨긴 남자 쪽으로 걸어왔다. 거리가 좁혀질수록 잠복 중인 형사들의 맥박도 빨라졌다. 갑자기 차 뒤에 숨었던 남자가 튀어나왔고, 그의 손에는 무엇인가 번쩍이는 물건이 들려 있었다. 그가 흉기를 휘두르기 직전에 형사 한 명이 소리를 질렀다. "야, 이 자식아!" 순간 남자는 멈칫했고, 여성은 그 자리에 주저앉았다. 어둠 속에서 형사들이 뛰어나오는 걸 본 남자는 달아나기 시작했다. 추격전은 그리 오래가지 않았다. 무전 연락을 받은 다른 잠복 형사들이 반대편에서 기다리고 있었기 때문이다. 채 100미터도 달아나지 못한 범인은 붙잡혔고, 길었던 괴담 사건은 막을 내렸다.

'사실상의 연쇄살인'에 내려진 징역 15년 형

검거된 김 아무개 당시 32세 씨는 경찰에서 사업 실패 때문에 생긴 2억 5,000만 원 정도의 채무와 채권자들의 집요한 빚 독촉에 시달린 나머지 범행을 저질렀다고 진술했다. 범행 도구인 쇠몽둥이는 청계천 공업사에 특별 주문해서 제작한 것이라고 실토했다. 범행 도구까지 특별 제작한 뒤 비 오는 날 새벽을 골라 혼자 귀가하는 여성만을 공격해서 1명을 살해하고 7명을 사망 직전의 중태에 빠뜨린 범행으로 그가 얻은 수입은 총 89만 원에 불과했다. 단지 '돈' 때문만이라고 보기에는 석연치 않은 범행이었다.

김씨는 거액의 빚 때문에 아내와 불화를 겪던 끝에 별거 상태에 있었고, 그사이 다른 여성을 만나 동거하던 중이었다. 본인은 '본의 아닌 사업 실패로 거액의 빚을 지고 그로 인해 가정불화까지 생긴 뒤 지나친 빚 독촉 때문에 저지른 범죄'라며 마치 반성하는 듯 눈물을 흘렸지만, 그가 내세운 '표면적인 이유'보다는 그의 내면에 있는 공격욕구와 파괴욕구가 범행의 진정한 동기였던 것으로 추정된다. 평범한 재단사였던 김씨가 갑자기 빚을 내 사업을 크게 벌인 것부터 과도한 자신감과 비합리적인 기대욕구로 볼 수 있으며, 자신에게 귀책사유가 있는 가정불화 중에 다른 이성을 만나 동거를 하는 행위 역시 사회규범을 따르지 않는 '반사회성'을 엿볼 수 있는 부분이다.

무엇보다, 거듭된 범행으로 소액밖에 탈취하지 못한다는 것을 잘 알면서도 피해 여성에게는 치명적인 살인적 공격을 계속 감행하고, 그 강도를 높여 결국 한씨를 사망케 한 연쇄범행의 특성에서도 범인 김씨의 범행 동기와 목

■
그는 비가 내리는 새벽이면 홍대 부근과 신촌 일대에서 홀로 귀가하는 여성을 기다렸다 둔기로 뒷머리를 내려쳤다. 살인까지 낳은 '비 오는 날의 퍽치기'는 경찰의 잠복근무로 3개월 만에 범인이 잡히면서 끝났다. 범인은 연희동에 거주하는 30대 남자였다. 2000년대 중반 홍대 부근 거리의 새벽 풍경.

적이 '돈' 보다는 '공격욕구와 파괴욕구' 등 심리적인 것이었을 가능성이 높다는 점을 알 수 있다. 검거되지 않았다면, 그는 계속 추가 범행에 나섰을 것이다. 하지만 2004년 2월에 열린 재판에서 1심 재판부는 "돈을 강탈할 목적으로 둔기로 사람을 때려 숨지게 하는 등 죄질이 나쁘고 피고인의 범행으로 인한 피해 정도가 심각 (중략) 다만 피고인이 사업 실패 뒤 빚 독촉에 시달리면서 생활비마저 떨어지자 범행을 저지르게 됐고, 범행 후 깊이 반성하고 있는 점을 감안해 검찰이 구형한 무기징역에서 감량했다"며 징역 15년 형을 선고했고, 이 판결은 확정되었다. 대학 졸업반이던 딸 한씨를 잃은 유가족의 고통이나, 목숨은 건졌지만 평생 치유하기 어려운 몸과 마음의 깊은 상처를 받은 피해자 7명의 아픔을 생각한다면 도저히 납득할 수 없는 판결이었다. 더군다나 피해자들이 사망할 수 있다는 인식 아래 행해진 '사실상의 연쇄살인' 사건임을 고려하면 터무니없이 낮은 형량이 아닐 수 없다. 우리 형법 제72조는 "유기징역을 선고받은 자가 형기의 3분의 1을 마치면 가석방을 할 수 있다"고 규정하고 있다. 끔찍한 연쇄 픽치기 범행을 벌인 김씨 내면의 문제가 치료되지 않은 채 그저 몇 년간 감금되어 있다가 사회로 돌아올 경우, 그가 야기할 위험은 생각하기만 해도 끔찍하다. 지금이라도 전문가의 체계적인 진단과 그에 따른 치료조처가 뒤따르길 촉구한다.

008

조폭 잡으려다 괴물이 된 검사

서울지검
고문치사 사건

1998년 6월 25일 경기도 고양시 일산에 있는 한 아파트 욕실에서 건
장한 30대 남자의 주검이 발견됐다. 이 집에 살던 박 아무개 씨였다. 신
고를 받고 출동한 순찰 경찰관은 사망자가 경기도 파주에서 활동 중인
폭력조직 '파주스포츠파' 두목이라는 사실을 확인하고 급히 경찰서로
보고했다. 경찰서에서는 관할 서울지방검찰청 의정부지청에 알렸다.

변사 사건 현장에 검사가 직접 나오는 일은 좀처럼 없지만 이번만은
예외였다. 그 누구보다 폭력조직 소탕에 대해 열의가 대단한 것으로
잘 알려진 젊은 열혈 검사 홍 아무개^{당시 37세}의 담당이었기 때문이다.
홍 검사는 현장에 달려가 집 안과 주검을 살펴봤다. 검사는 법의학자
가 아니기 때문에 주검의 상태를 보고 자살인지, 타살인지를 구분할
수 없다. 현장에 출동한 경찰 감식요원과 인근에서 개업 중인 의사의

견해가 '타살 혐의점 없음, 자살'이라고 하기에 받아들일 수밖에 없었다. 욕조에 잠긴 주검의 왼쪽 팔목에 칼로 베인 두 개의 선명한 상처가나 있고, 동맥이 절단된 그 상처를 통해 피가 너무 많이 빠져나와 '과다출혈에 의한 쇼크사'라는 것이 의사의 견해였다.

사건명 '파주스포츠파 연쇄살인'

30대 폭력조직 두목이 자살을 한다는 것이 좀처럼 믿기지 않았고, 자살하는 사람에게 주로 발견되는 '주저흔'이 하나도 발견되지 않은 '이상한 자살'이었지만, '조폭들은 자살도 과격하게 한다'는 형사들의 말도 설득력이 있었다. 아직 경험이 많지 않은 홍 검사는 베테랑 형사들과 의사의 말을 믿기로 하고 검찰청으로 돌아왔지만 뭔가 뒷골을 잡아당기는 느낌 때문에 마음이 불편했다. 일단 박씨의 사망은 공식적으로 '자살'로 내사 종결 처리가 되었다. 홍 검사는 박씨와 파주스포츠파에 대한 자신만의 조사를 시작했다.

그로부터 약 1년 4개월이 지난 1999년 10월, 서울시 마포구 노고산동 한 주택가 골목에서 온몸에 열다섯 군데 깊은 칼자국이 난 처참한 주검이 발견되었다. 피해자는 사채업자 이 아무개 씨. 목격자도 없었고 현장에는 이렇다 할 증거나 단서가 없었다. 피해자의 저항이 있었다면 범인의 옷자락이라도 떨어지거나 피해자의 손톱 밑에 범인의 살점이라도 있었을 텐데, 그런 저항의 흔적도 전혀 없었다. 강도였다면 길거리인 현장에 이렇게 오랫동안 머물며 여러 번 칼로 찌를 필요가 없었을 것이다. 피해자의 옷을 뒤진 흔적도 없었다. 원한을 가진 면식범의 소행으로 보기에도 장소나 시간, 공격의 행태가 너무 특이했다. 특히 상처의 깊이 등으로 보아 사용된 흉기는 조폭들이 많이 사용하는 '회칼'이었다.

이 사건 이후 홍 검사에게 은밀한 제보가 들어왔다. 전혀 관계없어 보이는 두 사건에 '연관성'이 있다는 것이었다. 두목 박씨 자살 사건 이후 '파주스포츠파'를 추적해온 홍 검사에게 제보 내용은 충격적이었다. 박씨와 두목 자리를 놓고 암투를 벌이던 신 아무개 씨가 교도소에 수감되어 있으면서 자신의 측근인 파주스포츠파 행동대장 조 아무개 씨에게 '박씨를 제거하라'는 지시를 내렸고, 조씨가 부하들을 데리고 지시대로 박씨를 살해했다는 것이었다. 또한 신씨와 교도소 감방 동기로 이 사실을 알게 된 사채업자 이씨가 경찰에 신고하겠다고 협박하며 3,000만 원을 요구하자 이씨마저 살해했다는 내용이었다.

홍 검사는 최초 박씨 변사 사건 현장에서 자신이 느꼈던 '감'이 옳았다는 것을 알게 되며 짜릿한 흥분감을 느꼈다. 그는 반드시 이 사건을 해결하겠다는 의지를 불태웠다. 그로부터 3년 동안 '증거'를 잡기 위한 홍 검사의 집요한 내사가 시작됐다. 증거는 쉽게 포착되지 않았고, 제보자는 보복이 두려워 신분을 드러낼 수 없었다. 2002년 8월, 서울지검 강력부로 옮긴 홍 검사는 더욱 넓어진 활동 범위와 커진 권한을 바탕으로 본격적으로 '파주스포츠파 연쇄살인' 사건을 쫓기 시작했다. 공범 간 대화나 범행 도구 등 '물증'은 포착되지 않았다. 10월 19일, 홍 검사는 제보 내용을 바탕으로 파주스포츠파 조직원 중 숨진 사채업자 이씨와 친분이 있던 장 아무개 씨에게 수사관들을 보내 미행·감시하게 했다. 그래도 별다른 특이점을 발견하지 못하자 나흘 뒤인 10월 23일, 홍 검사는 더 참지 못하고 일단 장씨를 검거해오라고 지시했다.

'긴급체포'였다. 문제는, '긴급체포'는 그야말로 영장을 발부받을 수 없는 '긴급성'이 있을 때 한해서 할 수 있는 강제수사 방법이라는 점이다. 그런데 이미 소재를 파악하고 나흘 동안 감시하다가 특별한 도주나 증거인멸, 범행시도 등의 '급박한 상황'이 발생하지 않았는데도 영장을 청구하지 않고 긴급체포를 했다는 점이 나중에 문제가 되었다. 어쨌든 체포된 장씨를 상대로 강도 높은 추궁을 한 홍 검사와 수사관들은 채 하루도 지나지 않아 범행을 자백받게 된다. 장씨는 자백과 함께 권 아무개 씨를 공범으로 지목했고, 다음 날인 24일 검찰 수사관들은 파주에서 권씨를 긴급 체포한다. 권씨 역시 강도 높은 검찰의 취조 끝에 채 하루도 지나지 않아 자백을 하고 최씨, 박씨, 조씨 세 사람을 공범으로 지목했다. 다음 날인 25일, 세 사람 역시 긴급 체포된다.

피의자들, 인권위에 진정서를 제출하다

같은 패턴이 반복되던 10월 26일, 취조받던 조씨가 갑자기 사망한다. 수사팀은 발칵 뒤집어졌고, 일단 조씨의 가족을 불러 사망 사실을 확인시켰다. 그저 면회를 시켜주겠다는 말만 듣고 검찰청에 왔다가 차갑게 주검이 된 아들을 발견한 조씨의 모친은 실신했고, 가족들은 망연자실했다.

검찰은 "조사받던 중 조씨가 자해를 시도해서 말리는데 갑자기 사망했다"고 주장했다. 곧 이 사실이 상부에 보고되고, 서울지검은 물론 대검찰청, 법무부, 청와대까지 발칵 뒤집어졌다. 검찰청에서 조사받던 피의자가 사망한 것도 큰 문제지만 '자해를 말리려고 실랑이를 하던 중 갑자기 사망했다'는 설명은 사망자 가족은 물론 언론과 국민들을 납득시키기 어려울 듯했다.

대검찰청 감찰실은 즉각 감찰 조사에 들어갔다. 취조를 담당했던 수사관들은 고문 의혹을 완강히 부인했다. "하도 난동을 부리고 자해를 시도해서 말리느라 몇 대 때리긴 했지만 사망하고는 전혀 관계가 없다"는 주장이었다. 숨진 조씨와 같이 조사를 받던 다른 피의자들에게 물어봐도 같은 대답이었다. 피의자가 사망했으니 누군가는 책임을 져야 하는데, 사망할 정도로 때린 사람은 없다고 하니 대검 감찰실로서도 난감한 노릇이었다. 부검 결과는 며칠 더 걸려야 나올 터였고, 성난 민심과 언론은 즉각적인 답을 요구했다. 수사관들의 말대로 발표했다가는 조사받던 피의자의 사망에 대해 '책상을 탁 하고 치니 억 하고 죽었다'고 거짓 발표해 시민혁명을 불러일으켰던 '박종철 고문치사 사건'이 떠오르는 상황이었다.

결국 대검 감찰부는 일단 숨진 조씨를 조사하는 과정에서 구타한 사실이 확인된 서울지검 강력부 8급 수사관 최 아무개^{당시35세} · 채 아무개 ^{당시40세} 씨와 파견 경찰관 홍 아무개^{당시36세} 경장 등 3명에 대해 '특정범 죄가중처벌법상 독직 폭행치상' 혐의로 구속영장을 청구했다. 만약 부 검 결과 사인이 고문이나 폭행과 관계된 것으로 확인되면 '특가법상 독직 폭행치사' 혐의로 기소하겠다는 발표도 했다.

대검 감찰 조사에서 이들 수사관들은 새벽 1시부터 6시 30분까지 철 야 신문을 하는 과정에서 3명이 번갈아 조씨의 무릎을 꿇리고 팔꿈치 와 무릎 등을 수차례 구타했고, 공범인 박 아무개 씨를 조사하는 과정 에서도 박씨의 안면을 수차례 구타한 사실을 털어놓았다. 하지만 뇌출 혈로 사인이 의심되는 조씨의 머리 부분에 대한 구타와 도구를 이용한 구타 혐의는 완강히 부인했으며, 구타가 조씨 사망의 직접적인 원인이 아니라는 주장을 굽히지 않았다. 홍 검사는 취조 과정에 개입하지 않 아 책임이 없다고 주장해 처벌 대상에서 제외됐다.

그런데 같은 검찰인 대검찰청의 감찰 조사에선 별다른 말을 하지 않

■
경기도 파주의 폭력조직 '파주스포츠파' 의 두목 박 아무개 씨의 죽음과 관련해 이 조직의 행동대장 조 아무개 씨가 검찰 조사 를 받다가 숨진 서울지방검찰청 11층 특별 조사실. 주위의 무관심 속에서 의욕적으로 사건을 파헤친 젊은 검사와 수사팀은 고문 등 가혹행위로 2002년 10월 조씨의 사망 을 불렀다. ⓒ〈한겨레〉 이종근

던 조씨의 공범자들이 국가인권위원회에 고문 등 인권침해에 대한 진정서를 제출했다. 인권위원회는 바로 조사에 착수했다. 인권위원회에서는 진정인들뿐 아니라 피진정인인 검찰 수사관들 및 홍 검사, 그리고 사망한 조씨 등 피의자들을 유치했던 경찰서 유치장 관리자 등을 대상으로 세밀한 조사를 실시했다.

인권위원회의 조사 결과, 수사관들은 피의자들을 취조하면서 잠 안 재우기, 누워서 머리와 다리를 든 상태로 폭행하기, 테이프로 얼굴을 감고 협박하고 폭행하기, 뒷짐을 지고 머리를 땅에 박는 이른바 '원산폭격', 누워서 양다리를 얼굴 쪽으로 꺾은 뒤 엉덩이 위로 올라타 폭행하기, 낭심 폭행, 눈 찌르기 및 물고문 등 온갖 종류의 가혹행위를 자행했던 것으로 드러났다.

이들이 겪은 고문과 가혹행위가 얼마나 심했던지 취조가 끝나고 유치장으로 돌아왔을 때 이들의 신체검사를 한 경찰관은 "옷이 다 흠뻑 젖어 있고 온몸을 바르르 떠는 경련을 일으키고 있었으며 오줌을 지렸는지 냄새가 지독했다. 그리고 무슨 질문을 해도 제대로 이해하지 못해 엉뚱한 답을 했다. 자리에 누워서도 고통 때문에 몸을 가누지 못하고 계속 떨기만 했다"고 진술할 정도였다. 특히 대검 감찰 조사 결과와는 달리 홍 검사가 실제로 고문 장소에 있었고, 고문 행위 사이에 질문을 하며 원하는 답을 얻어내는 등 실질적으로 고문을 지시하고 묵인하고 유도했다는 충격적인 사실도 밝혀졌다.

살인범이라도 부당한 인권침해는 안 된다

인권위원회는 고문 등 가혹행위만이 아니라 이들에 대한 긴급체포 역시 불법적이고, 조사실과 유치장에 가둔 행위 역시 법적 근거가 없는 '불법감금' 행위에 해당한다고 결론 내렸다. 인권위원회는 대검찰청이 수사관 몇 명의 폭행과 가혹행위 일부에 대해서만 기소한 것을 강하게 비판하며, 홍 검사와 수사관들 및 파견 경찰관 등 모두 10명에 대해 '불법체포, 감금^{형법 제124조} 및 직권남용^{형법 제123조}' 혐의로 고발했다. 검찰은 인권위원회의 고발에 '이유 없다'며 불기소 결정을 내렸고, 인권위원회는 이에 반발해 항고를 제기했다.

국립과학수사연구소의 부검 결과가 나왔다. 조씨의 사망 원인은 지나친 폭행과 흉부 압박 등 '외력'에 의한 것으로 밝혀졌고, 이 사건은 '고문치사' 사건이 되어버렸다. 결국 홍 검사와 8명의 수사관은 모두 구속됐다. 홍 검사는 검찰의 기소가 '일방적으로 조폭 살인자들의 말만 듣고 내린 잘못된 결정'이라며 반발했다. 그는 살인 피의자인 조폭들이 수사관에게 대들고 욕설을 하는 등 태도가 불량해 머리 등을 몇 대 때렸을 뿐 가혹행위를 한 적이 없으며, 피의자의 사망과 폭행 사이에는 아무 관계가 없다고 주장했다.

하지만 국립과학수사연구소의 부검 결과와 목격자들의 진술, 검찰 수사 및 법원의 판단은 달랐다. 2003년 11월 5일 서울지법 형사합의 25부 ^{재판장 이현승 부장판사}는 홍 검사에게 피의자에 대한 고문 및 폭행치사를 공모하고 방조한 혐의에 대해 유죄를 선고하고 징역 3년 형을 내렸다. 하지만 홍 검사의 형량은 항소심에서 절반으로 깎여 징역 1년 6개월을 최종 선고받았다. 채 아무개, 홍 아무개 수사관에게는 각각 징역 2년 형이 선고됐다. 2005년 5월 26일 대법원 1부주심 고현철 대법관는 "피고인들은 적법절차를 준수하고 합리적인 수사를 통해 국민의 인권을 보호해야 함에도 가혹행위를 저질러 한 사람의 고귀한 생명을 희생시켰다. (중략) 피고인들이 당시 수년 동안 숨겨진 살인 사건을 규명하겠다는 명분을 갖고 있었다는 이유가 피의자에 대한 가혹행위를 정당화할 수는 없다. (중략) 다만 사회악으로부터 국가를 수호하겠다는 소명의식의 발로가 이런 결과를 초래한 점, 당시 과학수사를 위한 인적·물적 토대도 미미해 피의자의 자백에 의존하는 수사 관행이 사태를 야기한 점 등을 감안해 형을 감형했다"고 판시했다.

검찰청법에 '인권보호 의무'를 지고 있는 검사가 검찰청 조사실에서 피의자에 대한 수사관들의 가혹한 고문과 폭행을 공모하고 방조해 결국 숨지게 한 이 사건은 사회적 충격을 불러일으킨 한편, '검찰의 위기'로 이어졌다. 성난 민심을 달래기 위해 이명재 검찰총장에 이어 김정길 법무부 장관마저 사퇴했고, 서울지검 강력부 조사실은 아예 폐쇄됐다.

사회 일각에서는 '인간 말종 조폭 살인범들을 열심히 조사하다 일어난 일인데, 검사가 너무 안됐다'는 동정론도 제기됐다. 물론 사회악이라고 할 수 있는 조직폭력을 척결하고 참혹한 연쇄살인을 저지른 악인들을 처단하겠다는 홍 검사의 열의는 높이 살 만하다. 그렇다고 사람의 생명과 권리, 인격에 귀천이 있을 수는 없다. 사회적 비난을 받을 조직폭력배나 살인범이라 하더라도, 법과 정당한 절차에 따른 수사나 처벌이 아닌 한, 부당한 인권침해를 받아서는 안 된다. 한 사회의 인권 수준은, 그리고 내가 누릴 수 있는 자유와 권리의 수준은, 그 사회에서 가장 불평등한 위치에 있거나 가장 비난받을 만한 사람에게 보장되는 자유와 권리의 수준에 의해 결정되기 때문이다. 더구나 숨진 조씨, 그리고 함께 잡혀와 고문을 당한 피의자들이 실제 살인을 저질렀다는 증거는 전혀 발견되지 않았고, 결국 기소조차 되지 않았다. 철학자 니체는 '괴물과 싸우고 있는 자, 그 스스로 괴물이 되어가고 있는 것은 아닌지 돌아봐야 한다'고 경고했다. 다시는 범죄를 해결한다는 이유로 또 다른 범죄가 저질러져서는 안 된다. 아직도 의문은 남는다. 박씨의 죽음은 자살일까, 타살일까? 고문으로 숨진 조씨는 정말 박씨와 이씨를 살해한 범인일까? 불법수사 때문에 영원히 밝힐 수 없게 된 이 사건의 진실, 그것이 알고 싶다.

009

파렴치한 2차 가해

의대생
집단 성추행 사건

2011년 5월 21일, 사립 명문대인 고려대학교 의과대학 학생들이 경기도 가평 용추계곡으로 학과 동아리 단합대회를 떠났다. 이튿날, 한 여학생이 고려대 양성평등센터를 찾아 성폭행 피해 상담을 신청했다. 곧 경찰 수사가 진행되었다. 혐의 내용은 충격적이었다. 졸업을 앞둔 마지막 단합대회에서 지난 6년 동안 고락을 같이한 동기들과 회포를 풀며 술을 많이 마신 뒤 잠을 자던 피해자에게 남학생 셋이 다가와 옷을 벗기고 신체 부위를 만지며 그 장면을 휴대전화로 찍은 것이다. 특히 여학생이 피해 사실을 알고 항의 문자를 보내자 가해 남학생들은 "아, 네가 모를 줄 알았는데, 어떻게 알았느냐? 이제 우리 큰일 났구나"라는 식의 진정성이 담기지 않은 답을 보내왔다.

반성 대신 반격을 택한 가해자들

경찰 조사가 시작되자 가해 남학생들은 피해자에게 연락해 미안하다며 사과하기 시작했고, 가해자 부모와 가족이 피해자를 찾아 합의 및 고소 취하를 요청했다. 오랫동안 여성계 등에서 폐지를 주장하던 '성범죄 친고죄' 조항 때문에 빚어진 가중된 고통이자 '2차 피해'로 볼 수 있는 상황이다.

가해자 부모들에게는 자신의 아들이 저지른 범죄의 엄중함과 피해자가 입었을 상처보다는, 곧 '의사'가 될 자랑스러운 아들의 미래에 남을 오점이 더 큰 문제이자 걱정거리였다. 피해자가 '합의'를 해주면 아무 일도 없던 것이 되어 자식이 문제없이 의사가 될 것이라는 생각만 온통 머릿속을 차지하고 있었던 것이다. 대한민국 최고 엘리트라는 고려대 의대 가해 남학생들 역시 비슷한 생각이었던 것 같다. 피해 여학생은 신고와 상담 이후에도 가시지 않는 충격 때문에 정신과 치료를 받아야 했다.

사건이 알려진 뒤 고려대 재학생과 졸업생들은 가해 학생들을 출교하라는 항의와 1인 시위를 벌였다. 언론과 사회의 비난도 고조됐다. 사건 발생 3주쯤 뒤인 6월 14일, 서울 성북경찰서는 "3명이 장시간 추행했다는 점에서 범죄의 중대성이 인정되고 서로 말을 맞춰 범행을 부인할 가능성도 있다"며 남학생 3명에 대해 '특수강제추행' 혐의로 구속영장을 신청했다. 이틀 뒤 법원은 구속영장을 발부했고, '고대 의대생' 셋은 구속 수감됐다. 경찰 수사를 통해 어떤 일이 발생했는지 '사실관계'가 확인됐고, 범죄 혐의 입증에 대한 충분한 소명도 이뤄졌다는 얘기다. 하지만 고려대 의대 교수들 사이에서는 '출교해야 한다'는 의견과 '너무 가혹하다'는 동정론이 나뉘어 논쟁이 벌어졌다. 대학 쪽이 징계 수위를 정하지 못하고 시간을 끄는 사이, 고려대 의대에 대한 사회적 비난은 높아져 갔다.

재력과 사회적 지위를 갖춘 가해자와 그 가족들은 사죄와 반성 대신 반격과 방어를 택했다. '초호화 전관 변호인단'이 구성된 것이다. 기소된 세 사람 가운데 박 아무개 씨와 한 아무개 씨는 고등법원장, 고검장 출신 등 전관 변호사가 유난히 많은 것으로 알려진 한 로펌에 변호를 맡겼고, 이들에 대한 변론은 서울중앙지법 판사를 지낸 변호사 등 3명이 전담했다. 가해자 배 아무개 씨는 별도로 유명 판사 출신이 포함된 개인 변호사 2명과 로펌 두 곳에 소속된 변호사 5명 등 모두 7명을 집단 선임했다. 당시에 신기남 전 열린우리당 의장이 변호인단에 포함된 것으로 알려지면서 사회적 비난이 일었고, 신 전 의장은 '나도 모르게 이름이 올라갔다'며 변호인단에서 사퇴한 일이 있었다. 이후 다른 일부 변호인들도 논란에 부담을 느끼며 변호인단에서 물러났다.

공판이 진행되면서 피고인 중 박씨와 한씨는 혐의를 모두 인정하고 피해자에게 사죄했지만, 배씨는 혐의를 전면 부인했다. 배씨는 "다른 두 학생이 피해 여학생의 방 안에 들어갔을 때 나는 차 안에 있었고, 술에 취해 잠을 잤을 뿐 그 사이 뭘 했는지는 기억을 못 하겠다"며 평소

술 마시면 바로 잠들고 잠들면 '누가 업어 가도 모른다'는 자신의 '잠
버릇'을 입증해줄 친구 두 사람을 증인으로 요청했다. 배씨의 주장에
한 시민단체가 지원하며 가세했고, 일부 인터넷 매체도 '배씨가 오히
려 피해자'라는 기사를 연이어 게재했다. 그사이 가해자가 피해자의
인격을 깎아내리고 인격 장애로 몰아붙이는 '설문조사'를 고려대 의
대 학생들을 상대로 벌인 사실이 밝혀지면서 파장이 일었다. 설문 내
용은 피해자가 '평소 이기적인지 아닌지', '평소 사생활이 문란한지
아닌지', '사이코패스인지 아닌지' 등을 묻는 것이었다.

피해자를 몸서리치게 한 증인 심문

피해자는 그동안 성폭력 피해뿐 아니라 가해자 쪽의 합의 종용과 비
방 및 헛소문, 모욕적인 설문조사, 가해자 편을 드는 시민단체와 인터

넷 언론 등으로 인해 정신과 치료 없이는 버티기 힘든 2차, 3차 피해에 시달리고 있었다.

법정에서는 방청객이 없는 장소에 피해자를 위치시키고 비디오 장치를 통해 '비공개 증인 심문'을 실시했다. 피해자는 피고인 배씨와 그의 어머니에 대해 극도의 공포감을 느끼고 있었기 때문에 재판부에 변호인의 동석을 요청했다. 재판부는 '피고인이 변호인의 조력을 받을 권리는 헌법과 형사소송법에 규정된 권리이지만 피해자에게는 그런 권리가 없다'며 이를 거부했다. 비록 형사소송법과 성폭력 범죄의 처벌 등에 관한 특례법에는 피해자 심문 때 재판에 지장을 줄 우려가 있는 등 부득이한 경우가 아니면 신뢰 관계에 있는 사람의 동석을 허용한다고 돼 있지만, 변호사를 '신뢰 관계에 있는 자'로 보기 어렵다는 것이 재판부의 입장이었다. 결국 방청객을 모두 내보낸 법정에서 재판부와 검사, 그리고 피고인들과 네 명의 피고인 쪽 변호사, 피고인 가족들이 모니터 속 피해자를 상대하게 됐다. 네 시간 가까이 진행된 피해자 심문은 밖에서 고성이 들릴 정도로 격앙돼 있었고, 피고인 배씨 변호인과 그 어머니에 의한 피해자 대상 질문의 공격성과 집요함이 도를 넘을 정도였다.

피해자에 대한 비공개 심문이 끝난 뒤 열린 공개 법정에서는 피고인이 요청한 증인들에 대한 심문이 이어졌다. 피고인 배씨 쪽 변호인은 배씨의 친구인 의대 동기생을 대상으로 피해자가 평소 '문란한 이성 관계'였다는 것과 피고인이 잠들면 업어 가도 모르는 잠버릇을 가지고 있다는 점을 부각시키기 위해 집요하게 질문을 해댔다. 재판 이후 피해자의 정신적 상처는 갈수록 심해져 '우울증'과 '외상 후 스트레스 장애' PTSD 진단을 받고 수면제를 먹지 않으면 잠도 못 자게 됐다.

사건 발생 뒤 4개월이 지난 2011년 9월 30일 선고 공판이 열렸다. 재판부는 주범 격인 박씨에 대해 검찰이 구형한 징역 1년 6개월보다 높은 징역 2년 6개월 형을 선고했고, 한씨와 배씨에게도 각각 1년 6개월 형을 선고했다. 3년 동안의 신상정보 공개 명령도 내려졌다. 그동안 '성추행' 범죄에 대해 내려진 형량 등과 비교하면 이례적이라고 평가될 만큼 높았다.

피고인들은 형량이 너무 무겁다며 항소했다. 이들은 1심 재판부가 "술에 취해서 한 행동이라는 점을 간과하는 등 범행 당시 상황을 고려하지 않고 너무 과중한 처벌을 내렸다"고 반발했다. 이른바 '음주 감경'을 적용하지 않은 것이 위법이라는 주장이었다. 피해자는 상처와 두려움을 극복하고 항소심 공개 법정에 출석했다. 피해자가 없는 법정에서 피고인 쪽이 피해자에 대한 모략과 음해를 하며 상황을 왜곡해 혹여 감형을 받게 될 것이 싫었기 때문이다. 피해자는 법정에서 "사건이 발생한 지 여섯 달이 지났는데 아직도 상처가 계속되고 있다. (중략) 피고인 배 아무개 씨가 자살 이야기를 하지만 나는 매일 그 생각을 하며 수면제를 먹어도 잠을 못 자고 있다. (중략) 내가 평생 가져갈 고통과 나에 대한 험담과 뒷소문을 생각하면 1년 6개월은 부족하다고 생각한다"며 재판부에 엄벌을 내려줄 것을 부탁했다.

2012년 2월 3일, 항소심 선고 공판에서 서울고법은 1심과 같이 박씨에게 징역 2년 6개월, 한씨와 배씨에게 징역 1년 6개월을 선고했다. 재판부는 "6년 동안 친하게 지낸 의대 동기가 술에 취해 잠이 들자 편하게 자게 조치하기는커녕 범행을 공모해 순차적, 연속적으로 추행했다. (중략) 사건 후 피해자의 신상이 공개되고, 외상 후 스트레스로 정상적 생활이 불가능할 정도로 2차 피해가 크고, 피해자의 처벌 의지가 확고한 점 등을 봐서 집행유예 판결은 어렵다"고 밝혔다.

한씨는 상고를 포기했지만 박씨와 배씨는 대법원에 상고했다. 2012년 6월 28일, 대법원도 원심을 그대로 확정했다. 배씨 어머니는 선고 직후 호흡곤란 증세를 보이며 실신해 들것에 실려 나갔다. 한편 고려대 의대는 2011년 9월 징계위원회를 열고 3명의 가해 학생에 대해 최고의 중징계인 '출교' 처분을 내렸다. '퇴학' 처분을 받으면 재입학해 의사가 될 수 있지만, 출교 처분을 받으면 학적이 삭제되고 재입학이 불가능하다.

항소심 공판이 한창 진행 중이던 2011년 12월 27일, 검찰은 피고인 배씨와 그의 어머니를 '허위사실 적시에 의한 명예훼손' 혐의로 불구속 입건했다. 조사 결과 이들은 사건 발생 직후인 2011년 6월, 고려대 의대의 한 동아리 방에서 21명의 학생들에게 '피해 학생이 평소 이기적이고 인격 장애가 있으며, 가해 학생들이 그나마 피해 학생의 학교 생활을 도왔고, 강제추행 사건 역시 피해 학생의 인격 장애적 성향 때문에 부풀려진 것'이라는 내용의 사실 확인서를 나누어준 뒤 서명날인을 받았다. 성추행 사건의 대법원 유죄 확정판결이 내려진 뒤인 2012년 8월 22일, 서울중앙지법은 모자 피고인의 피해자 명예훼손 혐의에 대해 유죄판결을 내리고, 각각 징역 1년 형을 선고했다. 이미 성추행으로 수감된 배씨에게는 징역 1년이 추가되었고, 배씨의 어머니는 법정 구속된 뒤 수감됐다. 하지만 항소심에서 피해자가 합의를 해줘 징역형이 아닌 각각 500만 원의 벌금형으로 감형됐다.

'고대 의대생 성추행 사건'은 전도유망한 최고의 엘리트들이 저지른 파렴치한 범죄라는 것 말고도, 거짓말과 피해자 회유로 상황을 모면하려 하고 허위사실 유포로 피해자의 명예를 훼손하면서까지 책임회피를 하려 했다는 점에서 충격적이다. 특히 가해자들의 부모가 재력으로 대형 로펌과 고위급 전관 변호사들을 내세워 판결을 '합법적으로 매수'하려 했다는 비판도 제기됐다. 결국 이들의 값비싼 저항은 이례적인 중형으로 이어졌다. 물론 피해자의 용기 있는 신고와 물러서지 않는 용기가 사회적 관심을 불러일으켰기에 가능한 일이었다. 초기에 가해자들이 진심으로 사죄하고 피해자의 선처를 구했더라면 형량이라도 줄일 수 있었을 것이다.

아, 그것은 '윤창중 사건'의 예고편

2013년 5월에 발생한 '윤창중 사건' 역시 유사한 패턴을 보였다. 청와대 대변인이 미국 정상회담 수행 중 자신을 돕는 인턴 여학생과 부적절한 술자리를 가지면서 성추행을 저질렀다. 이후 경찰 수사를 피해 한국으로 '도주' 한 뒤 피해자의 명예를 훼손하는 기자회견을 열고 혐의를 부인했다. 언론 보도 등을 통해 윤창중의 일방적 주장과는 다른 정황들이 드러나면서 국민은 분노했고 여론은 들끓었다. 청와대와 정부, 국가의 위상도 추락했다. 차라리 초기에 피해자에게 사죄하고 잘못을 인정한 뒤 조사에 응했더라면 법에 의한 응당한 처벌과 사회적 비난 등 '최소한의 피해' 로 막을 수 있었을 것이다. 물론 이 사건 역시 피해자의 용기 있는 경찰 신고가 없었다면 권력과 위력으로 무마해버렸을 가능성도 크다. 여전히 성폭력 신고율이 낮은 대한민국, 윤창중 사건을 소개하는 외신에서 '직장 내 성추행이 관행으로 인정되는 나라' 라는 비아냥을 받고 세계 135개국 중 성 평등 순위가 108위에 그치는 사실로 조롱당하는 현실을 타개하기 위해서라도 피해 여성들은 적극적으로 신고해줘야 한다. 경찰은 피해자를 철저히 보호하고, 사회는 피해자에 대한 가해자의 협박과 회유가 원천적으로 불가능하도록 해야 한다.

윤창중 사건에서는 미국 국무부 관계자가 우리 대통령 전용기에까지 찾아와 '피해자에게 접촉하지 말아달라' 고 요구할 정도였다. 미국에서는 이미 1980년대에 '성폭력 피해자 방패법' Rape Shield Act이 제정돼, 사건과 직접적인 관련이 없는 피해자의 과거 행적이나 평판 등에 대해 법정에서 질문하지 못하도록 규정하고 있다. 하지만 우리 법정은 '피해자 괴롭히기' 를 통해 소송을 취하하게 하거나 이미지 손상을 야기해 피해자 진술의 증거 가치를 떨어뜨리려는 비열한 변호 방법을 허용하고 있다. 성폭력 대책은 '4대악 척결' 같은 구호와 실적 경쟁이 아닌, 피해자 보호와 지위 고하를 막론한 엄정한 법 집행, 성 인지와 인권의식 향상 등의 근본적인 처방이 포함돼야 한다. 단지 사회적 공분에서 그치지 않고 진정한 성폭력 범죄 근절로 이어지는 대책을 모색할 때다.

010

23명을 화염에 잃고도 깨닫지 못했는가

씨랜드
수련원 참사

1999년 6월 30일 오전 1시 30분께 경기도 화성군^{현 화성시} 소재 '씨랜드' 청소년 수련원 3층 건물에서 벌건 화염이 솟아올랐다. 곧이어 119 상황실에 긴급 신고가 접수되었고, 소방차들이 출동했다. 소방서에서 현장까지는 70킬로미터가 넘는 거리였다. 소방차들이 출동하는 사이 건물 내부 여기저기에서 '불이야' 라는 비명과 함께 잠에서 깬 교사들이 어린이들을 대피시키는 부산한 움직임이 시작되었다. 바닷가에서 100미터 떨어진 곳에 위치한 씨랜드 청소년 수련원엔 철골 골조물에 벽돌을 쌓은 뒤 바깥벽에 장식용 목재를 덧씌운 3채의 건물이 이어져 있었다. 허가받은 총 수용 인원은 630명으로, 화재가 발생하던 날엔 서울 소망유치원생 42명, 서울 공릉미술학원생 132명, 경기도 군포 예그린유치원생 65명, 부천 열린유치원생 99명, 화성 마도초등학교 학생

42명 등 수련생 497명과 인솔교사 등 모두 544명이 묵었다. 대부분 어린이이기 때문에 사상자가 발생한다면 엄청난 비극이 될 폭발성을 안고 있었다.

목숨과 바꾼 김영재 교사의 제자 사랑

불이 난 301호에는 서울 소망유치원생 어린이 18명이, 건너편 방에는 화성 마도초등학교 6학년 학생 42명이 잠들어 있었다. 마도초등학교 홍상국^{당시 46세} 교사와 김영재^{당시 38세} 교사는 학생들과 함께 훈련과 장기자랑, 축제 및 캠프파이어를 마치고 같은 방에서 자고 있었다. 반면, 소망유치원의 천 아무개^{당시 35세} 원장과 공동 운영자인 남편 및 3명의 여교사 등은 314호에서 술을 마시고 있었다. 마도초등학교 학생들은 '성인 보호자'와 함께 자고 있었지만, 더 어리고 위급 상황 시 대처능력이 없는 소망유치원생들은 보호자도 없이 화염 속에 방치되어 있었던 것이다. 결국 301호에서 자고 있던 소망유치원생 18명은 모두 사망했지만, 마도초등학교 학생들은 모두 구조되었다. 학생들을 구조한 뒤 홍상국 교사와 김영재 교사는 탈진해 쓰러졌다. 홍 교사는 다행스럽게도 출동한 소방관들에 의해 구조되었지만, 김 교사는 화재가 진압될 때까지 발견되지 못한 채 실종되었다가 안타깝게도 주검으로 발견되었다. 김 교사는 자신이 인솔한 마도초등학교 학생들을 모두 구조한 뒤 다른 어린이들도 구조하려고 있는 힘을 다 쓰다가 306호 방 안에서 쓰러진 채 숨을 거둔 것으로 확인되었다. 화재가 시작된 곳이 소망유치원 어린이들이 '성인의 보호 없이' 자고 있던 301호였다는 사실이 안타까움을 더했다. 소방기관, 경찰, 국립과학수사연구소는 화재 수사 결과 그 방에 켜둔 모기향이, 원료에 인화성 물질이 포함된 가방에 닿으면서 발화되었다고 '추정'했다. 피해 학부모 등은 '모기향 발화설'에 대해 강력하게 반대했지만 불이 처음 난 곳이 301호라는 사실에는 의문의 여지가 없어 보인다. 이 사고로 19명의 어린이와 인솔교사 4명 등 모두 23명의 안타까운 생명이 산화하고 6명이 부상당했다.

씨랜드 청소년 수련원은 처음엔 '철골구조 벽돌건물'로 제대로 된 인허가를 받은 '청소년 수련시설'인 것으로 알려졌다. 사실은 콘크리트 1층 건물 위에 52개의 컨테이너를 얹어 2~3층 객실을 만든 임시건물이었다. 청소년 수련원으로 사용하기에는 부적합하고, 여러 위험요소를 안고 있는 구조물이었다. 생활관에는 화재경보기가 있었으나 불량품으로 판명되었고, 건물 안은 스티로폼, 목재 등 인화성이 강하고 열전도가 높은 물질들로 채워져 있었다. 비치된 소화기들 중 상당수도 사용불능 상태인 것이 확인되었다.

경찰은 곧 수사에 돌입해 사고 다음 날인 7월 1일, 씨랜드 수련원 건물주 박 아무개^{당시 40세} 씨를 건축법 및 소방법 위반으로, 서울 소망유치원 원장 천씨 및 교사 신 아무개^{당시 28세} 씨 등 4명을 업무상 과실치사 혐의로 긴급 체포했다. 경찰은 이어 건물주와 건축사 및 건축설계사 사무실을 압수 수색하고 건축 관계자들 역시 긴급 체포했다. 이렇게 큰 문제를 안고 있는 청소년 수련시설이 버젓이 영업을 하며 어린이 · 청소년들의 안전을 위협하는 일이 '인허가 관청'의 묵인 없이 가능했을까? 경찰 수사 결과 화성 씨랜드 청소년 수련원은 사고 발생 2년 전인 1997년 6월에도 허가를 받지 않고 롤러코스터 등 놀이시설을 설치하고 영업을 하다가 적발당했고, 1998년 2월에도 무허가 건물을 지어 수련시설로 운영하다가 적발된 것으로 밝혀졌다. 특히 1997년 10월부터 1998년 1월 사이에는 한국전기안전공사로부터 전기안전 점검 시설 개선명령을 받았으나 전혀 이행하지 않았던 것으로 드러났다. 이렇게 무수한 문제에도 불구하고 화성군은 1998년에 건축 허가를 내주었으며, 건축물대장에는 이 건물이 1998년 2월에 착공되어 12월에 완공된 것으로 기재되어 있었다. 1999년 3월에는 경기도에서 화성군에 '청소년 수련시설에 대해 재난예방 차원의 시설 점검을 하라'는 지시를 내렸으나 화성군은 그 지시를 이행하지 않았다. 경찰의 수사는 화성군을 겨냥하기 시작했다.

'가족 몰살' 협박에도 버틴 이장덕 계장

사건 발생 5일째인 7월 4일, 화성경찰서는 씨랜드 건물 설계 변경과 용도 변경 과정에서 불법사실을 묵인한 혐의로 화성군 강 아무개[당시 46세] 사회복지과장 등 화성군 공무원 6명을 직권남용과 업무상 중과실 치사상, 건축법 위반 등의 혐의로 긴급 체포했다. 경찰 수사에서 씨랜드 쪽은 갖가지 변칙, 불법행위를 되풀이하면서 시공회사와 감리회사 관계자들을 매수한 것은 물론, 그때마다 화성 군청 공무원들의 묵인 또는 비호를 받았던 것으로 드러났다. 당시 경찰의 강도 높은 수사를 받던 화성군 전 부녀복지계장 이장덕당시 40세 씨가 경찰에 제출한 비망록에는 1997년 9월부터 강 사회복지과장으로부터 씨랜드가 접수한 '청소년 수련시설 설치 및 운영허가 신청서'를 즉각 처리해주라고 부당한 압력을 받은 과정이 적나라하게 기록되어 있었다. 이장덕 계장은 상관의 부당한 지시를 거부하고 원칙을 지키며 버텼고, 강 과장의 부당한 지시와 압력, 폭언에도 아랑곳하지 않자 폭력배들이 이 계장의 사무실을 찾아와 행패를 부리고 집에 전화를 걸어 '가족을 몰살시키겠다'는 협박을 했던 사실도 드러났다. 1998년 초 설날 연휴 기간에는 강 과장이 이 계장에게 '씨랜드에서 보낸 것'이라고 말하며 10만 원짜리 수표 다섯 장이 든 봉투를 던져주고 갔지만, 이 계장은 씨랜드 계좌로 이 돈을 모두 송금하고 입금증을 증거로 남겨두었다. 1998년 10월, 결국 화성군은 이 계장을 '민원계장'으로 전보 발령했다. 이러한 사실이 알려지자 공직사회에는 신선한 바람이 불기 시작했고, 거부하기 어려운 상관의 부당한 지시를 온몸으로 버티고 막아낸 이 계장에 대한 칭송이 잇따랐다.

경찰의 수사는 김 아무개당시 59세 화성 군수에게로 집중되기 시작했다. 비리의 핵심인물로 구속된 강 과장 역시 '김 군수의 지시와 방조하에 이루어진 일'이라고 진술했다. 김 군수는 버텼다. 그사이 경찰은 씨랜드의 소방시설 미비를 확인하고도 '양호'하다고 허위 기재하고, 안전교육을 하지도 않고 실시한 것처럼 기록한 혐의로 소방공무원 2명을 긴급 체포했다. 경찰은 7월 9일 김 군수에 대한 구속영장을 신청했지만 검찰은 이를 반려했다. 김 군수가 혐의를 강력하게 부인하는데 이를 입증할 증거가 강 과장의 진술뿐이라며, 강 과장과 김 군수의 대질신문을 실시해 혐의를 입증하라는 요구였다. 김 군수는 병원에 입원한 채 강 과장과의 대질신문을 끝까지 거부했다.

그사이 경찰은 이 계장의 문제제기에도 불구하고 하자 있는 씨랜드 허가서류를 조작해 승인한 혐의로 이 아무개 전 부군수^{당시 45세·행정자치부 실업대책반장}를 입건했다. 7월 13일 경찰이 보강수사를 거쳐 신청한 김 군수에 대한 구속영장을 검찰은 다시 기각했다. 그동안 김 군수의 지시 및 묵인 사실을 진술했던 강 과장이 진술을 번복했기 때문이다. 한편 경찰은 1999년 7월 14일, 지난 1997년 12월에 이 계장을 찾아가 행패를 부리며 협박한 폭력배 3명의 신원을 확인하고 이들을 공무집행방해 혐의로 구속했다. 경찰과 검찰은 결국 김 군수를 제외한 화성군 공무원 6명과 씨랜드 박 대표, 건축 및 감리회사 관계자 및 소망유치원장 천씨와 폭력배 등 모두 16명을 구속 기소하면서 화성 씨랜드 화재참사에 대한 수사를 마무리했다. 하지만 8월 1일 김 군수는 씨랜드 인허가 과정과는 상관없는 뇌물 1억 3,000만 원 수수 혐의로 검찰에 구속되었다. 화성 지역 중소 건설업체로부터 각종 공사 편의를 봐주는 대가로 각각 1,000만 원에서 1억 원에 이르는 돈을 받아 챙긴 혐의가 드러난 것이다. 김 군수가 씨랜드와의 관련성은 끝까지 부인했던 이유에는 여러 명의 어린이가 사망한 책임을 지고 싶지 않다는 심리와 유족들에게 보상금이 지급되고 나면 책임 있는 개인들에게 구상권 청구가 이루어질 것이라는 예상이 포함되어 있었을 것이다.

훈장 반납하고 한국 떠난 김순덕 전 국가대표

너무나 어처구니없는 사고로 금쪽같은 자식을 잃은 피해 부모들의 분노는 하늘을 찔렀다. 특히 부패와 비리로 위험한 임시 건물에 허가를 내준 화성군과 소방 당국, 그리고 어린이들만 남겨두고 술판을 벌인 유치원 교사들에 대한 원망은 극에 달했다. 분노한 부모들은 경찰과 국과수가 '모기향'을 화재 원인으로 제시하자 누전 등 시설과 구조의 문제를 덮으려는 시도라며 반발했다. 피해 보상에 임하는 경기도의 자세 역시 부모들의 화를 돋웠다. 부모들은 어린이들의 목숨을 돈 몇 푼에 흥정하려는 태도를 보인다고 인식한 것이다. 가장 큰 책임을 져야 할 화성군 김 군수가 법망을 벗어난 것도 분노의 대상이었다. 화성 씨랜드 참사 책임자들에 대한 법원의 1차 공판은 분노한 부모들의 항의가 이어지며 중단될 수밖에 없었다. 그리고 1999년 8월, 씨랜드 참사로 여섯 살배기 아들도현을 잃은 전 필드하키 국가대표 선수 김순덕 씨가 정부에 항의편지를 보내며 국가로부터 받은 훈장들을 반납하는

일이 벌어졌다. 김씨는 편지에서 "원인 규명이나 대책을 마련해야 할 정부의 무성의와 무책임에 실망한 나머지 배신감까지 느낀다"고 밝히며 1986년 서울아시안게임, 1988년 서울올림픽, 1990년 베이징아시안게임에서 금·은메달을 따낸 공으로 받은 체육훈장 맹호장, 국민훈장 목련장, 대통령 표창을 반납하고 뉴질랜드로 이민하겠다고 선언했다. 그는 실제로 1년 뒤 온 가족과 함께 이민을 갔다.

　8월 10일 경기도는 유족들과 보상금 및 위로금에 대해 합의했다. 총 55억 4,084만 원에 이르는 보상금은 화성군이 전액 지급한 뒤, 책임 있는 개인, 회사, 단체 등을 상대로 구상권을 행사하도록 결정되었다. 경기도는 재발 방지를 위해 다중이용시설에 대한 소방·안전기준과 청소년 수련시설 입소 연령, 지도교사 보호책임 강화 등의 내용을 담은 법 개정안 등을 정부에 건의했다. 아울러 도내 다중이용시설에 대한 일제점검을 했다. 국무조정실에서는 건설교통부에 청소년 시설의 안전 대책을 마련하라는 지시를 내렸다. 이에 건교부는 청소년 수련시설 등 5개 종의 건물을 지을 때는 석고보드 등 불연재나 난연재 등을 반드시 사용해 내화구조를 갖춰야 하며, 이를 위반할 경우 강력한 처벌을 받도록 의무규정을 마련했다. 아동복지법과 청소년활동진흥법, 건축법, 소방법 등이 정비된 것이다. 그러나 '수련원 등 숙박시설' 안전에만 치우친 정부의 대책은 '청소년 수련 활동' 자체의 안전 확보 방안은 마련하지 않은 채 마무리되었다. 종합적인 '어린이·청소년 단체 활동 안전'에 대한 법제가 미비한 상태에서 2013년 7월, 해병대를 사칭하는 사설 병영 캠프에 학생들을 내맡긴 공주사대부고의 결정이 5명의 학생을 죽음으로 내모는 비극으로 이어진 것이다.

정신력을 강화한다며 안전 등이 확인 안 된 병영 캠프에 학생들을 반강제로 몰아넣은 관계자들의 책임에 대해서 철저한 수사와 처벌이 이루어져야 한다. 무엇보다 다시는 이런 비극이 발생하지 않도록 철저한 재발 방지책을 마련해야 한다. 어린이·청소년 단체 활동에는 반드시 사전 안전교육이 이루어지고 안전관리 책임자가 지정되며, 인솔교사의 입회·참관을 의무화하는 법제 마련이 시급하다. 아울러 학생과 학부모, 교사들의 의견이 충분히 반영되는 민주적 의사결정 방식이 모든 학교에 정착되어야 한다. 화성 씨랜드 참사 전에 문제를 인식하고 부당한 지시에 거부했던 이장덕 계장이 있었던 것처럼, 공주사대부고의 병영 단체 체험학습의 논의와 결정 과정에도 문제를 인식하고 우려를 품었던 교사와 학부모가 분명히 있었을 것이다. 이들의 우려와 문제제기와 비판이 보장되고, 효율성이 다소 저해되더라도 민주적인 논의를 거쳐 문제에 대한 점검과 안전장치의 마련이 이루어지는 관행이 정착되어야 한다. 희생을 헛되이 하지 않기 위해서라도, 철저한 진상 규명과 엄중한 처벌, 그리고 확실한 재발 방지책 마련을 촉구한다.

에 필 로 그

'정의의 적들'과의
싸움

'정의'란 무엇일까? 혹자는 '시대나 상황, 입장에 따라 각자의 정의가 따로 있다'는 상대적 정의 개념을 주장한다. 그에게 되묻는다. 그렇다면 부도덕한 부자와 순결하지 않은 여성을 응징한다며 연쇄살인을 저지른 '유영철의 정의'도 인정할 텐가? '우수한 순수 백인 아리안 혈통을 지키고 확산시켜야 한다'며 유색인종과 유대인, 정신질환자와 장애인, 동성애자 등을 무참히 학살한 나치의 '우생학적 정의'도 지지할 텐가?

정의는 '옳음'이다. 하지만 아무나 멋대로 '내가 옳다'고 주장한다고 해서 정의가 되는 것은 아니다. 반드시 근거가 있어야 한다. 법적, 철학적, 종교적 혹은 논리적 근거. 서로 다른 근거들이 충돌하는 상황에서, 혹은 그 근거의 의미를 해석하기 위해서, 필요한 또 다른 '정의 판단 도구'가 '시대정신'과 '국제적 기준'이다. 그동안 인류와 사회가 경험하고 학습하고 극복한 '역사'의 산물인 시대정신은 혼란과 갈등이 만연해 무엇이 정의인지 판단하기 어려울 때 결정적인 도움을 준다. 예를 들어 20세기까지는 국가, 성장, 경쟁, 승리, 다수의 이익 등이 우선하는 가치였다면 21세기에는 절차, 인권, 소수자 보호, 환경, 지속 가능성, 공평과 분배가 더 중요한 가치라는 사회적 합의가 있다. 또한 한 국가 사회 내에서 무엇이 옳은지에 대한 논란이 생기고 이견이 서로 충돌한다면, 그 시대의 국제적 기준과 인류적 보편성을 살펴보는 것이 해답을 준다. 모든 종교에서 사랑과 평화, 구원 등과 함께 가장 중요한 원칙으로 제시하는 것이 정의일 정도로 인간 사회에서 정의는 소중하고 긴요한 가치다. '옳은 것'이 지켜져야 하고, 이를 어기면 처벌이나 제재를 받는다는 대중의 일반적인 믿음과 신뢰가 무너진다면 사회 자체가 제대로 유지될 수 없기 때문이다.

하지만 인간 사회에는 늘 '정의의 적들'이 있게 마련이다. 자신(들)의 이익을 위한, 혹은 감정이나 욕구, 충동을 충족하기 위한 길에 방해가 되는 '정의'를 무력화하거나 무너뜨리고자 하는 자들이다. 이들로 인해 정의는 늘 위협받고 도전받으며 오해와 혼란의 대상으로 전락하기도 한다. 이들의 암약이나 준동의 결과 '세상에 정의란 없어'라는 냉소주의와 패배주의에 빠지는 이들도 생겨난다. 이들 '정의의 적들'은 누굴까?

가장 눈에 잘 띄는 정의의 적들은 우리가 쉽게 떠올릴 수 있는 범죄자들이다. 살인, 성폭행, 절도, 강도, 사기 등 타인의 삶을 파괴하고 짓밟으며 자신의 이익이나 욕구해소를 추구하고 그 책임은 지지 않으려 애쓰는 자들. 이들을 샅샅이 찾아내고 그 죄에 상응하는 처벌을 내리는 것은 국가의 가장 중요한 책무다.

하지만 이들 못지않게 위중한 '정의의 적들'이 있다. 바로 '내부의 적', 수사기관의 '직무상 범죄' 행위다. 범죄를 척결한다는 명분을 내걸고 스스로 법을 어기고 절차를 위반하거나 고문을 행하고 증거를 조작하는 행위 말이다. 수사기관 스스로 저지르는 이런 직무상 범죄는 억울한 누명을 쓰는 사법피해자를 만들어내는 것은 물론, 진짜 범인을 찾지 못하게 만든다. 더 중요한 문제는 수사기관에 대한 국민의 신뢰를 떨어뜨린다는 것이다. 피의자를 고문해 죽게 만든 검사와 죄 없는 동네 만홧가게 주인 정원섭 씨를 파렴치한 아동 성폭행 살인범으로 만든 경찰과 검찰 관계자들이 그들이다.

이들보다 훨씬 더 해악이 큰, 가장 심각한 '정의의 적들'이 있다. 바로 '권력형 범죄자들'이다. 국민에 의해 위임받은 국가권력을 관리하거나 집행하는 자들이 공적 신뢰에 반해 그 권력을 사적 이익을 위해 악용하고 남용하는 행위야말로 사회를 타락·부패시키는 모든 범죄의 근원이며, 가장 극악한 '정의의 적들'이라고 할 수 있다. 특히 이들의 범죄행위는 그 휘하에 있는 수사기관의 조사와 수사 범위 밖에 있는 경우가 많아 제대로 드러나지도 않는다. 이를 감시하고 발견하고 드러내 알려야 할 언론마저 이들에게 장악되고 통제된다면 사회와 국민의 공분을 제대로 이끌어내기도 어렵다. 권력형 범죄의 단초가 드러날 때 결코 그냥 넘겨서는 안 되는 이유다. 전두환, 전경환, 전기환 등 쿠데타로 권력을 강탈한 5공화국 내란범 형제들이 저지른 천문학적인 국고 찬탈 범죄는 그 전모를 드러내기도 어려웠지만, 어렵게 밝혀낸 범죄행위에 대한 처벌마저도 제대로 이루어지지 않았다. 그 잘못된 역사의 결과가 지금도 진행 중인 국정원의 정치개입, 선거개입 국기문란 범죄와 이들의 범죄를 돕거나 묵과한 경찰과 검찰의 비겁으로 이어지고 있다.

'정의의 적들' 과의 싸움은 결코 쉽지 않다. 여러 작은 패배와 작은 승리들이 교차하는 매우 길고 오랜 싸움이다. 하지만, 힘든 만큼 보람도 크다. 이 싸움은 수사기관 등 특정한 자격이나 권한을 가진 자만 할 수 있거나 해야 하는 싸움이 아니다. 우리 사회, 이 시대를 사는 모두가 '관심과 참여' 라는 방법으로 함께하고 협력해야 한다. 이 책이 그 시작이 되길 바란다.

정의의 적들

© 표창원 2014

초판 1쇄 발행 2014년 2월 28일
초판 5쇄 발행 2017년 8월 25일

지은이 표창원
펴낸이 이상훈
편집인 김수영
기획편집 정회엽 김남희
마케팅 조재성 천용호 한성진 정영은 박신영
경영지원 정혜진 장혜정 이송이

펴낸곳 한겨레출판(주) www.hanibook.co.kr
등록 2006년 1월 4일 제313-2006-00003호
주소 서울시 마포구 효창목길6(공덕동) 한겨레신문사 4층
전화 02-6383-1602~3 **팩스** 02-6383-1610
대표메일 book@hanibook.co.kr

ISBN 978-89-8431-791-8 03300